本书为教育部哲学社会科学研究重大课题攻关项目“实现联合国可持续发展目标的国家治理体系研究”（23JZD042）的阶段性成果。

公共政策前沿论丛

主编：薛 澜　朱旭峰

公共政策绩效的社会效应

以脱贫攻坚为例

SOCIAL EFFECTS OF PUBLIC POLICY PERFORMANCE

POVERTY ALLEVIATION IN CHINA

杜 娟／著

社会科学文献出版社
SOCIAL SCIENCES ACADEMIC PRESS (CHINA)

总　序

20世纪70年代末，中国开启了改革开放的伟大征程。肩负着政治、经济、社会深刻变革的历史使命，中国共产党、中国政府与亿万人民一道，攻克了无数国家治理难题，取得了令世界瞩目的发展奇迹——实行家庭联产承包责任制、建立社会主义市场经济体制、有效应对亚洲金融危机、加入世界贸易组织（WTO）、全面取消农业税、推进生态文明建设、实施创新驱动发展战略、推动共建“一带一路”、打赢脱贫攻坚战、全面建成小康社会、高效防控新冠疫情等。每一个关键的历史成就都离不开科学决策的深思熟虑以及政策执行的果敢实践。

当今世界正处在百年未有之大变局，中国全面深化改革面临新的考验。全球经济社会发展面临的不确定性陡增，频现的极端天气让气候变化问题的紧迫性进一步加剧，国际贸易的不平衡让贸易保护主义再次抬头。现行国际秩序下的深层次矛盾日益突出，中国和其他新兴经济体参与全球治理面临更多的约束与挑战。与此同时，中国国内经济社会转型发展道路也不平坦，难以为继的粗放式经济增长使得推进产业结构调整、促进资源环境可持续迫在眉睫，市场机制不健全和市场失灵问题普遍共存。发展不均衡所导致的社会问题明显增多，地区差距、城乡差距、个体收入差距仍然较大，公共服务、基础设施、社会保障均等化等方面仍然存在不足，社会利益主体的多元化发展趋势比较突出。

复杂的国内国际治理问题对我国国家治理体系和治理能力现代化建设提

出了更高的要求。许多全新的、重大的国家治理命题亟待全体社会科学工作者，特别是公共政策领域学者，给出严谨分析和专业判断。需要对我国公共政策运行的主要特征、效果分析、评估改进等有更加客观全面的认识与分析；需要在对我国实践案例剖析与政策实施经验总结的基础上，探索出一套可解释中国公共政策运行规律的基本理论。建立中国特色公共政策基本理论体系时不我待！

我国公共政策学科的建设与发展始终与改革开放的实践同行，不仅广泛吸纳政策科学的学科思维指引公共政策实践，还不断孕育出适应中国国情的原创性基础理论。经历几十年的发展，公共政策学科已经成长为我国社会科学研究中的一个相对独立的领域，培养了一批具有国际影响力的高水平学者，对诠释中国政策现实、提炼中国政策经验、指导中国政策实践做出了重要贡献。不仅如此，学者们在运用政策科学经典理论时审慎地考虑其对中国情景的适用性，在对理论做出修正时，还重视对“中国特色”的主动思考，形成了一系列能够指导中国公共政策实践的本土理论成果。

今天，“中国特色”被赋予了新的内涵和时代使命。我们不应仅满足于修正既有理论，发展适应于中国国情的本土理论，而更应追求原创性的理论研究，为国际社会提供具有适宜性和生命力的普适性理论。当下的历史条件为此提供了孕育重大理论创新成果的环境和土壤。一方面，我国处在工业4.0的前沿，尖端技术和新兴业态不断涌现。学者们能够快速感知到新时代的各类治理挑战，也对公共政策制定中的科学理性分析、决策参与程序、特定领域政策知识等有了更深的认识。更为重要的是，在经济社会全面深化改革时期，国家治理面临的复杂性也为挖掘公共政策的规律提供了足够丰富的现实情景。另一方面，公共政策的研究者和实践者都广泛意识到，决策过程设计、政策工具选择等公共政策的具体运行机制在不同治理体系下仍然可以发挥相似的能动作用。特别是随着全球一体化进程逐步深化，不同国家的政策运行特征逐渐趋同。各国政府更加重视政策方案的实际治理效能，不断寻求可借鉴、可推广的政策经验，国家间的政策扩散与学习已成为常态。这样的历史机遇可以激发学者们发展出独立自主的知识体系，为更广泛的治理环境提供有益经验借鉴。

基于上述考虑，我们组织出版了这套“公共政策前沿论丛”，希望能够较为系统地介绍公共政策研究与实践领域的最新发展态势和观点主张，为参与国家治理与发展的各方人士，包括决策者、政策研究者、社会大众等，提供些许线索和启发。道阻且长，行则将至。我国公共政策领域的学者亲眼见证并亲身参与了中国改革开放的重大历史变革，也将以更广阔的国际视野、更活跃的理论思想和更扎实的实证研究为我国新时代的发展和国家治理现代化建设做出更大的贡献。

薛澜　朱旭峰

2022 年 8 月

序　言

自拉斯韦尔倡导政策科学以来，政策过程研究逐渐形成了两条主要路径：一是重视各类政治过程对政策绩效影响的政治经济路径；二是重视公共政策对公民态度、行为和治理影响的政策反馈路径。这些分析路径虽然为政策科学提供了新的理论洞见，但在理论融合和研究框架的可外推性方面仍然面临一系列挑战，亟须在中国情境下对相关理论进行修正和发展。

当前，公共政策问题日益复杂，公众期望不断提高，客观上要求对传统政策过程的研究框架进行更新。在中国追求经济增长与民生保障协调发展的进程中，政策执行低效、社会效益不佳的现象时有发生。中国正经历社会转型和深化改革，政策运行机制和公众的政策需求都在发生转变。政府治理模式变迁和公共政策执行可能对公众认知及判断产生潜在和微妙的影响，这对政策制定和有效执行提出了前所未有的挑战，促使学界不断反思公共政策的绩效生成机制及其社会效应。在新时代新征程中，我们需要及时跟踪和评估党的十八大以来中国重大公共政策绩效的生成和社会影响，以优化公共资源配置，提高公共政策的决策质量和实施效果。通过这一过程，政策设计能更精准地调整，从而使公共政策更为精确地适应实际需求和社会期望。

本书作者杜娟是一位优秀的青年学者，这部著作是她多年来在公共政策和国家治理领域研究积累的成果。杜娟选择中国脱贫攻坚作为实证背景，通过深入的理论分析与实证检验，旨在揭示政策绩效的实现机制及其对社会认知的影响机制。本书构建了“中央-地方”和“国家-社会”的整合性分析框架，建构了脱贫攻坚的绩效实现模型和脱贫攻坚的社会影响模型两个理论模型，提出并检验了具体的研究假设。本书在研究视角、理论和方法等方面都独具特色。

（1）本书从中国特色政治体制下政府官员的行为模式出发，针对央地互动视角下地方政府治理绩效的形成机制搭建理论框架，提出并实证验证了“官员更迭—政策连续性—脱贫攻坚绩效”的理论假设，有助于增进对央地关系如何影响政府运行模式和治理绩效的理解。

（2）本书解构了国家治理的思路，深入地探明了中央顶层设计如何通过地方治理过程影响民众的社会认知，提出了“个体学习效应”和“上升期望效应”的理论假设。研究表明，中国脱贫攻坚的实践过程和成果不仅展现了中国治理体制的革新和绩效提升，而且成为塑造当代中国社会认知的重要决定因素。

（3）本书深入分析了一个重要但较少探讨的研究问题：如何激励地方官员克服短期导向并实现良好持久的治理绩效。基于“制度引导—官员行为—治理结果”的分析思路，作者通过对西南地区某县的纵向案例研究，探究了地方如何形成稳定有效的治理秩序，以及扶贫项目如何在地方实现持续高效运作，为理解可持续绩效的生成机制提供了新的视角。

（4）本书研究论证方法严谨，资料丰富翔实，实证分析细致深入。书中收集了大量一手调研数据和丰富的档案资料，构建了 1948 个县级行政单位 1732 位县委书记履历和辖区社会经济匹配的原创性数据库，同时结合“中国家庭追踪调查”的个体追踪数据进行了科学因果推断分析，展现出了作者经过博士研究生学术训练后具备的优秀研究能力。

本书研究选题面向有重大政策意义的真问题，不仅具有重要的理论对话价值，也对政策实践有直接的借鉴意义。本书旨在深化读者对公共政策设计、政策执行和政策绩效等一般性问题的理解，为公共管理和公共政策研究者提供探究政策绩效根源的新视角。鉴于政策绩效的可持续性是中国高质量发展新时期公共管理的主要挑战，本书提出的相关命题和理论解释可能成为未来公共政策领域具有生命力的分析路径。同时，本书为政策制定者提供了宝贵的反馈，帮助他们更好地理解政策执行过程中的动力，分析其中出现的问题和面临的挑战。依据实证分析结果，本书提出了相关政策建议，以期为政策实践者提供经验参考，在未来的政策实践中提升治理效能，并不断优化政府与社会之间的良性互动。本书所属的“公共政策前沿论丛”得到清华大学文科建设“双高”计划项目的支持，汇聚了清华大学文科建设的前沿创新成果。这部专著是杜娟博士学位论文的主要成果，扎根中国实践，积极响应国家重大战略需求，展现了“行健不息，人文日新”的清华精神。希望杜娟博士再接再厉，在公共政策领域持续深入研究，取得更为卓越的学术成果。

朱旭峰

2024 年 1 月 15 日

目录

图目录

表目录

第一章
导言

一 理论缘起和问题提出

国家治理体系与治理能力现代化进程推进公共政策机制转型升级，也对社会产生深远影响。根据政策过程逻辑，政府在资源动员、政策制定与执行、市场与社会响应等环节完成后，能够取得一定治理结果，如经济增长、公共物品供给、民生改善等（Rotberg，2014；孟天广、李锋，2017；任剑涛、朱丹，2018）。其中，政策执行既是国家政策落实的关键环节，也是实现政策绩效的根本保障。在很多情况下，公共政策不能达到预期目标，不是政策本身的问题，而是政策执行过程中关键环节出现了偏差（赵静、薛澜，2021）。于是，中央政府如何通过各种制度设计调动地方政府执行中央政策的积极性，就成为公共管理和公共政策的一个核心研究主题（Cai and Treisman，2006；Chubb，1985）。

近年来，关于国家治理的研究取得了丰硕的成果，既有研究可以划分为两大相互关联的流派。“治理体制视角”是一个大的理论流派，主要分析国家治理中的制度安排和政府间关系，聚焦于探索央地分权如何影响政府运行模式和治理绩效的问题。这一理论流派下产生了“中国特色的财政联邦主义”（Jin et al.，2005；Qian and Weingast，1997）、“压力型体制”（荣敬本，1998）、“晋升锦标赛”（周黎安，2007）、“项目制”（折晓叶、陈婴婴，2011；渠敬东，2012；周飞舟，2012a，2012b）、“行政发包制”（周黎安，2014）、“地方分权式威权主义”（Xu，2011）、“上下分治的治理体制”（曹正汉，2011）等关于国家治理体系结构的一般性理论。学者们相信，国家治理体制和治理结构安排是理解各类经济社会现象的关键。“地方自主性视角”是另一个主要的理论流派，重点关注地方政府官员执行国家政策、提供公共物品的运行机制和实际过程。研究者们从国家与社会互动（Tsai，2002，2007，2015；Tsai and Xu，2018）、地方政府的角色与行为（周雪光，2017；章奇、刘明兴，2016；周黎安，2017）、公共政策制定（Lieberthal and Oksenberg，1988；Mertha，2009）、公共政策执行（贺东航、孔繁斌，

2011；O'Brien and Li，2006；陶郁等，2020）等不同的切入点入手，对国家治理模式与经济社会运行之间的关系展开探讨。学者们认为，能否实现有效治理主要取决于基层政府是否具备解决实际问题的能力和动机，他们具体描绘了地方治理主体如何在治理体制安排中发挥自主性。

上述研究为探究中国国家治理体系结构特征及其运行绩效奠定了根基，并为后续研究提供了分析的起点。无论是在哪一理论流派中，执政者总是希望自己的国家有良好的治理绩效，于是通过各种努力自上而下推行其政策意图，借助资源分配和人事安排来动员地方更加高效地解决治理问题。然而，好的制度设计和贤能的地方官员并不能保证好的绩效产出。完美制度安排的理想和地方政府运作的现实之间，总是存在一条鸿沟。在层级制结构下，地方政府既要充当中央决策层的代理人，又有着自身偏好和利益倾向，央地政府间不同的目标动机和行动逻辑是造成公共政策执行扭曲和绩效实现困难的根源所在（章奇、刘明兴，2016；吕冰洋，2022）。

同时，政策绩效本身并不是终极目的。国家希望通过良好的治理实现更高的行政效率、更低的行政成本、更优质的公共服务，最终目的是赢取公民的支持（俞可平，2018）。这一终极目标的实现必须满足一个关键的前提假设，即公共政策绩效的提升能够转化为公民对政府治理更高的满意度。人们对政府治理的满意度越高，越愿意认同和配合政府政策，并且人们对政府的满意能够转化为对政治制度的满意和对政府合法性及公信力的认同（郑建君，2013；王浦劬、孙响，2020）。然而，已有研究表明，政府的高治理绩效未必能转化为公民对政府的满意（Stipak，1979），国家经济发展的客观现实与国民的主观幸福感之间也常常存在张力（李路路、石磊，2017）。既有研究大多着力于探讨中央的政策意图如何转化为绩效，很少关注政策绩效能否为民众带来获得感和满意感。

从本质上说，政策绩效的实现过程体现纵向的央地关系，而政策绩效的社会影响体现国家与社会的关系。然而，正如下文将要说明的，虽然中央和地方间的关系与国家和社会间的关系是国家治理的两大理论线索，但对两者的分析常常被研究者割裂。要真正回答如何将中国的制度优势转化为公众支持这一重大问题，我们必须在研究中弥合“中央-地方”和“国家-社会”这两大国家治理研究议题之间的分裂。本书试图把两者结合起来研究，从理论和实证两方面共同考察政策绩效的实现机制，以及地方政府取得政策绩效对社会民众产生的影响。基于上述理论思考，本书提出以下核心研究问题。

中国国土辽阔，各地区地理禀赋、社会文化、经济发展、历史背景千差万别，中央政府如何克服地方差异以确保政策在不同地区都能取得预期成效？

公共政策的执行与成效能否转化为民众对政府治理的满意感和自身的获得感？具体机制是什么？

在过去 40 多年的改革开放进程中，中国在消除绝对贫困方面取得了显著成就，实现了区域性整体贫困的根本性解决。中央将脱贫攻坚作为第一民生工程摆在治国理政的突出位置，不仅提前十年实现了联合国 2030 年可持续发展目标中的减贫目标，还为全球减贫事业贡献了中国智慧。本书将中国脱贫攻坚作为实证场景，以此透视中国政府实现公共政策绩效的机制。中国脱贫攻坚的全面胜利不仅是一项历史性的成就，而且为我们提供了学术研究的宝贵机遇。描述、分析、总结中国贫困治理的实践规律及其社会效应，对于深入理解中国国家治理的内在逻辑至关重要。同时，这些洞见对展望中国国家治理的未来趋势，特别是对经济与社会协调高质量发展，具有重要且深远的意义。

二　“中央-地方”与治理实践差异

在国家治理中，“国计”与“民生”是政府需要面对的两项重要挑战。两者是辩证统一的关系，相辅相成，可以相互转化。发展是党执政兴国的第一要务。消除贫困、实现共同富裕是关系党的使命宗旨的重大政治问题，也是关系全面建成小康社会的重大治理问题。在公共管理议题中，扶贫开发需要实现经济和社会的统筹协调，属于“复杂政策”的领域（吕方、梅琳，2017），仅靠市场力量无法解决，亟须有效的政府治理加以实现。

改革开放 40 多年来，地方政府以前所未有的主体角色参与经济社会建设，以强大的行政力量和资源配置推动着中国经济社会发展（周雪光，2017）。在治理实践层面，来自中央的制度安排创造了一定的制度环境，引导和激励地方干部在一定范围内发挥自主性，促进了中国经济的蓬勃发展。既有理论表明，地方政府将工作重心放在促进当地经济增长上，容易忽视减贫、公共物品供给和社会公平等社会性目标（陈硕，2010），这威胁着中国经济社会的可持续发展。在经济社会不均衡发展的背景下，不同地区的社会贫困水平存在高低差异。早在 2001 年国家颁布实施《中国农村扶贫开发纲要（2001—2010 年）》时期，东部沿海地区就已解决了绝对贫困问题，592 个国家级贫困县全部位于中西部内陆省份。即便如此，中国仍在经济高速增长的同时取得了大规模的减贫成就，让经济增长的成果惠及欠发达地区的民众。推动这一进程的因素是多方面的，其中地方政府的作用尤为关键（周黎安，2017；章奇、刘明兴，2016；刘蓝予、周黎安，2020）。

伴随全国精准脱贫进程的推进，学者们对中国的贫困治理成就进行了深入的研究。既有研究致力于理论探讨地方减贫实践，形成了三类观点。第一类是基于治理体制的逻辑，典型理论观点如“脱贫锦标赛”“有指挥的即兴发挥”“压力型问责体制”“运动式治贫”“行政主导型扶贫治理”“共栖的协调发展”“管理运动”等（王刚、白浩然，2018；Ang，2016；魏程琳、赵晓峰，2018；许汉泽，2018；章文光、刘丽莉，2020；Zeng，2020）。第二类是基于治理技术的逻辑，代表性理论观点如“复杂政策”“接点治理”“农村淘宝”“大学生村官项目”等（吕方、梅琳，2017；谢小芹，2016；Couture et al.，2021；He and Wang，2017）。第三类研究专注于治理主体本身，探究第一书记、县委书记、驻村帮扶工作队、大学生村官等治理主体的特征如何影响其服务农村发展的能力和实践，代表性理论如“公共领导力”“具身的国家”等（舒全峰等，2018；邓燕华等，2020）。

总而言之，无论是从治理体制、治理技术，还是从地方治理主体的角度来看，贫困治理绩效的实现都与地方政府的激励和行为有着千丝万缕的联系。地方政府官员是在既定的体制下选择治理技术的关键主体。无论何种治理技术，都是由地方政府官员来决策和实施的。地方政府官员是实现中国精准扶贫、脱贫攻坚政策目标的治理主体。因此，解释脱贫攻坚绩效的关键在于分析在中国央地分权的治理制度安排下，地方政府官员的动机和行为逻辑。

中国贫困治理过程包含着生动的国家治理图景，为公共政策学者提供了绝佳的实证研究场景。国家级贫困县政策作为我国重要的反贫困政策之一，其实施标志着区域扶贫政策开始向国家级贫困县倾斜。自1986年起，我国开始在全国范围内有计划地开展大规模减贫尝试和制度化改革，首次确定了国家级贫困县的标准，划定了331个国家级贫困县。1986~2011年，国家三次调整国家级贫困县名单。在三次调整中，国家级贫困县有进有退，但总数保持稳定，退出比例一直在8.6%以下，脱贫数量相对较少，同时存在退出较难的问题。现有文献表明，中国国家级贫困县政策对既有贫困县产生逆向激励（李学术，2007）。相对于非扶贫工作重点县，扶贫工作重点县享受中央和上级政府的大量转移支付、惠农补贴和税收减免政策（巨源远、左停，2017），自身具有争取和长期维持贫困县身份的动机和需求。贫困县政府官员出于自身利益考量，更有可能阻碍贫困县退出。因此，在一些发展滞后的地区，争夺“贫困帽”和县委书记亲自出马保住“贫困县”头衔的情况屡见不鲜，而“戴帽”县中不乏经济相对发达的中西部百强县和全国百强县。2012年，新邵县被确定为国家级贫困县时，当地县委和人民政府甚至在政府网站和马路灯牌上发布“特大喜讯”，庆祝该县在“历尽千辛万苦，想尽千方百计，通过两年艰苦卓绝的努力”后，终于成为国家级贫困县。[①] 这反映了贫困县政策执行过程中的一些非预期效应。

自2012年中国共产党第十八次全国代表大会将脱贫攻坚工作纳入“五位一体”总体布局和“四个全面”战略布局以来，中国以举国之力推进脱贫攻坚，在全国范围内掀起贫困县“摘帽”热潮。截至2020年底，

① 中国广播网：《湖南新邵被纳入贫困县 政府官网称此举是“特大喜讯”》，http://china.cnr.cn/yaowen/201201/t201201 31_ 509105348.shtml，最后访问日期：2023年11月4日。

中国宣布完成脱贫攻坚的历史性任务，832 个国家级贫困县实现全部脱贫“摘帽”，消除了绝对贫困和区域性整体贫困。究其原因，学者们认为关键在于中国将贫困治理提升到国家治理的高度，并且依托“党管干部”体制建立了有中国特色的脱贫攻坚责任制，借助强大的组织动员能力和基层治理体系有效推进贫困治理各项政策目标的落实（燕继荣，2020；汪三贵，2018）。在政策实践中，中央设定了对地方政府和官员的财政和晋升激励政策，强化了上级对下级的监督和地方政府的责任。面对不断变化的政策情境和政治压力，作为贫困治理主体的地方政府官员也不断地发挥自身的主观能动性（吕方、梅琳，2017）。

在这场脱贫攻坚战中，我们能够观察到许多有趣的政治经济现象。其中最引人注目的现象是，地方政府各具特色的脱贫攻坚政策工具和减贫模式创新。中国疆域辽阔，不同地区间的自然和社会情况各异、发展差距巨大，各地采取的减贫实践丰富异常，扶贫模式创新层出不穷（王亚华、舒全峰，2021a）。响应中央的号召，22 个承担扶贫任务的省份均编制了“十三五”脱贫攻坚规划和产业精准脱贫规划，并运用多样化的政策工具实现脱贫目标。例如，国土资源扶贫实践为农村土地资源优势转向经济优势提供了经验；光伏扶贫利用贫困地区丰富的光热资源，实现新能源利用与扶贫相结合，带动贫困群众增收就业；金融扶贫解决了农村信用体系缺失，贫困农户的融资难、融资贵，金融机构高风险、难贷款等问题；电商扶贫则解决了农产品的销售难题。

此外，全国各地脱贫的进程并非整齐划一，而是表现出差异性，各个地区推进速度和程度不一，甚至同一个地区的不同县市之间也存在较大差异。2017 年 2 月 25 日和 27 日，江西省井冈山市、河南省兰考县率先通过国家专项评估检查，成为首批获得省级政府批准退出贫困的县市。2020 年初，国务院扶贫开发领导小组对最后 52 个未脱贫的县实行挂牌督战并加大扶持力度，推动重庆、黑龙江、陕西、河南、海南和河北等地的贫困县相继实现了脱贫目标。2020 年 11 月 23 日，随着贵州省宣布最后 9 个县退出贫困序列，全国 832 个贫困县全部脱贫“摘帽”，中国最终完成了消除绝对贫困的目标。这些政策实践并存于中国，只有综合考虑各种发挥作用的因素，才有可能解释国家贫困治理的复杂性。上述现象促使笔者重新思考中国实现公共政策绩效的机理，本书因此提出以下问题。

为何地方政府的治理绩效存在差异？除了自然禀赋、人口结构、区位条件、治理技术等因素之外，是否还有其他因素？

地方政府及其官员在贫困治理过程中起到了什么作用？地方官员如何影响辖区的脱贫进程？如果有影响，其具体影响机制可能是什么？

探讨中国如何将制度优势转化为治理效能，更加充分发挥中央和地方两个积极性是当前和新时期最为重要的理论和现实问题。解答上述问题不仅有助于我们理解中国脱贫奇迹，而且为深刻认识和推进中国国家治理现代化进程中构建中央与地方良性互动机制、实现治理效能的持续提升提供了重要契机。

三　“国家-社会”与社会认知重塑

国家治理有两个主要理论线索：一是中央和地方间关系的研究视角，体现为官僚制度下基层政府在执行上级政策时的行为方式；二是国家和民众间关系的研究视角，体现为国家与社会的相互影响（周雪光，2017）。

“中央-地方”视角主要关注央地在资源、人员、信息上的互动，以及如何通过优化顶层设计和完善互动机制，既发挥地方的积极性，又确保中央政策的有效落地。学者们不断探索央地分权对政府运行和治理绩效的影响，形成了一系列重要的理论成果。“国家-社会”视角强调中国地方民众是国家政策执行和政府治理的有机组成部分，国家政治制度和社会制度有着广泛的互动，这种互动决定了国家治理的成效。一方面，民众以公民身份积极参与基层民主，展开村民自治，促进基层公共物品供给（O'Brien and Han，2009；Wong et al.，2020；Zhang et al.，2004）；或是充当“协同治理者”或“共同生产者”，与地方官员相互配合，共同解决当地的问题，落实国家的政策，应对突如其来的危机（Buntaine et al.，2021；Miao et al.，2021）。另一方面，面对失当的政策制定、地方治理能力缺陷和政策执行偏差，民众会借助多种途径表达政治诉求、追求自身利益。民众多样化的政治参与和政治行为，及其对国家政策的影响已经引发了中外学者的广泛关注。相关研究生动描绘了民众参与公共政策过程的行为和策略，提出了“依法抗争”（rightful resistance）（O'Brien and Li，2006）、“建设性不服从”（constructive noncompliance）（Tsai，2015）、“机会主义博弈”（opportunistic bargaining）（Han et al.，2023）等概念，帮助我们理解转型国家如何能在社会的剧烈变迁中维持体系稳定。近年来，一些研究者开始放眼于新兴的网络空间，针对网络问政、网络参与、网络慈善等议题展开实证研究，从而拓展了官民互动研究的边界（Jiang et al.，2019；Chen et al.，2016；Distelhorst and Hou，2017；Tsai and Wang，2019）。

尽管“中央-地方”和“国家-社会”两个视角内部的研究都较为充分，但是，目前学术界对两大视角的整合尚显不足。近年来，一些学者初步尝试将两大理论视角进行勾连和整合，但多数研究停留在案例分析某些治理相关的现象，缺少系统的理论假设和假设检验。上述文献的不足限制了中国政府间关系、公共政策和治理理论的进一步发展。本书提出一种整合上述两种视角的方法，即扩展国家治理研究关注的范围，关注中央政府与地方政府的互动过程和治理绩效，并进一步探讨这些过程对于不同社会群体认知的影响及其背后的解释逻辑。本书的研究框架如图 1.1 所示。

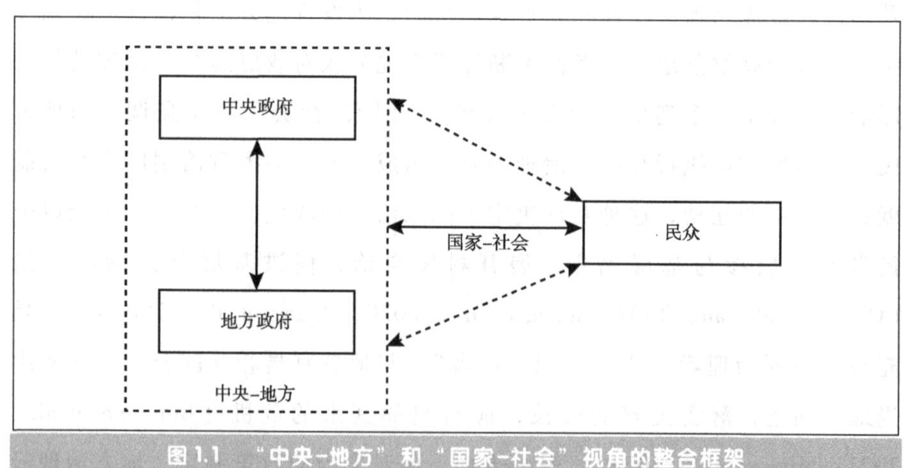

图 1.1 “中央-地方”和“国家-社会”视角的整合框架

习近平总书记多次在重要场合强调要顺民意、惠民生、暖民心，解决民众急难愁盼的问题。在高质量发展阶段，党和政府追求的“民心政治”致力于赢得民心，这需要通过有效的政策制定和执行来实现。作为政府分配社会利益和实现执政目标的治理工具，公共政策对公众认知、态度和行为的塑造作用受到广泛关注。对于同一项公共政策，不同个体可能形成完全不同的理解和判断。很多时候，政府治理的努力能够产生一定的治理成果，如经济增长、公共物品供给、民生改善等，却未必能提升民众的获得感和满意感。此外，除影响直接的利益相关者外，公共政策的溢出效应可能波及非目标对象（个体、群体、政策领域）。然而，学者们对于公共政策的民意反馈存在较大争议，针对同一政策，不同研究的结论存在分歧，尤其是关于公共政策对非目标对象的溢出效应和影响机理等规律性认知有待厘清。值得关注的是以下问题。

中央和地方在政策实施中的互动、行政特征和治理绩效实现会对公众的社会认知产生何种影响？

这种影响在不同政策领域间、政策目标群体和非政策目标群体间是否存在差异？

中国脱贫攻坚包含广泛的政府与社会互动，这是回答上述研究问题的绝佳实证场景。国家脱贫攻坚工作作为一项历史性的社会变革，对经济、社会、文化、廉政等政府治理领域产生了深远的正向影响。20 世纪 80 年代以来，农村贫困问题由“整体贫困”转变为“边缘化贫困”，党和政府采用精准型区域扶贫政策，重点解决“老、少、边、穷”地区农村绝对贫困人口的贫困问题（陈济冬等，2020；胡永和，2011）。在精准脱贫阶段，中国政府采用了“发展式扶贫”模式，即利用财政手段，通过市场化机制，将经济活动收入作为政策福利，转移给贫困人口（谢岳，2020）。在脱贫攻坚战中，政府采用强有力的政策决议和超常规的行政举措，将资源集中投向贫困地区和最需要帮助的贫困人口，促进他们摆脱绝对贫困，共享改革发展成果。可以说，目前的减贫成效是在密集政策优惠、超常规政策力度下实现的（张琦、史志乐，2016）。如图 1.2 所示，2016 年以来，经济欠发达省份接受的中央财政专项转移支付资金逐渐增长，其中云南、四川、甘肃、新疆、贵州、

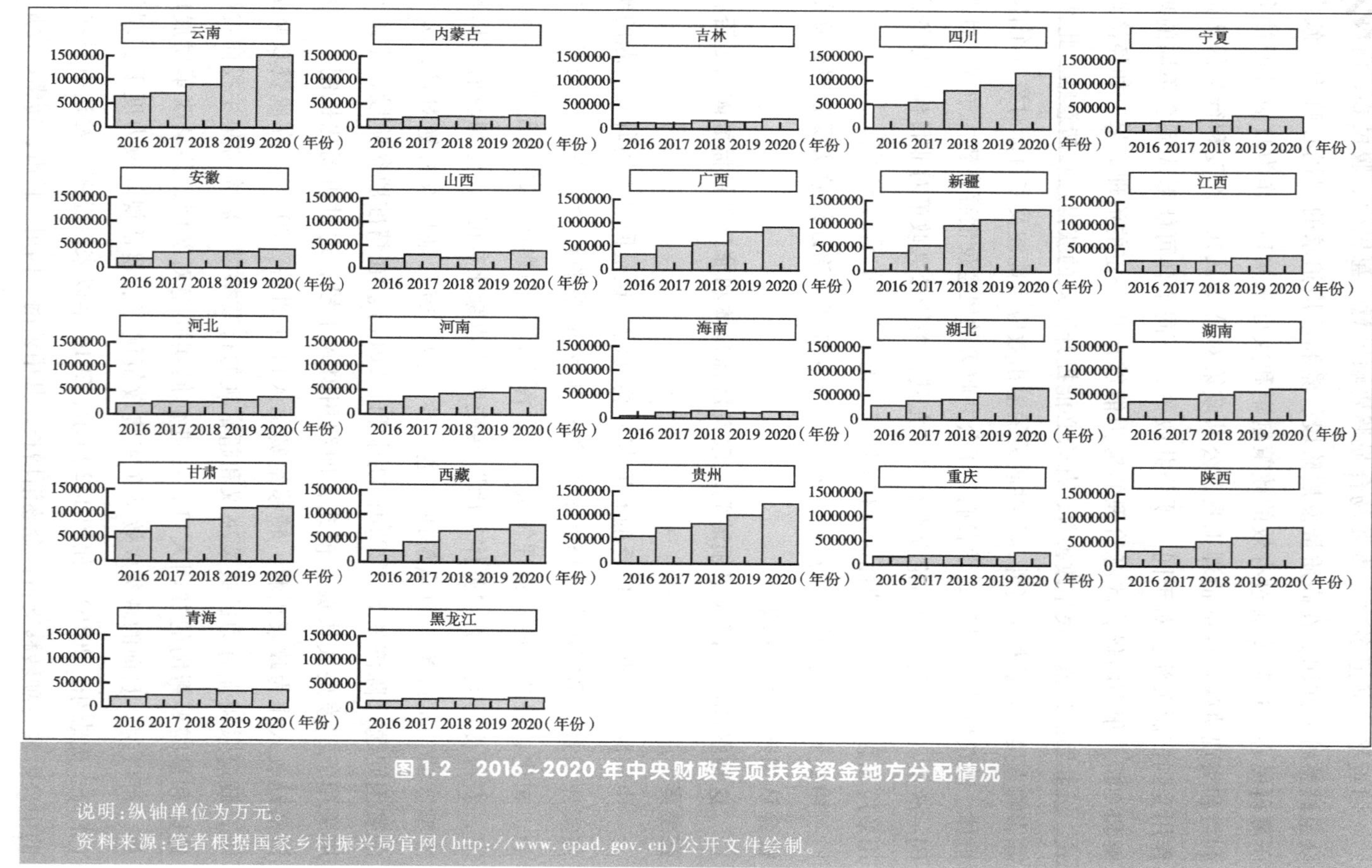

图 1.2 2016~2020 年中央财政专项扶贫资金地方分配情况

说明：纵轴单位为万元。

资料来源：笔者根据国家乡村振兴局官网（http://www.cpad.gov.cn）公开文件绘制。

西藏等中西部落后地区的总量和增幅尤为显著。如此大规模的政策举措不仅提升了贫困人口的生活水平，而且可能对非贫困人口产生广泛的溢出效应。有学者指出，在实施精准扶贫、脱贫攻坚政策，实现减贫目标的同时，国家在基础设施、公共服务、教育、医疗、住房等方面的投资对整个社会产生了强大的正外部效应（章文光，2019）。

脱贫攻坚的意义体现在政府不断提升治理能力，强化党的组织领导能力的过程中。中央通过构建脱贫攻坚目标责任制，中央统筹、省负总责、市县抓落实的管理体制，省市县乡村“五级书记抓扶贫”的领导责任制，有效的考核评估和监督机制，以及贫困县党政正职稳定制度等配套制度，实现了主体责任层层落实，打通了精准扶贫的“最后一公里”，保障了脱贫攻坚工作有效推进。地方政府官员在这一过程中积极主动地投身政策执行，展现了中国治理体系的有效性和强大的执行力。脱贫攻坚的实践培养了一批优秀领导干部，为进一步提升政府治理能力打下了良好的组织基础。

脱贫攻坚的意义还体现在政府治理理念的更新和实际应用上。2015 年 10 月，习近平总书记在党的十八届五中全会第二次全体会议上提出“创新、协调、绿色、开放、共享”新发展理念，并对其进行了阐释。其中，共享理念坚持以人为本，强调全体人民共享发展成果，其内核是社会公平正义。国家的新发展理念是我国发展理论的一次飞跃和重大提升，脱贫攻坚是上述新发展理念的贯彻落实，向社会传递了包容性发展和社会公平正义的价值追求（王亚华、舒全峰，2021b；李培林，2021）。此外，国家积极倡导创造新的多元化治理模式，动员企业、社会组织、公民个体等多元社会主体共同解决贫困问题，重塑了贫困治理中的中央与地方关系、基层政权内部关系、基层政权与乡村社会关系（符平、卢飞，2021）。

政府促进经济增长和改善民生的治理过程及绩效结果，不仅体现了国家治理体系的制度逻辑和运行状态，而且反映了政府治理的质量（孟天广、李锋，2017；岳磊、刘乾，2020；黄健、邓燕华，2021；Helliwell and Huang，2008）。政策反馈理论启示我们，国家治理过程及其绩效并非被动地受制于社会制度和公民参与，它能够通过一系列机制塑造民众观念和行为

(Larsen，2019；Pierson，1993)。无疑，精准脱贫时期史无前例的贫困治理成效和治理过程促使人们关注和参与政府贫困治理，激发人们对公民权利的思考和对社会公平正义的向往。脱贫攻坚目标的实现不仅取决于各项社会公共服务指标的完成，而且在很大程度上取决于广大人民群众是否感知到政府在提高贫困人口生活水平和解决社会不平等问题方面做出的努力。因此，人民群众的满意度应当成为衡量脱贫攻坚工作是否真正成功的重要指标（李小云，2021)。同时，扶贫政策对经济社会发展和民心向背至关重要，不同社会群体对政府治理的理解和感受各异，例如，以福利分配为导向的瞄准型政策设计可能导致政策受益群体和非政策受益群体之间态度的差异。这要求研究公共政策的学者深入探究扶贫政策对社会认知的影响机理，从而推进完善政府治理体系和治理模式。基于此，本书提出以下问题。

脱贫攻坚对社会认知会产生怎样的影响？这种影响在不同的社会群体中是否存在差异？影响社会认知的具体机制为何？

本书结合中国脱贫攻坚时期政府治理的制度特点，借助政策反馈理论和社会比较理论构建理论分析模型，为理解脱贫攻坚的社会认知效应提供了新的理论视角。在实践层面，党的十九届四中全会明确提出要“坚决打赢脱贫攻坚战，巩固脱贫攻坚成果，建立解决相对贫困的长效机制”，标志着中国将贫困治理的重心从消除绝对贫困转向解决相对贫困。党的二十届三中全会进一步要求，“推动人的全面发展、全体人民共同富裕取得更为明显的实质性进展”。为了实现共同富裕的目标，必须充分估量精准扶贫、脱贫攻坚阶段贫困治理对民众认知和态度的影响，为中国新阶段社会政策的有效重构提供科学依据和实证支撑。

四　研究目的和研究意义

（一）研究目的

本书旨在解释公共政策绩效的实现机制及其对社会认知的影响规律。科学研究的基本目的是探索、描述和解释。作为一项原创性研究，本书有三个层面的研究目的。

（1）探索层面：本书通过田野调查、深入访谈、过程追踪等方法开展探索性案例研究，力图探索和描述西南某县地方贫困治理和产业扶贫的发展历程。探索性个案研究同因果关系的检验都是理论大厦的重要组成部分，有助于在理论积累相对薄弱的领域提出新命题（Nørgaard，2008）。因此，该案例可以帮助我们深入理解贫困治理过程中地方政府的行为，提炼出重要理论逻辑，并启发定量研究理论假设的提出。

（2）描述层面：本书通过建立贫困县脱贫时间数据库和县委书记个人信息数据库，系统描述和分析中国脱贫攻坚时期各地区贫困治理的进程和差异，勾画出县级党委领导的整体画像和职业履历。

（3）解释层面：基于田野观察和文献调研，本书提出地方政府治理影响政策绩效和社会认知的一个理论分析框架。在此框架指导下，发展出可证伪的理论假说，并使用科学的大样本定量研究设计对这些假设进行检验。

（二）研究意义

1. 理论意义

本书对话和扩展公共管理和公共政策理论，理论意义具体体现在以下几个方面。

第一，研究拓宽了公共政策研究的理论视野，将“中央-地方”和“国家-社会”两大国家治理核心主题同时纳入考量，推进了国家治理整体性研究框架的发展。一方面，通过分析中国特色的政治体制下政府官员的行为模式，就央地互动视角下政策绩效的形成机制提炼出理论框架。另一方面，解构了国家治理的思路，深入地探明国家治理的制度安排如何通过地方治理过程影响民众的社会认知。在构建理论框架的基础上，本书运用科学的实证研究方法检验理论假设，揭示出地方官员影响地方治理绩效的内在机理，并对脱贫攻坚对社会认知的影响机制进行了历时性、因果性的分析。

第二，研究提出了“官员稳定性—政策连续性—政策绩效”的理论逻辑，为理解地方政策绩效的来源拓展了新的理论思路。研究识别出官员稳定性这一塑造政策绩效的重要因素，并考察官员稳定性驱动地方官员施政行为，进而推动扶贫政策连续发展的影响机制。就脱贫攻坚时期的政府治理而言，中央设定 2020 年为实现脱贫的时间底线，推行目标责任、绩效考核、人事稳定等制度安排，以遏制地方政府短期化行为。本书以这些中国政府治理中富有特色的制度设计为背景，通过系统分析揭示了贫困治理成效因贫困县官员变更而变化背后的因果机制。

第三，研究探究了行政系统与社会系统的互动，有助于深入理解中国发展模式转型时期政府治理质量与公民认知之间的互动规律。中国脱贫攻坚的实践过程和减贫成效不仅展现了中国治理体制的革新和治理绩效的提升，而且成为塑造当代中国社会认知的重要决定因素，为我国未来政府治理奠定了广泛的民意基础和社会共识。本书首次建立脱贫攻坚与社会认知之间的因果关系，理论探讨和实证识别了地方脱贫攻坚在社会认知领域的溢出效应及其作用机制，为脱贫攻坚政策效应提供了新的分析视角。在此基础上，本书对脱贫攻坚影响社会认知的内在机制加以讨论，有助于更加深入地明确公共政策绩效输出过程和结果影响社会认知的机制路径。

2. 现实意义

本书立足中国当代宏大而丰富的治理实践，研究的实证发现能够提供以下现实意义。

第一，本书着力于脱贫攻坚政策绩效形成的规律探究与政策溢出效应评估，为决策者部署基层治理的制度安排提供重要参考。脱贫攻坚时期，中央政府借助政治议程和行政科层体制，将扶贫的压力层层传导，给地方行政体系施加了巨大的政治压力。同时，中央通过权责下放、绩效考核等一系列制度安排调动地方政府执行脱贫攻坚政令的积极性，而在扶贫政策工具选择和扶贫资金分配等方面，县级政府有着相对充足的决策空间，决定了主政官员有能力和动机在执行中央政策意图的同时自主行动。在中国治理体制和治理能力现代化进一步加快的今天，推进公共政策绩效提升、增加政府治理的正面社会影响力需要科学总结历史经验。本书深入分析了中国政府治理体制和政策绩效实现机制，揭示了这场脱贫攻坚战役中地方政府治理的复杂运作形态和特点。

第二，本书对国家治理现代化和政府领导干部队伍建设具有重要意义。研究显示，县级官员更迭引起的政策不连续导致贫困县脱贫进程放缓，既体现为短期负面效应，又体现为长期负面效应。官员更迭对贫困治理效果的影响并非一成不变，而是与区域经济特征密切相关，在远离经济中心城市、产业结构落后的地区，社会经济发展对政府行政力量的依赖性更强，这些不利因素将强化官员更迭对贫困县脱贫的负面作用。研究还发现，跨省调任的官员不仅无法提升政策绩效，反而会造成政策不连续，进而降低政策绩效。因此，官员跨区域调任并非总是积极有效的，其影响具有不确定性。官员的腐败落马同样影响政策连续性。因而，仅仅依靠对地方官员的人事控制是不够的，应该考虑不断改善现有的官员考核标准和激励模式，促使县委书记将更多的资源持续投入对民生改善有长远效益的政策中去；长期来看，还需要完善地方基础设施建设、推动市场经济发展、优化产业结构，从而减轻地方经济发展对行政手段的依赖；另外，需要加强制度建设，强化和提升治理过程中的公开性和透明度，减少地方官员违规违法的可能性。

第三，本书拓展了关于脱贫攻坚社会正外部性的讨论，有助于全面理解和正确核算脱贫攻坚的成本和收益。现有政策评估研究大多关注经济收益，而本书指出未来应当将公共政策在社会认知领域的收益纳入研究框架，否则将会导致低估政策效益。此外，本书基于中国脱贫攻坚的治理实践，有助于深入理解中国发展模式转型时期公众对政府治理认知的形成机制。中国脱贫攻坚的实践过程和减贫成果向世人展现了中国治理体制的革新和政策绩效的提升，已成为塑造当代中国社会认知的重要决定因素，有效促进和引导了民众对于政府治理的积极评价，为我国未来政府治理奠定了广泛的民意基础和社会共识。

第四，本书对提升人民满意度、促进国家与社会的积极互动具有重要价值。政府与民众间的互动关系是公共管理和政治学研究的一个重要议题。良好的政府治理能够增进民众对政府的合法性认知，强化民众对政府治理成果的信念，并有助于政治效能感的提升和内生动力的增强。如果说绝对贫困是基于客观事实形成的判断，那么相对贫困则是民众基于获得感、满意度等主观感受形成的认知。政府在通过经济绩效和福利分配解决了绝对贫困后，如何通过内在心理机制解决相对贫困并激发民众的内生动力是当前亟须关注的问题。厘清脱贫攻坚以何种途径影响人们对政府治理的认同和对自我的评价就显得尤为重要。因此，本书解释并实证分析民众对地方政府治理的响应机理，有助于我们深入理解政府治理如何重塑社会认知，为新时期将政策绩效转化为人民的获得感和满意度并激发社会活力提供了思路。

当代中国正在经历宏大而独特的治理实践创新和前所未有的治理变革，为理论发展和政策研究提供了丰富的现实素材，更为我国社会科学理论工作者开展高水平研究创造了宝贵的契机。本书深入一线治理实践，细致观察中国政府治理的实际情况，将地方治理中的现实规律理论化，这符合我国公共管理学研究的发展方向，也将为实现国家治理现代化，建构国家和社会间的良性互动提供有价值的政策建议。此外，贫困是关乎人类生活水平和福祉的全球性问题，不同国家都面临着经济发展、扶贫开发和社会公平等复杂治理目标的挑战。尽管中国的发展路径具有一定的特殊性，但分析中国现行治理体制下的发展经验对全球贫困治理，尤其是对发展中国家减贫仍具有重要的参考价值（李小云等，2016）。

五　研究方法与研究设计

（一）研究方法

本书运用政治经济学研究范式，以中国精准扶贫、精准脱贫方略指导下的脱贫攻坚为案例，探讨了其实施以来的治理过程、政策效果及社会效应。本书采用混合研究方法，结合使用多种定性和定量研究方法。具体而言，混合研究设计包括两类研究思路：一是理论构建式的过程追踪案例研究（a theory-building process-tracing case study）；二是理论检验式的大样本数理统计研究（a theory-testing large-n statistical method）。

1. 基于因果过程追踪的个案研究

本书运用因果过程追踪（Causal Process Tracing，CPT）方法，对事件因果过程进行历时性分析，通过大量证据力图还原具体场景，以此来解释现象、构建理论（Beach and Pedersen，2019；蒙克、李朔严，2019）。在提出理论假设以前，笔者展开田野调查并访谈了扶贫领域的专家学者、中国扶贫基金会专家、贫困县领导干部、农牧民群众等，为初步形成理论线索提供了支持。在此基础上，笔者对中国西南地区某前国家级贫困县展开深入个案研究，通过对该县贫困治理和产业发展过程的纵向分析，呈现出制度变迁下县和乡镇两级政府治理过程中的政府行为和治理结果，并从该县扶贫产业发展的过程追踪中提炼和归纳出关键理论命题。

2. 基于 Heckman 两阶段模型的计量分析

在公共政策和公共管理研究中，将量化分析与因果过程追踪方法结合逐渐成为引人注目的优质研究方法（Kay and Baker，2015）。本书基于案例分析构建理论命题，结合既有文献提出了一个分析地方脱贫攻坚绩效形成机制的理论框架和有待检验的理论假说，用于分析官员更迭影响贫困治理的原因和机制。本书匹配了 2012~2018 年国家 22 个省份县市社会经济统计数据、县级官员个人背景数据、县市脱贫时间数据。为克服样本选择偏差（sample selection bias），采用 Heckman 选择模型对相关理论假说进行实证检验（Heckman，1979）。具体而言，将精准脱贫分为两个时间段，第一阶段是“戴帽”竞争阶段，将 2012 年 22 个落后省份的 1948 个县级行政区作为分析对象，探究国家级贫困县“戴帽”的原因；第二阶段是“摘帽”竞争阶段，探究国家级贫困县“摘帽”的影响因素。研究在控制了可能有解释力的官员个体和宏观因素后，考察官员更迭对县级脱贫攻坚绩效的影响及其短期和长期效应。

3. 基于个体追踪面板的自然实验

社会政策和政府治理的绩效评估普遍面临数据和研究方法的双重挑战。由于数据的限制，很少有文献能够在解决内生性问题的基础上考察政策和治理本身对社会认知的影响。针对上述问题，本书使用中国家庭追踪调查（China Family Panel Stuies，CFPS）2014 年、2016 年和 2018 年关于成人和家庭的三轮追踪调查构造个体追踪面板数据。借助 CFPS 具有全国代表性的高质量微观数据，本书运用双重差分法（Difference in Differences，DiD），巧妙地选取脱贫攻坚前三年各省份减贫成效的差异设计自然实验，构建区域、时间层面的双重差分。由于个体态度不会直接影响宏观治理成效，将宏微观数据相结合能够较好地缓解反向因果问题。本书从宏微观互动层面系统考察政府脱贫攻坚能否影响社会认知，并对其作用机理展开详细的实证检验，以新的实证和数据思路推动相关理论发展。

（二）研究设计

本书按照公共政策过程的顺序展开，逻辑框架如图 1.3 所示。实证研究主要分为两个部分：第一部分关注政策执行环节，综合使用定性和定量方法探究政治经济因素对脱贫攻坚绩效的影响；第二部分为政策评估研究，把政府治理过程和公众个体同时纳入分析框架中，分析地方政府脱贫攻坚政策执行和绩效对社会认知的影响及其作用机制。

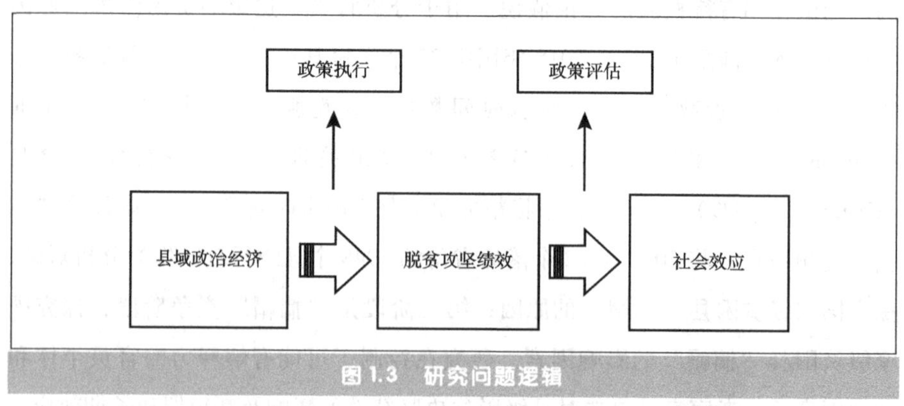

图 1.3　研究问题逻辑

六　结构安排与技术路线

本书以“公共政策绩效的社会效应”为主题展开，总共有八个章节，各个章节的主要内容安排如下。

第一章为导言。引出本书的理论缘起和研究问题，阐述研究的现实基础，总结研究目的、研究意义，介绍研究方法、研究设计以及结构安排。

第二章为概念界定与理论基础。首先，界定核心概念，包括政策绩效、贫困治理、政策连续性等相关概念；其次，系统综述中国政府治理、中国贫困治理及社会认知形成机制的相关文献；最后，总结既有文献的不足，提出有待发展的理论空间。

第三章为理论建构与分析框架。首先，构建本书理论框架，即脱贫攻坚绩效实现的理论模型和脱贫攻坚社会影响的理论模型，并提出有待检验的理论假说。接着，介绍本书的总体研究设计和使用的研究方法，主要包括基于过程追踪的探索性案例研究、基于 Heckman 两阶段模型的定量分析和基于自然实验设计的定量分析。

第四章介绍中国贫困治理的制度与实践。第一节简要概述新中国成立以来贫困治理体制的演变，接着介绍贫困县政策的设立及贫困县名单的调整过程。第二节则从脱贫攻坚目标责任制，干部选任、考核和监督制度，党政正职稳定制度和扶贫专项资金制度四个方面，对脱贫攻坚时期贫困治理的制度框架进行梳理，从而为后文分析地方政府贫困治理行为奠定制度基础。

第五章至第七章为实证章节，用以检验第三章中提出的理论假设，提供经验证据。表 1.1 归纳了本书理论的可观测意涵和实证研究。

表 1.1　可观测意涵与实证研究

理论的可观测意涵（observable implications）	实证研究（empirical analysis）
第五章：中央制度设计为地方的治理行为创造了激励和约束，形成了“制度引导—官员行为—治理结果”的治理图景	采用单案例过程追踪方法，探讨地方治理秩序的稳定性和扶贫项目持续运作的形成机制
第六章：地方官员更迭使扶贫政策不连续进而导致脱贫攻坚绩效下滑	定量分析国家级贫困县“戴帽”竞争和“摘帽”竞争的两阶段过程
第七章：①脱贫攻坚通过“个体学习效应”影响宏观政府治理认知；②脱贫攻坚绩效通过“上升期望效应”影响主观经济社会地位认知	运用定量方法分析脱贫攻坚对全国城乡居民政府治理和主观经济社会地位认知的因果效应及其机制

第五章为案例研究，通过对中国西南连片特困地区某县进行田野调研和相关访谈，考察制度环境剧烈变化时地方政府贫困治理的关键行为逻辑，揭示地方治理成效在长周期内变化的动态过程。第一节提出研究问题；第二节进行理论建构；第三节介绍研究设计和案例基本情况；第四节分别对县级和乡镇两级政府官员在贫困治理中的角色和行为进行深描；第五节考察了该县贫困治理的一个重要方面——芒果特色产业，回溯了芒果产业发展壮大的过程和政府所采取的产业发展战略，剖析芒果产业在五任县委书记任期内接续发展的原因，基本勾勒出该县政府治理行为背后的逻辑和激励因素；第六节是小结与讨论。

第六章为定量研究，旨在分析县级官员更迭对脱贫攻坚绩效的影响及其作用条件和机制。研究通过理论分析，将县级政府贫困治理过程分为“戴帽”竞争和“摘帽”竞争两个阶段，使用 Heckman 两阶段模型进行建模。笔者着手构建并匹配贫困县脱贫攻坚时间数据库和县委书记个人信息数据库，运用大样本统计方法来分析县级官员更迭影响脱贫攻坚绩效的作用、条件和内在机制。

第七章继续进行定量研究，关注脱贫攻坚的社会效应。本章基于国家级贫困县脱贫“摘帽”前后的社会追踪调查，采用自然实验设计，分析中国脱贫攻坚对民众宏观政府治理评价和主观社会地位认知的影响和具体作用机制。通过共同趋势检验、替换解释变量、纳入解释变量二次项、使用多层线性模型以及空间自变量滞后模型等方法，确保了研究结论的稳健性。

第八章为结论与讨论部分，对本书的主要发现进行总结，并对相关实证发现的理论贡献、实证贡献、研究适用范围和政策意涵进行了探讨。最后，指出本书的不足并提出可供未来研究拓展的方向。

技术路线及结构安排如图 1.4 所示。

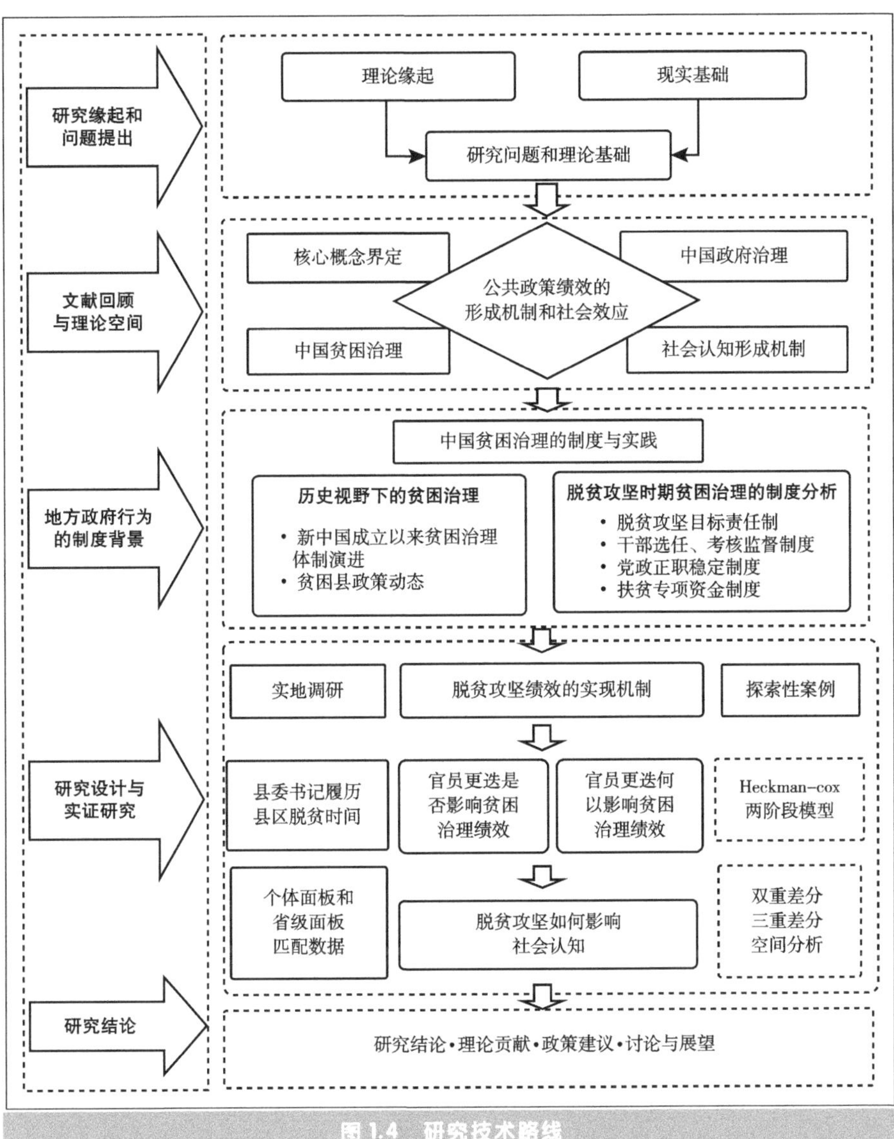

研究缘起和问题提出
理论缘起
现实基础
研究问题和理论基础
文献回顾与理论空间
核心概念界定
中国政府治理
公共政策绩效的形成机制和社会效应
中国贫困治理
社会认知形成机制
地方政府行为的制度背景
中国贫困治理的制度与实践
历史视野下的贫困治理
• 新中国成立以来贫困治理体制演进
• 贫困县政策动态
脱贫攻坚时期贫困治理的制度分析
• 脱贫攻坚目标责任制
• 干部选任、考核监督制度
• 党政正职稳定制度
• 扶贫专项资金制度
研究设计与实证研究
实地调研
脱贫攻坚绩效的实现机制
探索性案例
县委书记履历
县区脱贫时间
官员更迭是否影响贫困治理绩效
官员更迭何以影响贫困治理绩效
Heckman-cox
两阶段模型
个体面板和省级面板匹配数据
脱贫攻坚如何影响社会认知
双重差分
三重差分
空间分析
研究结论
研究结论•理论贡献•政策建议•讨论与展望

图 1.4 研究技术路线

第二章

概念界定与理论基础

第二章

[illegible]

一　核心概念界定

（一）政策绩效与治理

政策绩效可以定义为政府机构实施的政策实现目标和达到预期效果的程度（Fernández-i-Marín et al.，2023）。[①] 自拉斯韦尔倡导政策科学以来，提升政策绩效一直是政策科学的重要追求。政策未能达到预期效果通常由两个因素造成：政策设计不当和政策实施不善（Hupe and Hill，2014）。很多时候，即使政策经过良好设计，如果缺乏适当的行政资源、组织结构和执行能力，也可能导致实施效果不佳。因此，理解政策绩效不仅需要我们对政策预期目标和实际成果进行比较，而且需要分析各类治理机制塑造政策绩效的政治过程。

鉴于此，一些学者从治理的角度理解绩效。学术界对于治理概念的界定纷繁多样，不同的学科有着不同的侧重和范式。经济学家运用委托-代理框架（principle-agent framework）定义治理，其侧重点在于设定激励机制，将竞争、问责、退出机制等市场化的激励措施引入公共部门来实现良好的治理。政治学的治理研究关注以国家为基础的公共行政，特别是公共部门在指挥、控制社会和经济方面的作用。美国政治学家弗朗西斯·福山在其著作《何谓治理?》中将治理（governance）定义为"政府制定和执行规则以及提供服务的能力，而无论政府是否民主"。治理关注代理人履行委托人意愿的绩效，因而治理与执行密切相关，属于公共管理的传统研究领域，主要有程序、能力和产出三种测量方式（Fukuyama，2013）。在西方公共行政学中，治理通常表示通过网络和其他非等级机制对社会行为的调节，即"没有政府的治理"（governing without government），这意味着国家治理

① 以脱贫攻坚为例，其政策目标是贫困人口脱贫。公众满意度虽然也是重要的政府关切，但它们并不直接属于脱贫攻坚政策的设定目标，因此不在本书的绩效范畴内。

的重心向非国家行动者转移（Fukuyama，2016），是一种自下而上的公共事务处理模式。

在中国，学者们对治理概念的理解与西方有所不同。国内学者俞可平（2018）认为，“治理”在字面意义上就是治国理政，它是指国家运用公共权力管理社会政治事务、满足公众需要、服务公众利益的活动（governing with government）。在社会政治生活中，治理体现着一定的政治价值，但它更是一种工具性的政治行为，是实现一定社会政治目标的手段。无论是在哪种学科范式下，也无论是在何种政体下，执政者都希望自己的国家有良好的治理。

治理绩效定义在学术界尚未统一。在文献中，治理绩效被多样地表述为政府绩效、官僚绩效、善治、有效治理等。治理绩效的界定与治理概念密切相关，需要根据客观标准衡量。善治涵盖六大综合指标：发言权和问责制、政治稳定和无暴力、政府效能、监管质量、法治、控制腐败（Kaufmann et al.，2011）。这些指标为政府有效治理提供了明确的定义和测量依据，因而被广泛应用于国际学术研究。在社会治理领域，治理绩效不仅体现为经济增长，还包括分配金额、政策覆盖面或执法准确性、再分配目标的实现（Ding，2020）。

对于治理绩效的定义，中国学者也有不少独到贡献。周雪光（2017）将“有效治理”定义为政府在各领域或属地管理中处理解决问题的可行性和有效性，特别强调基层政府解决实际问题的能力。这一定义表示，治理绩效越高，政府解决实际问题的能力越强，越有可能在国家经济社会运行中发挥积极作用。由此可见，治理绩效不仅考察政策的实际效果，还关注政府的整体治理能力，以确保政府机构能够有效地履行职责。治理能力事关国家治理的投入体制（input institution），治理绩效事关国家治理的结果（output），两者不宜混淆（Centeno et al.，2017）。治理绩效虽是治理能力的表征，但治理能力不会自动转化为治理绩效，而是需要经历资源调配、国家政治机构运转、公众感知政府行政成果等一系列政治过程，才可能实现政府追求的政策目标（吴建南、阎波，2004）。

（二）政策连续性以及相关概念辨析

在公共政策领域，政策连续性（policy consistency）可以定义为政策随着时间的推移而保持持续和稳定的程度（Van Engen et al.，2019）。政策一般需要经历一段相当长的时间来发挥其意图产生的影响，但政策在颁布后可能面临一系列挑战，导致政策废除或政策效力减弱（Patashnik and Weaver，2021）。如果历届政府官员持续地执行某项政策，不随着时间的推移而中断政策或减弱支持的力度，则可以视为政策连续性比较高。在公共政策执行中保持政策的连续性具有重要意义，它有助于政府获得所期望的政策结果，而政策的不连续则会降低基层政策执行者对政策合法性和意义的认知（Van Engen et al.，2019）。政策工具之间的冲突可能有多种形式，政策不连续性（policy inconsistency）是其中一种典型表现。

连续性（consistency）与稳定性（stability）、可持续性（sustainability）、一致性（coherence）、确定性（certainty）和可预测性（predictability）等术语相关联。下面将对有关概念进行区分，以帮助我们更为清晰地理解政策连续性。连续性、稳定性、可持续性这三个概念的特征如图 2.1 所示，图中展现了政策不连续、不稳定和不可持续的情形。

政策稳定性（policy stability）指的是政策以其最初的结构形式继续存在。鲍姆加特纳和琼斯的间断均衡模型（Baumgartner and Jones，1993）试图解释政策过程中长期保持稳定但短期剧烈变动的现象，其中的关键概念就是政策稳定性。政策不稳定或政策波动的产生与人的有限理性以及渐进决策过程模型密切相关。在一个渐进的决策过程中，存在于 t 时刻的政策产出被随后在 $t+1$ 时刻反方向的变化所抵消，有学者将上述过程称为“负向政策反馈”（negative policy feedback）（Baekgaard et al.，2019）。

政策可持续性（policy sustainability）不仅仅是指维持政策的结构得以保持完整，更意味着政策能够沿着其核心原则的指引，适应和承受来自外界的压力而不被废止或侵蚀（Patashnik and Weaver，2021；Patashnik，2003）。在政策实践中，一项政策无论设计多么完备，实施多么顺利，如果不能获得在任官员、利益集团、选民等利益相关者的持续支持，就无法持久和成功。总而言之，政策可持续性理论关注在公共政策的制度背景和治理过程中，政策决策者是否有意愿和能力维持某项政策（Sorsa and Van der Zwan，2022）。政策可持续性理论的主要应用场景通常是需要大量财政资金投入的养老、医疗等社会福利领域。

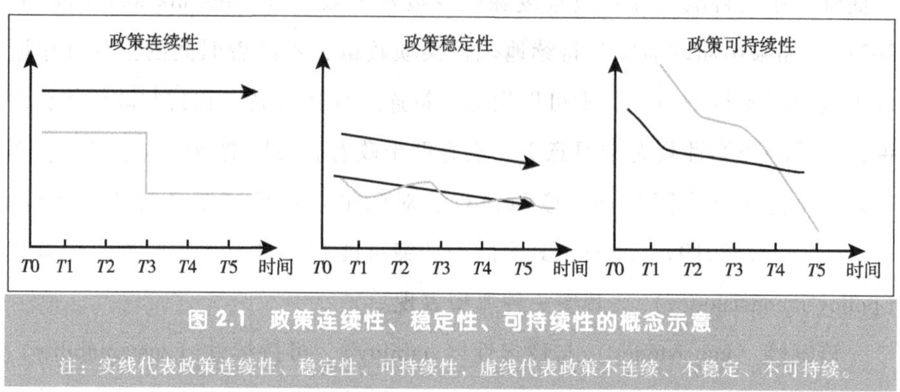

图 2.1 政策连续性、稳定性、可持续性的概念示意

注：实线代表政策连续性、稳定性、可持续性，虚线代表政策不连续、不稳定、不可持续。

政策一致性（policy coherence）是一个关键的政策设计属性。现代公共行政受到碎片化和协调难题的困扰，多元政策目标和政策成分导致政策执行面临挑战（Jordan and Halpin，2006）。政策一致性是指“在系统上减少政策目标间的冲突，并通过共同商定的目标来促进不同政策领域之间及其内部的合作，以实现期望的成果”（Nilsson et al.，2012）。通常来说，政策一致性意味着一系列政策围绕共同的理念或目标而设计，能够协同运作并发挥效力（May et al.，2006）。相反，如果政策目标前后不一致，就意味着政策缺乏一致性（policy incoherence）。政策一致性可以分为内部政策一致性和外部政策一致性，这两个方面都是政策有效性的必要条件。内部政策一致性强调需要以一致的方式整合政策的不同要素，外部政策一致性涉及确保政策设计与更广泛的政治和体制背景之间的契合度（Mathieu，2023）。尽管政策一致性和政策连续性经常在研究中被混淆，但它们在政策科学中是两个截然不同的概念。图 2.2 展示了政策一致性的概念示意。

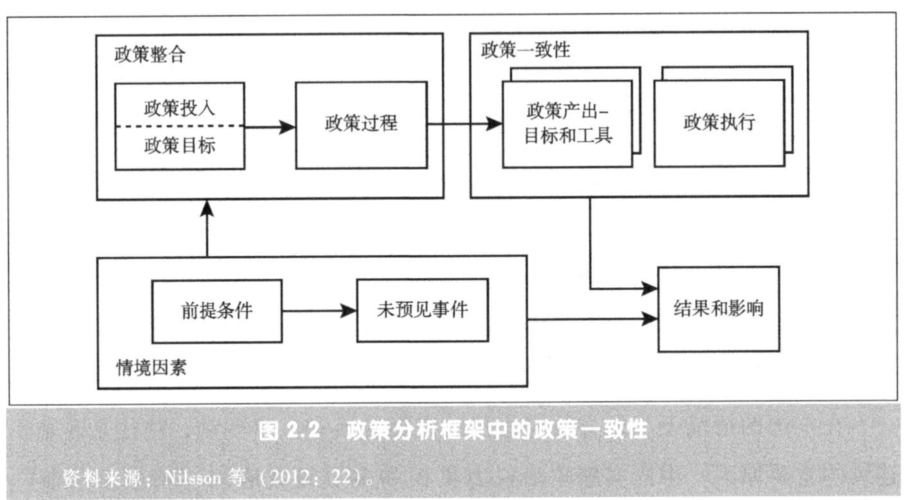

图 2.2 政策分析框架中的政策一致性

资料来源：Nilsson 等（2012：22）。

豪利特和雷纳（Howlett and Rayner，2007）基于目标和工具间关系提出了应对复杂政策问题的新治理安排（new governance arrangements）分类框架，政策目标一致性（coherence）和政策工具连续性（consistency）是影响治理结果的两个关键因素。当运用连续的政策组合实现一致的政策目标时，能够实现最优的政策效果。表 2.1 为基于目标和工具间关系的新治理安排分类框架。这一分类框架的重要价值在于，在应对复杂政策问题时，需要充分强调合理安排政策工具组合的重要性，使用始终如一的政策工具来追求多个一致的政策目标，才可以得到最优的新治理安排，否则可能导致治理安排的无效、失败或贻误。

表 2.1 基于目标和工具间关系的新治理安排分类框架

		工具组合	
		连续	不连续
多重目标	一致	最优	无效
	不一致	误导	失败

资料来源：Howlett 和 Rayner（2007：8）。

（三）政策不连续的原因和表征

在代议制民主制国家，选举带来的领导人更迭（leadership turnover）是导致政策不连续的重要原因。在信息输入转化为结果输出的过程中，政治系统会经历新决策者的加入、新信息的输入、政策观念的变化和注意力的转移（Baekgaard et al.，2019；Berkhout，2008；Sabatier，1998）。政府换届导致决策者的更迭，而新的决策者将重新处理与选择信息，他们做出的政策决策也会随之发生变化（Jones and Baumgartner，2012）。

在中国的情境下，地方政府官员的定期轮换和人事调动，往往是政策不连续的重要原因。中国实施政治权力集权和多层级政府间“行政发包制”，在统一权威框架内上级将事权和任务目标赋予下级，并设定激励和考核机制促使各级政府对辖区内经济社会事务负责，从而形成了“纵向行政发包、横向晋升竞争”的行政体制和治理特征（周黎安，2014）。行政发包制的核心在于主要行政权力和责任集中赋予地方行政首长，使其成为上级政策和发包任务的责任人。地方行政首长需要将所有上级发派任务纳入目标函数并进行权衡排序，将有限的资源和注意力分配给相关的政策领域。地区行政首长肩负着上级政策执行和任务完成的责任，同时是辖区政策制定最重要的决策主体，对辖区各类政策执行和地方治理成效有着直接的影响。

围绕地方官员政策执行和治理成效的差异，现有研究分为两类观点。一方面，官员的职业理念、任职经历、工作经验、年龄、专业背景等特征的差异，会直接影响其任期内的施政行为（姚洋等，2020；王贤彬等，2013）。这种官员特征差异是导致政策不连续的一个重要方面。另一方面，一些学者从政绩考核制度出发，解释地方官员的差异化行为。既有文献表明，在以相对绩效为特征的官员考核体制下，官员相对于前任的经济绩效越高，其晋升的概率越大（Li and Zhou，2005）。为了谋求晋升，地方官员必须尽可能地在短期内做出有别于前任的成绩。随着官员换届，掌握决策权力的继任官员倾向于挑战政策惯性，改变已有的工作思路和政策工具，打破前任的发展规划或投资格局，导致扶贫政策不连续。例如，刘军强等（2017）以一个县农业结构调整历程为例，探究农业产业调整的运作机制，发现基层政府频繁调整农业结构不是简单的盲目重复，而是强激励与弱惩罚的激励结构所导致的行为策略，是政绩考核制度的产物。上述文献为我们深入理解地方治理模式和公共政策绩效差异提供了坚实的理论基础。

二　中国政府治理的相关理论解释

改革开放后，经济增长取代阶级斗争成为中国的优先任务，中央政府通过政治集权和经济分权的制度安排为经济发展创造适宜的政治环境，鼓励地区间的经济竞争（林毅夫等，1994）。在此情形下，为何地方政府会积极提升治理水平，保障辖区内民众的社会利益？解释中国地方治理的文献大致可以分为两类：第一类从自上而下的治理体制的视角出发，研究地方政府运作的制度体制和激励机制；第二类则从地方自主性的理论视角出发，关注治理主体的特征和自下而上的行动。

（一）治理体制视角下的政府治理

“治理体制”视角下的政府治理研究分析国家如何进行制度和激励机制设计，以推进国家治理体系和治理能力现代化，并借助科层体系实现政策目标的上传下达。相关研究在很大程度上围绕“国家制度和治理体制建设”的框架展开。在发展中国家，权力下放（decentralization）被视为促进经济发展、改进政府回应性和治理效率的重要制度（Bardhan，2002）。学者们总结出“中国式分权治理模式”的三种核心制度安排，包括财政分权下的转移支付制度、官员选拔制度、官员交流制度。

1. 财政分权下的转移支付制度

学者们从中央和地方财政关系的角度论述了政治集权、财政分权体制下的地方治理结构和效能。政府间的财政转移支付制度是财政分权体制的组成部分，也是减少地方公共物品和公共服务提供的区域差异的重要政策工具。根据财政联邦主义理论，财政收入是影响地方政府行为的关键因素

(Treisman，2007)。由于地区间在财政能力和经济条件上的差异，公共物品和公共服务的供给往往并不均等。在理论上，财政转移支付主要有两点益处：一是有助于缓解区域间资源禀赋和政府财力不平衡的问题，缩小因财政能力差距带来的福利差异；二是具有一定的激励功能，促使地方政府在非重点政策目标上投入力量。

针对中国分税制改革等制度背景下中央转移支付对地方政府行为的影响，学者们进行了大量实证研究，但结果并不一致。周飞舟（2012a）考察了分税制改革后财政资金专项化在基层社会中产生的影响，指出现有转移资金体制实际上强化了县级而弱化了乡镇政府的地位，县级政府在资金分配和使用过程中可能出现不规范行为，导致专项财政资金未能有效服务“三农”。陈硕（2010）发现分税制改革增加了地方财政压力，削弱了地方财政自主权，导致地方公共物品的供给水平显著下降。黄祖辉等（2020）关于农村的实证研究表明，中国农村转移支付有助于培育农民与基层干部间的互信关系，提升农民参与公共物品供给的意愿。Park 和 Wang（2010）通过分析村户面板数据，发现在中国整村推进项目背景下，贫困村投资计划的实施增加了投资以及富裕家庭的收入和消费，但并没有增加贫困家庭的收入或消费。

总而言之，学者们对转移支付能否实现预期社会治理目标仍持有怀疑。国家专项转移资金依靠“条线”部门以专项资金的形式自下而上转移（周飞舟，2012a，2012b)，这导致上级政府通过“发包”和“打包”施加控制，而下级政府通过“抓包”反控制（折晓叶、陈婴婴，2011)。财政转移支付时常面临精英俘获问题，地方官员有动机和能力截留或挪用转移支付资金，削弱其增加公共服务供给与改善基层民生的功能（Tsai，2002)。此外，地方上级政府可能通过人事任免、财政分权体制对下级政府的公共物品供给施加影响，反而不利于辖区社会治理改善（李永友、张子楠，2017)。现有研究普遍显示项目分配存在不均等和瞄准误差等问题。例如，多位研究者均发现发展性项目主要为非贫困户所获得，造成这种情况的原因有两个：一是贫困户难以负担配套投资（李小云等，2005)；二是基层干部在政治激励的驱使下，可能通过项目分配“收买”群众支持（陈前恒，2008)。

公共资源分配的公平性是另一个潜在问题。陈家建和巩阅瑄（2021）对城乡社区项目的数据分析发现，项目制下的财政资源分配呈现出“双重效应”，在地区间，经济欠发达的西部省份和农村地区享受到更多的项目资源，而在地区内部，经济发展水平高的基层政府获得了更多的项目资源。

2. 官员选拔制度

中国地方政府治理的另一研究传统遵循政治晋升的逻辑，探究官员选拔制度作为一种激励机制对地方治理的影响。在一系列研究中，学者们指出中国改革开放后经济社会的快速发展得益于中央政府建立了一种基于经济效率和政策目标完成度来选拔和奖惩官员的资源配置方式，这激励下级官员在治理决策中重视经济绩效和治理成效。“晋升锦标赛”也成为解释地方政府追求高经济增长、忽视经济社会均衡发展等行为特点的经典理论模型（Landry，2008；Xu，2011；周黎安，2007）。当下级官员需要依靠自上而下的选拔任命才能实现政治生存时，晋升激励可能促使地方政府及其官员以激进、扭曲的方式施政（Kung and Chen，2011），时而严厉、时而宽松地执行政策（陈家建、张琼文，2015；黄冬娅，2020），或是选择性地执行政策（O'Brien and Li，1999），给地方社会治理带来威胁和挑战。例如，“大跃进”期间，一些省份的领导人为晋升政治局常委而超额完成粮食征购任务，为日后粮食供给不足埋下隐患（Kung and Chen，2011）。

学者们在延续并创新“晋升锦标赛”理论的过程中，尝试将官员晋升激励理论引入社会政策领域，探讨地方政府治理行为及其运作机制。Zuo（2015）发现，中国一些地方政府的人事考核制度正变得更加重视民生发展，为地方领导人改善地方社会民生提供了政治激励。Meng（2020）为中国地方政府养老保险政策的差异给出一个政治经济学的解释。他提出，在劳动力市场日益紧缩的宏观经济环境下，地方官员在晋升压力下，会实施福利水平较高的养老金政策来吸引劳动力。Zhang（2020）指出，自2003年社会指标纳入干部考核评价体系以来，社会目标成为地方政府官员政治竞争的重要方面，推动了各地方的基本医疗保险和公共卫生服务政策快速发展。省级领导人必须赢取国家领导人的支持才有可能在竞争中胜出，而他们自己作为省卫生部门官员晋升路上的“裁判”，对其政策执行施加强大的压力。在这场双赛道锦标赛中，双重晋升激励促使地方领导和技术官僚形成联盟并在政策中相互协调。Zhang 形象地将上述现象总结为“晋升锦标赛 2.0”模式（promotion tournament 2.0 model）。上述研究启发我们，“晋升锦标赛”已由单一经济增长目标的一元竞争模式，演变为兼顾经济绩效和社会绩效的多元竞争模式（左才，2017；刘松瑞等，2020）。因此，地方政府官员的行为受到多重压力影响，必须根据环境变化而不断调整策略，以最大化地展示治理能力。

周黎安（2017，2018）提出“官场+市场”理论，用以重新分析政府与市场在中国经济增长中的角色和互动模式。该理论由“政治锦标赛”理论发展而来，将研究视角拓展到政企关系中的市场约束和信息反馈机制，明确提出官场竞争和市场竞争的“双向嵌入”关系。这种关系表现为官场竞争中官员的政绩依赖企业业绩，企业竞争背后由地方官员赋力，从而形成了政绩与业绩之间的纽带。“官场+市场”理论解释了中国在经济增长的同时，在环境保护、市场监管、教育和社会保障等公共服务领域出现问题的原因。周黎安指出，公共服务在中国具有属地化特征，缺乏跨地区竞争，市场竞争的作用受到抑制，同时这些领域在官员政绩考核中属于软指标，官场竞争未能有效发挥作用，导致市场和政府双重失灵。

此外，一些学者基于基层治理复杂实践提炼一般化理论概念，为理解地方政府如何在基层治理中完成任务提供了不同的理论视角。例如，黄晓春和周黎安（2019）针对城市基层治理中的“印象政绩”现象，提出了上级“条条”与下级“块块”“结对竞赛”的政府运行机制。两位学者指出，社会治理领域缺乏清晰可量化的指标，导致横向比较难以实现，从而突破了官员晋升锦标赛的适用边界。在城市基层治理中，“结对竞赛”模式正取代传统的锦标赛模式。

3. 官员交流制度

任期制度和官员流动制度是影响地方治理成效的重要制度安排。Olson（1993）曾使用“流寇”（roving bandit）与“坐寇”（stationary bandit）比喻，阐述不同类型治理体系中政治精英的行为差异及其背后的逻辑。他指出，由于流寇的首领没有长期统治的打算，不在乎社会长期产出，只会想方设法最大化眼前收益而抑制长期投资行为。相反，当流寇首领定居下来成为统治者，便会规划地方长远发展，而立足长远的统治者会最大化未来收益，通过良好治理来促进经济增长，实施更有利于社会利益的政策。这一分析框架的启示意义在于，职业任期塑造着政治家的行为和决策方式，从而影响经济增长和人类福祉。在现代国家治理中，如果官员在某一职位任职时间过短，就会表现出短期化的决策模式，产生“流寇效应”。

官员交流制度是我国干部人事制度的重要组成部分，对国家治理和干部队伍建设产生了深远影响。该制度下，官员在政府机构、国有企业和社会组织（如大学和社区团体）中轮流任职，并在不同地区间调任（Bell，2015）。无论是政企交流、政社交流等常规交流机制，还是临时任命和“小步快跑”式挂职锻炼，官员交流都是干部实现晋升的重要途径（Chan and Suizhou，2007；Kou and Tsai，2014）。中国地方官员的交流制度引发了两类研究兴趣：官员背景研究和官员更迭研究。

官员交流制度的研究关注官员流动带来的地方官员任职经历和个体特征的差异，及其对地方政府决策和施政策略的影响。实证研究发现，地方官员在区域间的调任和流动会促进政策创新和先进治理经验扩散，在招商引资、环境治理、新公共管理、教育、卫生、社会保障等政策领域均有所体现。例如，Zhang 和 Zhu（2020）与 Zhu 和 Zhang（2016）探究了地方领导在地域间流动如何影响不同城市推行行政审批制度改革，发现官员的年龄、任期、来源、去向、行政级别都会影响其创新行为。Zhu（2018）通过案例分析进一步指出，中国独特的官员流动制度促使地方官员扮演“执行企业家”（executive entrepreneur）的角色，将原工作地的政策目标、工具以及政策理念和想法转移到新任职地，促进新的政策范式（policy paradigm）在经济落后的地区实施。Zhu 和 Meng（2020）的研究表明，官员流动促使不同地方对教育财政资源的配置走向趋同，有助于缩小社会福利供给的地区差距。Yi 等（2018）将“变革代理人”（change agent）的概念应用于能源环境领域，指出公共管理者通过职业流动传播政策创新，而不同地方相似的制度环境有利于政策扩散。

另外，许多研究主要关注地方官员不同的任职来源和任职经历如何影响地方政府的经济决策。周广肃等（2020）研究发现，具有本地任职经历的市委书记与当地居民接触较多，会倾向于增加当地居民的政府转移支付收入，特别是低收入家庭的公共转移支付收入，从而缓解家庭消费的不平等现象。张平等（2012）发现，中央官员通过提高对籍贯地的投资率，促进了当地经济增长，但对其曾任职地的经济增长没有显著影响。侯麟科等（2020）指出，本地提拔的干部能够在基层"善治"中发挥作用，维护基层群众利益，平衡官员交流制度可能存在的负面效应。

为解释公共服务供给和政府治理水平的地区差异，学者们探讨了官员教育背景和社会关系对辖区经济社会发展的作用。Lu 等（2019）发现，与有理科学习背景的官员相比，当省级领导人由具有人文社科背景的官员担任时，地方科学、教育、文化和卫生方面的财政支出份额会显著增加，而经济建设支出则会相应地显著减少。这是由于文科背景的领导人更关注长期利益，倾向于推行有利于社会发展的政策。Persson 和 Zhuravskaya（2016）研究表明，本地晋升的领导人受到"乡情"和人际关系影响，会提高教育和医疗等社会性支出，而外部调任的领导人则更多地将政府资源投入基础设施建设等刺激短期经济增长的领域。梁平汉和周润桦（2020）分析发现，省委书记和省长之间的社会关系会弱化政治竞争强度，降低政府努力程度，导致辖区内的投资水平下降，污染和腐败水平上升。

理解官员交流制度的另一种理论视角是官员更迭。在中国，受到党委和政府换届等因素的影响，政府内部的人事变动比较频繁，这对于官员而言，机遇和挑战并存。近年来，学者们开始关注官员更迭对经济和社会发展的影响，对地方官员更迭的后果和影响进行了一系列有价值的理论和实证考察。从官员更迭发挥影响力的具体理论解释出发，既有研究包含以下两种理论逻辑。

一种是从政策波动和政策变迁的角度出发，分析官员更迭对宏观经济、政府财政行为和社会治理绩效的影响。西方学者研究发现，领导人更迭影响宏观经济、政府财政支出和构成、组织绩效、政治自由化及政府管理成效（Jones and Olken，2005；Boyne et al.，2011；Kahsay and Medhin，2020；Treisman，2015）。在中国情境下，官员更迭也会对宏观经济产生类似的影响。新任领导人为了在 GDP 等经济指标竞赛中脱颖而出，会努力扩大生产性和建设性支出，将资源投向能短期见成效的“显示性公共物品”（吕冰洋，2018）。他们还可能改变前任制订的公共投资计划，从而引发政策不稳定性（杨海生等，2015）。研究发现，领导人变动可能造成 GDP 增长率下降、财政支出波动、财政赤字扩张、财政支出结构变动和财政效率损失等一系列后果（王贤彬等，2013；郭平、林晓飞，2018；杨海生等，2015；曹光宇等，2019；姚东旻等，2020）。

另一种是从政策和政治不确定性的理论视角出发，主要关注政企合谋、政治关联等非正式关系下官员更迭对宏观经济、政府财政和企业运营的影响（曹春方，2013；卢圣华、汪晖，2020）。例如，Fisman（2001）提出政治关联（political connection）理论，巧妙地在印度尼西亚前总统苏哈托的健康传闻与企业股价之间建立联系，成为该领域最具有影响力和开创意义的研究成果。此后，国内外大量研究通过官员换届来考察政治不确定性对企业运营和经济绩效的影响。例如，曹春方（2013）分析中国省委书记变动对企业投资的影响，发现官员更替造成了实际政治权力的转移，从而直接影响地方国有企业投资。徐业坤等（2013）的研究显示，市委书记更迭伴随着政治权力的转移，引发了政治不确定性，这会导致企业投资支出明显下降，而官员来源、政企关联和非正常换届都影响政治不确定性的程度，对地方经济发展产生不同的影响。卢圣华和汪晖（2020）从政企网络关系视角分析，发现本地晋升的市级官员离任会破坏政企关系网络，减少企业获得的银行贷款和政府补助，但有助于提升企业的经济效益。

随着中国经济由高速增长阶段转向高质量发展阶段，新近研究不再只关注官员更迭的经济后果，开始探讨官员更迭在环境治理、政府创新、政府预算审计等非经济领域的影响。例如，梁平汉和高楠（2014）发现官员更迭后空气污染物显著下降，指出官员更迭会破坏官员长期任职形成的合谋关系，从而有助于环境规制的强化和环境质量的改善。王鸿儒和陈思丞（2023）研究发现，在央地分权的环境监管体制下，官员更迭作为一种“隐性治理”工具，对于加强地方环境监管实施、减轻企业排污具有积极作用。郭峰和石庆玲（2017）研究发现，市委书记更迭前后二氧化硫等空气污染物浓度显著下降。研究者指出，这是因为官员更迭前后形成一段政治敏感期，对政企合谋形成威慑效应，从而使空气污染物浓度在短期内下降。庞保庆等（2020）在地方官员更迭和政府预算审计力度之间建立理论联系，分析表明，市长更迭年份政府预算审计力度显著加大，且这种影响会随着前任市长去向和制度环境的差异而变化。不过，在扶贫开发领域，官员更迭的研究视角尚未得到充分重视和应用，其对政府脱贫攻坚绩效的作用机制还有待深入探究。

（二）地方自主性视角下的政府治理

关于中国地方治理的一个重要学术论题是，国家政治权力和制度安排如何在地方治理实践中运行。若干对中国基层治理的研究表明，在中国以经济和行政分权为特征的多层级治理体制下，政策执行面临着上级控制力和下级自主性之间的张力，这种张力因不同治理层级和工作领域而异（陶郁等，2016；Landry，2008）。

尽管干部选拔任用制度能够防止地方官员被利益集团俘获，鼓励干部在一定范围内充分地发挥自身才能，但这种机制并不能遏制官员的自利动机。中国政策过程面临政府部门间协调的问题。权力的碎片化和下放可能导致官员更多地追求个人利益，而偏离了中央的既定方针（Lieberthal，2004；Lieberthal and Oksenberg，1988；Mertha，2009）。章奇和刘明兴（2016）提出，政治生存是政府官员目标函数的首要考虑因素。基于地方政治精英的政治生存动机，两位研究者建立了解释产权保护的地区差异的假说，揭示了地方政治精英会根据其内在政治利益决定为企业提供何种商业环境。研究者指出，为了换取民营经济的政治支持，那些在权力结构中处于边缘位置的政治精英会为地方企业提供产权保护，这在很大程度上促进了地方民营经济的繁荣。Lü 和 Liu（2019）进一步提出，地方政治家的实际政治权力有双重来源：与上级官员的政治关联和动员地方政治参与者的能力。当官员缺乏政治关联并且面对强大的竞争对手时，就会策略性地使用公共支出来获得地方政治支持。地方政府官员有自我保护、利益最大化、风险最小化等多重动机。当面临强大的执行压力和紧张的制度空间时，他们会在政治激励和风险规避之间权衡，导致其看似照章办事却又脱离地方生活情境，甚至转向形式主义、懒政等避责行为，导致政策执行偏差，严重影响了公共治理绩效（李棉管，2019；倪星、王锐，2018）。

有关治理体制和政府间关系的文献往往基于一个假定，即只要正确地设定激励机制，下级就能够有效地执行上级指令。然而，在现实治理中，地方政府能力不足是一个常见现象（陈那波、李伟，2020）。学术界已经认识到，地方政府的治理能力与政府官员能够调动的资源多少、权力大小、职业化程度密切相关（Fukuyama，2013）。在能力、权力和资源的多重约束下，即使政府官员有意愿尽责履职，也可能由于客观原因无法实现有效治理。例如，Ding（2020）研究发现，当地方环保部门官员面临能力不足和公众监督的双重压力时，就会采用“展演型治理”（performative governance）的行为策略，以此在民众心中建立起积极治理的政府形象。在政府官员自身晋升机会较小且地方财政资源不足的情况下，地方可能采用非常规的治理手段，长期而言，这可能激化国家与社会之间的矛盾，不利于国家治理目标的实现（Liu，2019）。

同时，地方政府能力并非单一且稳定（Luna and Soifer，2017），而是因辖区经济发展水平、政策议题、任务难度等不同治理情境表现出明显的差异。学者们指出，政府的治理目标往往是多元并存乃至冲突的（如改革、发展和稳定），在复杂的治理情势和多重任务压力下，地方政府官员必须相机抉择和选择性执行（O’Brien and Li，2006）。地方政府在执行上级目标时，受到中央与地方关系、地方激励以及社会嵌入性的影响，在多重因素的驱动下，可能导致改革失败和公共物品供给失灵（史普原，2015，2019）。社会关系和非正式制度在公共资源分配和公共物品供给过程中扮演着重要角色。例如，Tsai（2002，2007）研究发现，村级社会组织能够对地方官员产生激励作用，促使他们承担为村民提供公共物品的责任。Tsai 和 Xu（2018）通过分析中国城乡居民社会调查发现，相对于缺乏资源的“外部人”，与政府建立社会联系的“内部人”更有可能向政府提出诉求并得到政府回应。此外，在公务员的选拔过程中，各类非正式制度可能降低政府部门人力资源的质量，从而对政府治理水平产生不利影响（Jiang et al.，2022；Landry et al.，2018）。

为了实现政策意图，中央政府也会运用惩罚和威慑等手段来实现对地方官员的控制，起到“杀鸡儆猴”的作用（Mei and Pearson，2014）。面对中央和地方间的委托代理难题和中央监控能力不足的问题，中央可能采用“一刀切”式强制执法或“运动式治理”来推进中央政策目标的实现（Jia and Chen，2019；Van der Kamp，2021）。然而，中央的命令和监控究竟能够在多大程度上发挥效力，引导地方官员更高效地执行上级政策？现有文献未能给出明确的回答。

（三）现有理论解释的不足

本部分围绕中国政府治理，从治理体制和地方自主性两个视角对相关研究进行梳理。上述研究表明，分权、开放的政府体制与地方政府治理能力的提升对政府治理效能实现是至关重要的。既有文献为我们理解地方政府行为、治理绩效和模式差异提供了良好的基础，但仍然存在一定的局限性。上述理论虽然能够在一定程度上解释横向上不同地区间社会治理水平的差异，却很难解释为何在相同的顶层设计下，地方政府会呈现出不同的决策、治理机制和治理效能。因此，对于公共政策绩效的研究不仅要关注治理体制，还需要进一步探索在特定治理体制下地方官员影响政策绩效实现的机理。这就需要将公共政策研究带回特定的治理领域和时期，将中央制度安排、地方政府官员、地方治理情境同时纳入分析框架，从而深入探究公共政策绩效的形成机制。

三 中国贫困治理的相关理论探讨

（一）中国贫困治理绩效的三种理论解释

为全面理解贫困治理的含义，需要明确几个相关概念。关怀弱势群体是人类文明不可或缺的一部分，也是中国传统文化的内在追求。“扶危济困”的古老思想在中国贫困救助的话语体系中频繁出现，它是指扶助处境危急的人或救济生活困苦的人。国际话语体系中则常用“减贫”（poverty reduction）来描述相关行动。减贫的目标是减少贫困人口的数量，帮助其改善生产生活条件并享受基本公共服务。“扶贫”（poverty alleviation）则指保障贫困户合法权益，促进其摆脱贫困的社会工作。相比之下，“扶贫”一词更偏向于贫困问题产生后的应对，强调政府采用何种手段解决贫困的负外部性。Jindra 和 Vaz（2019）指出，良好的治理对于消除贫困至关重要。西方学者呼吁从根本出发定义治理——公共管理的核心应该是最大限度地满足所有人，特别是贫困人口的基本需求。贫困是对人类安全和人类基本需求的最大挑战之一，因此治理的终极目标应是实现长期减贫（Collins，2012）。贫困治理的概念充分体现了公共管理学科追求公正、关注人类需求的价值意蕴。

中国学者们从国家治理现代化的角度，为贫困问题提供了新的诠释，并提出“反贫困治理”的概念。在此框架下，反贫困治理意味着将贫困视为治理对象，在国家或政府引导下，基于协商与合作原则，通过多主体参与和按需施策，以实现综合减贫，保障人的全面发展。由上述定义可知，贫困治理强调减贫过程中政府的行为，如资源分配、政策执行、政府行动等元素（燕继荣，2020）。郑宇（2022）将贫困治理看作“国家主导的系统治理工程，通过多种政策工具来协调政府、社会与市场之间的关系，从而实现可持续发展”。因此，贫困治理的概念比单纯的减贫含义更为广泛，它体现出更强的延续性和主动性。贫困治理已成为国家治理的核心要义，也是实现全球可持续发展目标的关键所在。

在现有的研究文献中，对中国贫困治理模式和绩效的解释通常可以划分为三个主要类别：第一类从治理体制的角度出发，研究地方官员治理贫困的政治动机与激励机制；第二类关注治理技术，研究各类具体的治理技术如何发挥减贫的功能；第三类则聚焦治理主体——包括政府、社会组织、市场等的特征及其在治理过程中的具体行为。

为了解释中国的经济发展，许多学者试图从中国的治理体制和治理结构出发总结发展经验，此类观点又可以分为自上而下和自下而上两个脉络。自上而下的研究脉络主要关注国家正式制度和科层体制背景。一些学者强调，中国以精准扶贫为代表的扶贫政策是一种自上而下的国家力量主导的扶贫模式，党组织及其政府体系通过科层体制配置资源和传达行政命令，或是调节政府与市场的互动关系，从而实现减贫的政治议程，典型理论观点如“行政治理贫困”、“有指挥的即兴发挥”（directed improvisation）、“管理运动”、“脱贫攻坚责任体系”等（许汉泽，2018；Ang，2016；Zeng，2020；燕继荣，2020）。

有研究者指出，中国的贫困治理建立在一种“强约束—强激励”的体制之上。为了确保中央的扶贫政策在地方得到执行，中央政府将行政责任的考核制度引入贫困治理，建立了“省负总责、市县落实”的脱贫攻坚工作责任制，明确了各级党政主要领导为辖区扶贫开发第一责任人。在责任分配方面，省级党委和政府与中央签订脱贫责任书，对本地区脱贫攻坚工作负总责，并确保责任制层层落实。县级党委和政府承担脱贫攻坚主体责任，在治理不力或出现重大违纪问题时需接受组织问责。既有研究指出，“一票否决”的约束机制令贫困治理成为地方的一项政治任务和“一把手工程”（孙宗锋、孙悦，2019）。在采取扶贫工作责任制度的同时，上级政府也在考核中引入了竞争机制，激励地方干部积极落实上级决策，更好地完成政策目标的干部将得到更大的晋升机会。“强约束—强激励”的制度安排反映了中央政府监控和调动基层政府政策执行的意图，同时也将“政治锦标赛”引入贫困治理领域，从而延伸出“运动式治贫”“脱贫锦标赛”“军令状式扶贫管理”等代表性理论观点（魏程琳、赵晓峰，2018；王刚、白浩然，2018；邢成举，2016）。

自下而上的视角关注国家的正式制度和政策在基层实践中的实际运行状况。制度压力和政策命令在基层是如何运作的？对于这一问题的探究引发了许多结论不尽相同的研究。一种观点认为，在精准扶贫背景下，国家权力与乡村基层社会能够形成持续互动，建立起乡村社会与现代治理之间的桥梁，正是这种“共栖”的协调发展令中国的贫困治理富有成效（章文光、刘丽莉，2020；李小云、徐进，2020）。符平和卢飞（2021）指出，地方政府能够意会压力型体制的弹性。高层通过不断强化脱贫攻坚的重要性形成了自上而下的“稳定强化机制”，形成了单中心治理权力和多主体协同合作的共存，进而构建了组织动员的多重机制，为提升贫困治理效能奠定了基础。谢小芹（2016）使用“接点治理”的理论概念总结中国的新减贫模式，指出国家权力和基层社会通过第一书记扶贫制度得到融合和对接，而国家能力在治理和消除贫困的同时也在弱化、消解着已存在的自治力量。

另一种观点则认为，象征国家治理能力的政府权力在嵌入农村基层治理的过程中，有可能遭到诸多要素的挑战，政策的实际效果可能因此千差万别。例如，有研究表明，无论自上而下的压力、监督和控制有多强，基层政府在行动逻辑和地方治理实践中总是具有相当的自由裁量权和自主性（陶郁等，2020）。在中央政策向下传递的过程中，也必然会出现管控能力的耗散，导致地方治理主体利用信息优势扭曲政策执行。即便是在中央重点关注的“三农”领域，县级领导干部依然拥有相对充足的自由裁量空间。许多研究者发现，基层干部会有选择地执行上级政令，可能出现“瞄准偏差”和“精英俘获”等偏离政策目标的现象（邢成举、李小云，2013）。不同于上述积极干预式的基层政府，在强大的执行压力下，不同层级的基层执行者可能出于自我保护的动机而共谋形成“自保式”政策执行（李棉管，2019；Li and Walker，2021）。政策冲突是分析地方执行脱贫攻坚任务中的行为逻辑的另一视角。面对政府中心工作冲突的困境，地方政府会根据上级政府注意力、短期问责压力、信息清晰度、前期工作反馈等因素动态调整“邀功”或“避责”的行为模式（章文光、刘志鹏，2020）。

许多研究者将中国各地减贫模式和成效的差异归因于各地不同的治理技术。具体来看，对中国地方政府治理技术的研究主要从两个维度展开。第一个维度通过过程追踪等质性研究方法，探究某种具体治理技术形成的背景、原因和现实运作。例如，吕方和梅琳（2017）认为公共政策领域的特点决定地方治理模式的选择，在属于“复杂政策”领域的扶贫开发中，地方政府根据复杂的治理情境，因地制宜地将上级的顶层设计“转译”为地方政策实践。叶敬忠和贺聪志（2019）分析了太行山区村庄“巢状市场小农扶贫实验”，描述“巢状市场”的理念和发展实践，探讨其对小农户生产扶贫的积极作用。第二个维度专注于分析评估特定治理技术对农村社会的影响。例如，Couture 等（2021）学者使用随机分配实验方法，评估了电商进驻农村对当地经济发展和社会福利的影响。研究发现，电子商务服务站的设立为欠发达地区的家庭带来了正向福利收益，但对当地实体零售业的影响不显著。

诚然，治理体制和治理技术已成为解释中国脱贫奇迹的重要分析框架。除此之外，是否还存在其他重要的影响因素和作用机制？作为在既定体制下实现治理技术选择的关键环节，治理主体显然不应被忽视。中国减贫的核心经验体现在政府将政治领导力转化为现代国家治理能力，以福利分配为导向，激活地方政府与社会的协同治理（谢岳，2020）。学者们已经探究了第一书记、驻村帮扶工作队、大学生村官等治理主体的特征，以及这些特质对其能力与实践的影响。例如，He 和 Wang（2017）分析发现，服务“三农”的大学毕业生会广泛参与中央扶贫政策的宣传与执行，故而向农村输送大学生村官能够有效提高扶贫政策的瞄准效率和救助项目的执行水平。舒全峰等（2018）指出，驻村第一书记具有较高的公共领导力，有助于克服村庄集体行动困境，提升农村公共治理水平。倪大钊等（2020）从第一书记的个人特征和派出单位层级两个方面实证分析它们对贫困治理绩效的影响，发现属于高层级派出单位和拥有职务职级的第一书记有更强的社会资源动员能力，能够实现更高的贫困治理绩效。邓燕华等（2020）将驻村帮扶工作队界定为一种混合科层组织，是运动式治理向常规性治理过渡的中间形式，认为其组织特性决定了扶贫工作队队员能够增进国家与社会之间的互动。这些研究多是从治理能力视角讨论治理主体在地方治理中的作用，分析其能力的来源及其对治理效果的影响。

（二）中国贫困治理的政策效果评估

在精准扶贫政策实施前，中国的扶贫工作是以发展为导向的，主要针对地理单位，如县和乡镇。国家八七扶贫攻坚计划是中国政府实施的第二轮开发式减贫计划，旨在20世纪最后7年基本解决全国农村8000万贫困人口的温饱问题。对该项目效益的实证分析呈现出不同的研究结论。例如，Meng（2013）使用断点回归方法评估了国家八七扶贫攻坚计划时期中央转移支付对贫困县经济发展的影响，发现计划实施显著提高了扶贫重点县的农村人均收入。Lü（2015）使用相似的断点回归研究设计评估该计划对县级政府教育支出的影响，但其分析显示，未有证据表明转移支付对县教育支出发挥了短期或长期的增长效应。

作为迄今世界上规模最大、政策面最广的减贫实验（李芳华等，2020），精准扶贫的政策效果已经吸引了大量国内外研究的关注。一些研究总结了中国式扶贫的特点、实践经验和工作机制（杨骅骝等，2018；周绍杰等，2019；邓燕华等，2020）。同时，部分文献指出了我国扶贫政策精准性存在的问题，如瞄准偏差、市场缺乏、社会扶贫力量薄弱等（谢岳，2020）。既有研究从多个角度解释了地方政府在精准扶贫过程中的政策执行偏差及其负面影响，如挤压型体制（李棉管，2019）、锦标赛体制（李晓梅、白浩然，2019）、精英俘获（胡联、汪三贵，2017；邢成举、李小云，2013）、运动式治理（魏程琳、赵晓峰，2018）、科层制反功能（林雪霏，2014）等。另外，新近的研究运用因果推断技术，定量评估了中国精准脱贫时期各类扶贫项目的实施状况、社会经济效益和非预期效应。表2.2报告了定量实证研究的案例选择、研究方法以及所关心的被解释变量。

表 2.2　中国贫困治理政策效果的定量实证研究

文献	扶贫案例	研究方法	被解释变量
Zuo et al. ,2023	精准扶贫政策	因果中介分析	民众政治信任
Wang,2022	贫困县政策	倾向值加权回归	腐败
Liao et al. ,2021	光伏扶贫	空间分析	项目瞄准和地方适应性
Zhu et al. ,2021	贫困县"摘帽"	多期双重差分	地方财政支出
Couture et al. ,2021	电商扶贫	随机对照试验	农村家庭生活成本
汪崇金等,2021	驻村第一书记	田野实验	乡村社会信任
李芳华等,2020	易地搬迁、产业和光伏扶贫	断点回归	贫困户劳动收入和劳动供给
王剑程等,2020	乡村宽带试点	双重差分模型	农户创业
He and Wang,2017	大学生村官计划	多重差分	项目瞄准性和实施效果
温涛等,2016	贫困县政策	工具变量	农户借贷
Lü,2015	国家八七扶贫攻坚计划	断点回归	县级政府教育支出
Meng,2013	国家八七扶贫攻坚计划	断点回归	农村人均收入

（三）不足与发展空间

关于中国贫困治理的文献已经较为丰富，学者们从中国丰富的治理现实出发推动着贫困治理理论向前发展，但既有文献中仍然存在以下不足。

第一，现有文献大多仅从单一视角解释贫困治理效能，未能实现对多种研究视角的系统整合。为什么同一套治理体制下，不同地区的地方政府之间，甚至同一地区的不同地方政府之间，在贫困治理效能等方面表现出了显著的差异？既有研究未能给出令人信服的答案。在实证方面，既有研究往往选择个别时段、个别省份或个别城市的贫困村、贫困县作为研究对象，缺乏对中国所有贫困地区的贫困治理机制和扶贫政策的社会影响的系统性量化分析。考虑到中国不同地区的致贫原因、经济基础、自然地理禀赋、社会文化各异，现有研究结论在多大程度上捕捉到了地方政府在贫困治理实践中的一般性规律尚未可知。

第二，已有文献的主流是将贫困治理作为因变量进行研究，将其作为解释变量的研究相对较少。对贫困治理政策效果的评估侧重其政治经济效应，未充分关注其社会效应。政府治理过程及其绩效对广大普通社会民众态度和认知的影响是一个极具理论价值和现实意义的研究议题。然而，除了 Zuo 等（2023）的研究外，鲜有文献以脱贫攻坚为实证场景深入这一研究领域。脱贫攻坚作为一项投资巨大、牵动社会各个领域的复杂政策，必然影响中国公众对政府治理和社会整体状态的认知及评价，有必要阐述和分析其对社会认知的影响机制。为弥补上述文献的不足，需要对中国脱贫攻坚的社会认知效应做出全面、科学的分析。

四　社会认知形成机制的理论脉络

社会认知（social cognition）研究个体如何认识和理解自身所处的社会情境，它强调人们对客观世界的主观建构和判断（Kunda，1999）。作为一项交叉融合了多学科理论和方法的研究议题，社会认知已成为社会科学家关注的前沿领域（Carlston，2013）。社会认知研究不仅关注人们如何理解社会世界和他人，而且关注人们如何理解自身（Fiske and Taylor，2013）。在本书中，我们将社会认知分为宏观的对社会现状的认知和微观的对个体自身处境的认知两个维度。本部分从社会认知理论解释的学科起源分类出发，将相关研究分为社会学、政治学和公共政策三条研究路径。

（一）社会学路径

社会认知研究是社会心理学的重要课题，关注社会转型和社会变迁过程中人们社会公平感、主观社会地位等微观心理和社会情境的相互作用。该领域内，两大理论流派尤为引人注目。其一是基于自利假设的“结构决定论”，主张个体对主观地位和社会公平的感知取决于自身客观的社会经济地位，社会地位较高者更倾向于认同当前的社会分配格局公正合理。其二是“相对比较论”，强调社会互动与比较过程在塑造社会认知中的核心作用，指出相较于客观的社会经济状况，个体间主观认知的差异对于社会政治态度具有更大的解释力。具体而言，人们的主观阶层认同的形成，主要源自将自身境遇与参照群体进行对比的过程，一旦个体在社会比较时发现自己所拥有的资源相对不足，便可能滋生需求未获满足的心理（Shah，1998；Stouffer，1949）。相对比较论是主观阶层认同研究的重要理论依据，解释了为什么收入上升，人们的社会公平感和主观阶层认同却未能同步提升。此外，社会心态（social mentality）是社会心理学的核心研究内容，它关注社会现实，并综合个体、群体和社会层面来探讨社会心态的概念、特点及其演变（杨宜音，2006；王俊秀，2014；周晓虹，2014）。

（二）政治学路径

从政治学路径出发，公众认知的来源可以概括为制度生成论和信息机制论。政治学路径在传统上关注国家结构、政治制度、政治动员等宏观制度性因素对公众政治态度和行为的影响。制度主义传统以理论选择主义作为分析预设，将公众视为理性经济人，强调治理绩效是巩固政治合法性、争取政治支持的关键。既有研究主要关注地区间社会环境差异（如经济发展水平、政治治理绩效、民主政治环境）和政治组织对公众政治态度的影响（游宇等，2017）。例如，孟天广和杨明（2012）分析发现，客观经济绩效无助于维持民众对县级政府的信任。进而，孟天广和李锋（2017）通过考察治理绩效和治理制度运行对公众政治信任的影响，指出执政绩效和政府质量共同决定了人们的政治信任。此外，制度主义传统还强调代表性、回应性、政府透明、协商民主、问责制度等对公民意见的作用（Barnes et al.，2018；Grimmelikhuijsen et al.，2021；Truex，2017）。

新兴文献则日益关注政治传播（political communication）和信息机制（information mechanism）的作用。这些文献整合心理学理论和定量研究方法，运用行为实验等工具分析媒介、公共舆论对公众心理的影响。其中，议程设置（agenda setting）、启动（priming）和框架（framing）是受到最多探讨的理论（马得勇，2016；Mettler and Soss，2004）。政治心理学侧重解释政治态度产生的原因和发展趋势，广泛地运用负向认知偏见（negativity bias）、确认偏见（confirmation bias）、动机推理（motivated reasoning）、认知双过程理论（dual process theory）、启发（heuristics）等心理学理论，从微观个体层面分析政治态度的成因和变化（Druckman and Bolsen，2011；Jensen and Petersen，2017；Mann et al.，2020）。政治传播类的实证研究发展迅速，新近的研究大多尝试将宏观情境和微观个体感知连接起来，对制度生成论进行拓展和修正。可以发现，无论是传统政治学理论还是新兴政治传播领域，多数研究未将政府政策因素引入框架中，尤其是忽略了政策实施过程中复杂的宏微观互动，以及这些互动如何随着社会治理和政策环境的变化，影响人们对政治社会的理解及自我认知的建构。

（三）公共政策路径

自 20 世纪 90 年代以来，一些历史制度主义学者开始采纳“新政策创造新政治”这样一种政治理论，将研究重点转向公共政策通过激发公众、利益团体和社会组织而影响政治系统的过程（Schattschneider，1974）。历史制度主义学者对政策反馈的研究激发了公共政策学界的广泛兴趣。

政策反馈理论（policy feedback theory）认为通过政策设计与政策的具体特征（design features），公共政策不仅能向民众分配资源，还深刻塑造着民众的政治态度、政策偏好，乃至政治行为，这些态度、偏好和行为又反过来影响公共政策。具体而言，公共政策通过两大类途径影响公众认知、态度和行为，即资源效应（resource effect）和阐释效应（interpretive effect）（Jacobs and Mettler，2018；Pierson，1993）。资源效应是指公共政策通过再分配影响社会利益格局，直接塑造受益者和受损者不同的态度。阐释效应指公共政策本身在规范层面界定着社会福利的正当价值和公民权利，塑造着人们对公民身份的认知，进而影响人们的政治态度和政治行为。相对于资源效应强调物质利益，阐释效应强调认知观念，一些学者提出政策学习（policy learning）或个体学习效应（individual learning effect）的概念，指出公民对公共政策的体验影响着他们对政策的支持度和相关社会认知（Fleming，2014；He et al.，2021）。民众可以与政策系统中的其他行动者交换信息，结合个人经验和新的外部信息更新对政策的认知，并据此调整对政策的满意度和对政府机构的支持度。例如，Fleming（2014）研究发现，参与教育代金券项目的父母更有可能在与学校打交道的过程中增加对政府运作过程的了解，从而认识到政府在教育政策中的作用，并可能因此更加积极地参与政治活动。

自 20 世纪 60 年代以来，学者们在政策反馈文献的基础上，对公众态度和政治参与的形成机制进行了更深入的理论和实证分析，探究了不同的政策场景和结果下政策反馈效应对公众政治态度和行为的影响。一篇研究综述对 65 篇相关论文进行了量化分析，发现公共政策对公民产生了正向、负向和不显著的影响（Larsen，2019）。在国际上，社会和福利政策是政策反馈研究最常见的政策领域，已经取得了令人瞩目的研究进展。图 2.3 展示了应用政策反馈理论研究公众态度和行为的分析框架。从个人层面开始，“政策暴露”（policy exposure）是因果关系的前提，表现为一些个体比其他个体更多地接

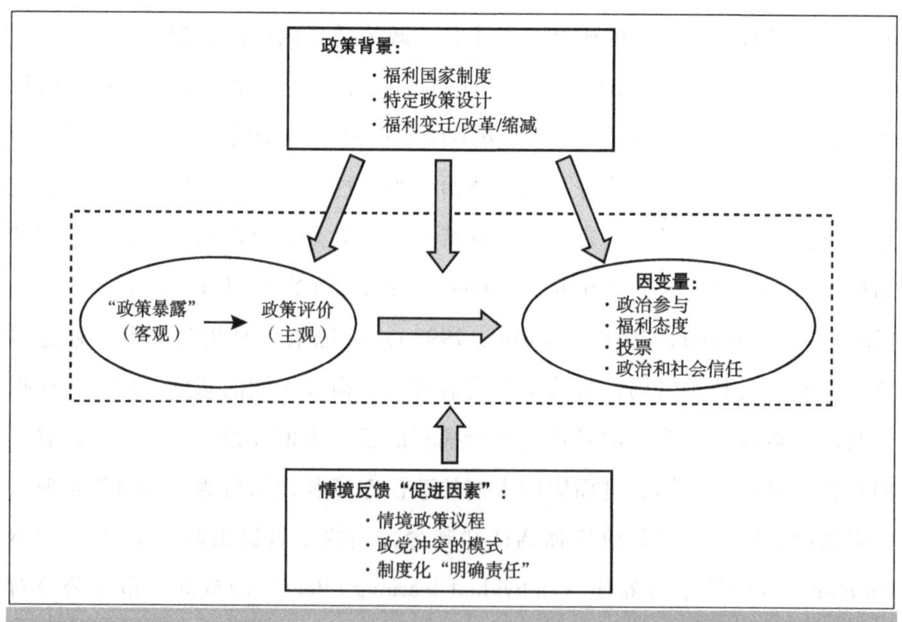

图 2.3　政策反馈与公众态度和行为研究的分析框架

资料来源：Kumlin 和 Stadelmann-Steffen（2016：346）。

触到某些类型的国家福利政策、转移支付和公共服务。政策反馈假说通常假设，政策影响不仅取决于民众是否暴露于政策，还取决于这种暴露如何引发主观的、评估性的反应。一项福利或公共服务的各个方面以及提供福利或服务的过程都会塑造人们的主观政策评价，并引发某些政治结果，如政治参与、福利态度、投票、政治和社会信任等。

然而，政策反馈理论的研究在传统上长期处于社会学和政治学宏大范式的笼罩下，成为其理论发展的贡献者，而较少成为一类独特的解释框架。例如，不少发表于《美国政治学评论》《比较政治学研究》的论文虽然涉及政策反馈理论，但大多数研究旨在为国家存续、政体韧性等理论发展添砖加瓦。相较之下，旨在发展公共管理和公共政策学科理论的相关研究仍然较为稀缺。

（四）中国语境下的政府治理和公众态度研究

现有关于政府治理的社会影响的理论和实证研究主要以欧洲和美国为实证背景，在中国语境下探究政府政策执行和治理绩效对公众态度和公众行为影响的研究较为缺乏，尤其是对话政策反馈等公共政策理论的研究更是鲜见。产生这种现象的部分原因在于，一些学者认为中国的政策是官僚体制内部的决定，民众意见通常很难影响政策决策。然而，这种偏见正在逐渐被打破。越来越多的研究发现中国政府决策过程具有一定的开放性。政府在社会救助、经济发展、土地流转、经济建设等领域对民众的呼吁和需求做出了积极回应（孟天广等，2015；Chen et al.，2016；Distelhorst and Hou，2017；Jiang and Zeng，2020；Roberts and Kim，2011）。

中国转型时期，公众对公共政策质量和政府治理能力有了更高的要求（赵静、薛澜，2021）。在养老、教育、医疗等重大社会政策背景下，学者们开始运用政策反馈理论来分析中国政府公共政策制定和调整的过程。例如，Leutert（2021）提出了政策反馈回路（policy feedback loops）的概念来描绘政府循环往复的政策推行过程，并通过对合同责任制改革、成本控制体系改革和采购管理体系改革的过程追踪研究，揭示了改革开放以来中国政府如何成功地实施国企市场化改革。Tang 等（2018）以中国约束性目标体系为制度背景，对政策反馈理论和排名锦标赛理论进行实证检验。研究结果表明，在晋升激励的作用下，过去环境绩效排名靠后的省份会在未来提高其环境绩效表现。

在政府和社会互动背景下，部分实证文献探究了社会保障制度如何塑造民众的社会福利态度。例如，He 等（2021）定量分析了中国碎片化的医保制度对民众社保缴费责任观念的影响机制。研究者对话政策反馈理论，将社保政策影响个体社会福利态度的机制总结为资源效应、解释效应和个体学习效应。研究通过分析一项中国社会调查数据，发现政策设计以及个体对政策的体验都影响着人们对社保政策的态度，从而验证了政策反馈发挥效应的三个理论机制。Lü（2014）以免除义务教育阶段学费政策为研究对象，评估了社会政策（民生政策）对民意的影响。研究发现，该政策促使民众对政府承担义务教育责任提出更高的要求，上述效应主要是由于媒体宣传提升了人们对于政策的认识（policy awareness），而非由政策带来的实际利益（policy benefit）所导致。Im 和 Meng（2016）运用倾向得分匹配法检验了养老、教育、医疗和最低生活保障领域个体社会福利态度的形成机制。研究结果表明，福利政策经验会强化人们对政府承担福利责任的需求，并且个人经验的影响有溢出效应，会塑造人们对其他社会福利项目的看法。Yang 和 Shen（2021）使用断点回归方法评估了新型农村社会养老保险对农村居民政治支持的影响，发现尽管社会福利政策提高了个体福祉，却未能同步提升人们的政治支持。王培杰等（2022）探讨了“独生子女”政策对民众生育偏好的影响。

另外，一些前沿文献分析了政府透明、政府回应、反腐败等政府治理举措对公民政策态度的影响。张书维等（2020）从行为公共管理的理论视角出发，设计了一项调查实验探究公共决策透明与社会许可间的因果关系。陈济冬和徐慧（2020）将在线实验数据和全国流动人口动态监测数据相结合，探究了地方政府政策回应对流动人口定居意愿的作用和其中的政治机制，他们发现地方政府回应可以对定居意愿产生显著而持续的积极影响，并且对教育程度高和居住时间长的流动人口的促进作用更强。杨文辉和赵静（2024）通过基于清洁取暖改造政策的联合实验研究，发现政府回应显著提升了公众政策评价，并揭示了政策收益与政府回应共同作用下影响公众政策评价的机制。

政策复杂性使一项公共政策可能通过多重机制塑造公众态度和认知。然而，关于中国转型时期公共政策社会效应的经验研究仍较为缺乏，特别是对某项政策对微观个体认知的多重形塑机制的把握还有待增强。因此，学者们需要关注当代中国政策实践，继续探索多重理论视角衔接与对话的可能。Wang 和 Dickson（2022）分析发现，打击腐败揭露了政府官员腐败行径，这可能降低民众对公职人员的信任，从而削弱其政治支持。

五　研究述评和理论空间

本章首先对相关概念进行了辨析，之后梳理和分析了中国政府治理、中国贫困治理和社会认知形成机制三大部分的文献。综上所述，国内外学者对中国政府治理中的中央和地方关系以及国家与社会互动关系已有一定的研究成果，为后续研究奠定了理论和实证基础。但是，也应当看到现有文献的研究水平和理论原创性有待进一步加强，亟须在研究视角、研究范围和研究方法三个重要方面实现突破。

（一）研究视角

现有文献从治理体制、治理技术、治理主体等角度研究了贫困治理的影响因素，研究成果颇丰。治理体制和治理技术是有联系的，但联系并不十分紧密。治理体制一般是固定的，而治理技术往往是因地制宜随时可能调整的。在治理体制不变的情况下，为什么治理技术会随时间变化和因地区而不同？虽然表面上技术本身可能有多样性，但背后总是有一个共同的原因在驱使着治理技术的选择——治理技术是由地方主政官员来决策和实施的。因此，地方官员是在既定的体制下，实现治理技术选择的关键环节。面对不断变化的政策情境和政治压力，作为贫困第一线治理主体的基层政府官员也在不断地发挥自身的主观能动性。但是，既有研究多从宏观治理体制和微观技术能力视角来强调某种研究者认为具有学术意义的地方治理经验，较少从地方官员行为这一中观视角对各地政府治理进行系统性分析。

研究视角的另一缺陷表现在，上述文献将地方官员视为一个单一整体，没有考虑同一个地方前后任官员之间的关系和人事治理体制等因素对治理绩效的影响。可见，既有研究未能对具有中国特色的治理体制特性如何塑造地方政府及其官员的政策执行模式做出系统性的解释。为了丰富和发展现有国家治理研究，应当实现研究视角和研究立意的创新，通过对中国政治社会发展现实和制度特征的深描，发掘符合中国特点的新变量和新视角。

官员更迭的理论视角日益引发学者们的强烈兴趣，成为国际和国内政治经济学领域的一个研究热点。多数研究限于官员更迭对地方政府经济增长、财政支出等经济行为的影响，并且，目前的官员更迭研究主要是对西方理论的检验和发展，关于官员更迭对地方政府在民生和公共服务供给领域的施政策略以及治理绩效影响的研究还比较缺乏。在贫困治理领域，尚未有研究从地方官员更迭这一中观视角出发对地方贫困治理实践和绩效的差异进行系统性、历时性的分析。为了深入分析官员流动和政府绩效之间的关系，应该建立一个整体性的分析框架，将特定时期某些地区的官员整体作为考察对象，并将官员背景、辖区特征、地方差异性等相关因素纳入考量（吴建南、马亮，2009）。

脱贫攻坚以来，地方政府获得了更多的自主权，地方官员的角色变得更加突出。与此同时，中央制定了“不脱贫不调离”“提拔不离岗”等责任到人的人事制度安排，促使脱贫攻坚时期地方官员的行为逻辑发生变化（周飞舟、谭明智，2020）。在具有中国特色的制度背景下，地方官员更迭将如何影响贫困治理绩效？其相关机制又是怎么样的？官员更迭研究的重点是治理体制下的官员行为，这有助于我们实现治理体制、治理技术和治理主体研究视角的整合，填补研究空白，从而更深入地理解公共政策绩效形成机制的相关问题。

（二）研究范围

现有关于扶贫政策效果的研究主要基于经济指标，关注精准扶贫对贫困地区和贫困群体的经济收入和决策的影响，忽视了其对普通社会民众认知的影响。一些学者指出，影响政治和社会稳定的不只是社会的现实状况，更重要的是公众对于治理问题的认知情况（怀默霆，2009；谢宇，2010；李骏、吴晓刚，2012）。贫困治理政策的“社会合法性”是一个需要考虑的问题（李棉管、岳经纶，2020）。维护国家民主治理的合法性，需要理解民众对现有治理改革和福利政策的态度和评价（Rönnerstrand and Oskarson，2020）。从政策反馈的角度来看，个体对于社会分配的感知影响人们对国家再分配政策的回应行为（Cruces et al.，2013）。若现有政策正面影响民众观念、心理和政治行为，那么民众的支持和参与将促进政策巩固（Campbell，2012；He et al.，2021）。扶贫政策作为一种制度安排，需要人民群众发自内心的认可和支持，才能够实现长期稳定和健康发展。因而，为了在未来中国贫困治理中赢得广泛的民意基础，我们必须分析中国不同地区既往的政策执行和治理绩效对社会认知的影响及其作用机制。

（三）研究方法

在研究设计方面，现有对贫困治理绩效实现机制的研究多采用个案分析法，往往选择个别时段、个别省份或个别城市的贫困村、贫困县作为研究对象，尚未对中国所有贫困地区的贫困治理绩效的形成机制做出系统性的量化分析，也未能对具有中国特色的治理体制特性如何塑造地方政府及其官员的政策执行模式做出系统性的解释。中国不同地区的致贫原因、经济基础、自然地理禀赋各异，现有研究结论在多大程度上捕捉到了地方政府在贫困治理实践中的一般性规律尚未可知。对中国政府治理研究而言，形成一个有效的理论来解释正在发生的“中国故事”不应缺少全局性的分析。本书以探索性案例研究为实证起点，提炼出地方政府治理中的关键理论要素，在此基础上，本书建设了中国政府治理的两个原创性数据库，有针对性地采集所要研究的治理现象的过程数据和结果数据，为创新性实证研究奠定良好的数据基础。本书充分利用大样本定量研究的优势，以整个精准扶贫时期国家级贫困县的贫困治理历程为研究对象，以县为分析单位，综合分析省级、县市级及官员层次的宏观和微观因素，以更好地揭示治理绩效本身的发展规律。

此外，识别政府治理行为和治理绩效对于社会认知的影响存在因果识别和实证资料获取两大挑战。在因果识别方面，要想探究宏观政策对微观个体认知的影响，需要控制混淆因素，构造个体未受到处理的反事实（counterfactual）。由于一项政策执行过程中常伴随着其他政策的执行和可能会影响公众认知的其他事件，想要不受干扰地识别政府治理行为或某项政策对微观个体的影响是非常困难的，简单地将脱贫攻坚时期非贫困地区的公众认知作为贫困地区公众认知的反事实结果会带来明显的遗漏变量问题。在实证资料方面，分析民众对政府治理和公共政策的认知变迁需要个体层次的微观面板数据，即对同一个受访者在多个时点上重复调查，数据收集过程中就涉及对同一个体的追访。若是研究需要构建宏观治理情境及微观个体态度和行为的联系，在数据结构上就需要是多层数据。绝大多数现有研究是运用宏观经济数据、政府统计数据等二手数据和截面调查数据，这极大地限制了学者们开展因果推断和发展原创性研究的能力。为了解决上述两方面的实证难题，本书基于多期追踪社会调查构建个体层次的微观面板数据，并对接宏观层次的地方贫困县脱贫数据集来构造多层数据结构。为了识别脱贫攻坚的政策效应，本书试图借助自然实验设计进行因果推断，在严格满足双重差分方法应用假设的前提下，实证分析地方政府脱贫攻坚对社会认知的影响及作用机制。

第三章

理论建构与分析框架

一　总体理论框架

贫困治理的理论分析内嵌于中国特有的治理体制。在地方政府治理影响政策绩效和社会民众的理论框架中（见图 3.1），中央政府、地方官员和社会民众构成了这一分析框架的三大主体。中央政府通过脱贫攻坚目标责任制，干部选任、考核和监督机制，贫困县党政正职人事稳定等官员治理体制，激励与约束地方官员致力于中央政府的脱贫攻坚政策目标，同时向社会引领和传递以人民为中心的政治价值和包容性发展理念。地方官员一方面通过上级的人事任命获取治理权力，并根据干部激励约束机制对上级政府做出回应；另一方面利用中央下放的大量扶贫资源来推动贫困治理，并直接对当地民众的利益诉求做出回应。政府贫困治理过程中的行为、绩效、理念和价值也通过一系列机制塑造着民众的认知和态度。如果脱贫攻坚对民众的影响是良性的，那么民众的获得感和满意度将有助于政治系统获得更强大的民间支持。由此，本书提出一个统一的分析框架，对国家治理中三大主体进行整合分析。

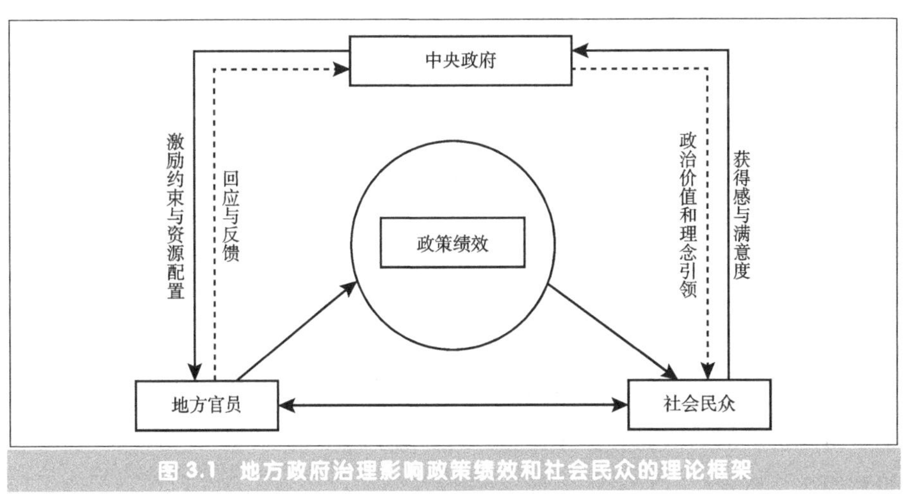

图 3.1　地方政府治理影响政策绩效和社会民众的理论框架

基于上述理论框架，下面将介绍本书定量实证章节的相关理论分析和研究假说，构建两个理论模型：脱贫攻坚绩效实现的理论模型和脱贫攻坚社会影响的理论模型。

二　脱贫攻坚绩效实现的理论模型

本书旨在连接宏观治理体制视角和微观治理技术视角，以中国特色的脱贫攻坚制度安排为体制背景，将晋升作为地方政府官员的元偏好和首要动机。这一基础假设之上，研究以“官员更迭—扶贫政策连续性—脱贫攻坚绩效”为理论逻辑，着重考察县级官员更迭与脱贫攻坚绩效的关系。地方官员会对脱贫攻坚政策执行效果产生重要的影响。不同官员有着不同的知识和发展理念，对扶贫政策的偏好和选择存在差异，并且受到晋升动机驱动，当官员发生变更时，继任官员往往不会延续前任的政策，而是倾向于打造新的扶贫项目以创造“政绩亮点”。因此，对扶贫资源的分配、注意力的侧重点必然产生很大的差异，导致扶贫项目中断和不连续。这种地方政策的不连续性，在官员更迭频繁的地方表现得尤为明显，势必会影响地方政府的贫困治理效率，进而延缓脱贫攻坚进程。

基于上述理论逻辑，本书从官员更迭的影响机制出发，讨论不同区域政治经济情境下官员更迭对贫困治理效果影响的差异性，从而深入考察地方官员变更导致扶贫政策不连续，进而影响地方脱贫攻坚绩效的理论机制。下文将提出有待检验的理论假说。

（一）官员更迭、政策连续性与贫困治理

地方官员是地方政策的直接制定者和执行者，地方官员更迭在很大程度上会造成前后届政府施行政策的不连续，阻碍脱贫攻坚绩效的实现。理论逻辑如图 3.2 所示。

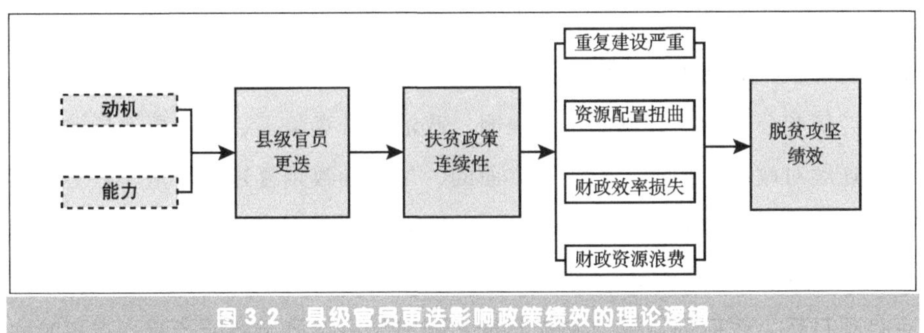

图 3.2 县级官员更迭影响政策绩效的理论逻辑

本书从地方官员的动机和能力两方面对上述论点进行分析。地方政府行为本质上体现的是官员的动机（周黎安，2017）。从动机的角度来看，新上任的官员面对强大的晋升激励，倾向于通过改变政策工具和施政策略来实现其奋斗目标。既有研究已经发现了“新官上任三把火”问题，即继任官员通常会对前任官员的政策方针和工作路线进行调整、修订，甚至开展新的安排，以致出现“新官不理旧账”“人走茶凉”现象（刘军强等，2017；曹光宇等，2019；徐业坤、马光源，2019）。在精准扶贫的推进过程中，资源连续不断地输入地方层面，为取得脱贫攻坚成效提供了强有力的保障。但地方官员也面临前所未有的脱贫考核压力和不断强化的政治责任，为了在考核中得到上级的肯定，地方官员可能选择追求短期目标，选择见效快、规模大、引人注目的短期项目，往往忽视了项目的长期效益（左才等，2020）。从能力的角度来看，脱贫攻坚时期的治理体制中，县级主要领导掌握了行政统筹、资金分配、政策执行等方面的自由裁量权，有能力统筹各项资源来实施特定的工作思路。部分贫困县“一把手”甚至成为独断专行、罔顾民生的“一霸手”，为了彰显政绩而大肆铺摊子、上项目，透支地方财力。[①] 同时，履新的县级官员为了在短期内确保自己的工作纲领得到有力贯彻，往往通过绩效考核鼓励乡镇干部展开相互竞争，下级干部可能不惜采用扩大债务规模

① 全国多个国家级贫困县暴露出政府债务积累的问题。2018 年，国务院扶贫办曾约谈 8 个县（市）主要负责人，通报批评国家级贫困县长期大规模举债搞政绩工程，县政府负债率接近国家整体水平的 10 倍。参见陈家沛《贫困县畸高负债何以“畅通无阻”》，https：//hlj. rednet. cn/c/2018/09/23/4736377. htm，最后访问日期：2023 年 1 月 13 日。

等手段来推动新领导开展的政策项目（陶郁等，2020）。综上所述，县级官员既有动机又有能力对县域贫困治理施加影响。

经济和公共物品领域的研究表明，政治晋升竞争下，官员更迭导致的政策不连续对政府治理的影响是多方面的，可能导致重复建设严重、社会资本流失、资源配置扭曲、财政效率损失、财政支出无节制的扩张和财政资源的大量浪费等问题（杨海生等，2015；周黎安，2018；左才等，2020）。改变主打项目后，政府的注意力和资源投入随即集中投放至新的产业，在短时间内创造出该新产业欣欣向荣的局面，却增加了原有产业衰败的可能性（冯猛，2014；古学斌等，2004）。特别是地方政府面临在规定时间内落实脱贫的政治目标，会倾向于不断寻找新的产业形态来承接上级下拨的扶贫资金，而贫困户发展新兴产业的需求、能力与政府产业扶贫项目之间常常不相适应，导致产业发展不具有可持续性（袁明宝，2018）。对于基层政府而言，政治晋升机制鼓励基层政府不断地更换新产业，而上级政府考核机制的软化使基层政府可以规避产业失利后的惩罚（刘军强等，2017）。显然，地方官员变更带来的扶贫政策不连续与经济社会发展客观规律之间存在分歧和张力，客观上会提高扶贫政策执行的成本，损害地方治理的政策效益，从而阻碍经济社会发展和贫困治理政策目标的实现。

假设 1：县级官员更迭会减缓脱贫进程，而这种负面效应的根源为扶贫政策不连续。

（二）区域经济对官员变更与贫困治理关系的影响

依据上文思路，本书继而考察不同区域经济情境下政策不连续对本地扶贫影响的大小，以及官员更迭造成政策不连续的难易程度，从而帮助我们更好地了解官员更迭影响贫困治理的传达机制。中国贫困地区在致贫因素组合、经济要素禀赋等诸方面存在明显的差异，在不同区域经济条件下，官员更迭导致的政策不连续对地方扶贫的影响大小可能大不相同。

城市邻近性（urban proximity），特别是与经济中心城市的距离向来是国际发展研究的关注热点。贫困县距离区域经济发达、拥有资源与资本优势的中心城市较远，会导致现代经济活动难以发展。此时，政府的行政介入在贫困治理中的地位更加重要，地方产业的发展依赖地方政府的资金和项目扶持，更容易受到本地区政府换届的影响；靠近中心城市的村庄不仅有着更快的经济增长速度、更完善的基础设施建设、更先进的农业发展模式，还有着更高的公共事务治理水平和自治能力（Berdegué et al.，2015；Wang et al.，2021）。因而，随着贫困县与区域经济中心距离的拉近，市场化程度和经济密度提高，农民有更大可能获得非农就业机会和非农收入，也更便于选择其他区域的就业机会（伍骏骞等，2017；周琳娜等，2021），行政因素在贫困户脱贫中的作用降低，这减小了官员更迭导致的扶贫政策不连续对农民收入的冲击。

不同产业结构下，官员更迭引发扶贫政策不连续的难易程度可能迥异。扶贫项目调整越容易的区县，受到官员更迭所导致的扶贫项目中断的冲击越严重。农业区县与工业区县之间的产业运作环境和发展逻辑有所不同。在传统农业比重高的地区，政府很容易通过资源要素配置来实现对农业的频繁调整和经营，而第二、第三产业比重高的地区固定资产投资较大，政府实现产业频繁调整较为困难（李小云，2019）。因此，在传统农业生产模式占主体的地区，官员更迭将更有可能导致原有产业的调整乃至重新布局，给县域经济发展带来不利影响；在非农业经济发展水平高的地区，地方官员更迭较少引发地方产业结构的重大变化，使既有扶贫政策得到持续投入和连续执行，因而对地方贫困治理的负面影响较小。

假设 2a：距离中心城市近的县，县级官员更迭影响政策连续性的程度小，对贫困治理负面作用较弱。

假设 2b：农业经济比重高的地区，县级官员更迭容易造成政策不连续，对贫困治理负面作用较强。

（三）继任官员来源对官员更迭与贫困治理关系的影响

我们还可以通过考察官僚政治因素的调节效应，来回答“什么时候官员更迭更容易或更不容易造成政策不连续”。各级官员在中国地方治理和地区发展的实践中一直扮演着十分关键的角色，在推动政策创新扩散、推动区域经济增长、发展民营经济、改善地方基础设施、促进区域协同合作等方面都发挥着难以替代的重要作用（张鹏飞等，2019；章奇、刘明兴，2016；Yi et al.，2018；Zhu and Zhang，2016）。既有研究发现，中国地方官员在地区之间的流动可以促使他们将原任职地的经验传播到新的工作地，这不仅能够为当地带来政策创新，还有助于缩小地区差距（Yi et al.，2018；Zhu and Meng，2020；Zhu and Zhang，2016）。上述研究说明，地方干部的来源不同，所采取的政策导向各不相同，从而塑造了不同的地方治理效果。

在地方治理中，不同来源的官员遵循不同的行为逻辑，采用不同的地方治理政策，塑造着政策绩效。有学者（Hou et al.，2018；侯麟科等，2020）将基层治理主体分为“自源性基层治理主体”和“外源性基层治理主体”，并指出具有丰富地方知识的“自源性基层治理主体”有助于提升基层社会治理效能。在本书情境下，如果继任官员由外省调入且不曾有过在本地工作的经验，对基层“三农”工作实践了解不足，且有更强的期望在扶贫工作中做出新的成绩，就很可能打造新的扶贫工作亮点。尽管能够调动派出单位的扶贫资源投入贫困治理，外调的继任者短期内也很难熟悉新的工作领域和工作环境，在对地方情况不甚了解的情况下，更有可能推行不适应当地自然地理禀赋、民众知识技能、地域社会特征的新项目，这将放大对产业绩效的不利影响，减缓贫困县的脱贫进程。① 相反，如果继任者直接由本地官员提拔而来，在任职前参与相关扶贫产业的管理与建设，对其有着较深的了解与较高的认同，延续其发展的可能性较大，大幅度转换扶贫思路的可能性比较低，因而贫困治理受政策不连续的影响相对较小。

---

① 在访谈中，宁夏回族自治区固原市原州区某乡镇领导发表了相关见解：“他们（下派干部）抓党建就是在理论上会强一些，但是在实践上，他们还不如基层的员工。他就不知道玉米咋种的，但是他在马克思主义、习近平新时代中国特色社会主义思想方面就很强，但是在实践上就不行，实践的话呢，还是基层的比较好。你说种地，养牛养羊，我都是个土专家。但第一书记就不太懂这些，人家可能连粮食都分不清，明明那个是苦荞，但他说那是胡麻，可是理论上的问题，人家下派干部确实很好，可是实践上呢，确实差得太远。像农村的工作，总书记说，啥人要干啥活，你不能说把种地的人弄去搞工业，这个东西就不对口，司机就开车去，铁匠就打铁，木匠就做木工。啥专业就应该干啥。你知道乡村振兴必须要懂农业、懂技术，农业农村农民，只要是你不懂，你说你搞‘三农’工作，你就搞得一塌糊涂，这些工作不是什么人都能干的。”（访谈记录，编号：JZM20210510）

假设 3a：当继任者为外省调任时，县级官员更迭容易造成政策不连续，对贫困治理负面作用较强。

假设 3b：当继任者为本县晋升时，县级官员更迭影响政策连续性的程度小，对贫困治理的负面作用较弱。

（四）离任官员去向对官员更迭与贫困治理关系的影响

离任官员的去向不同，继任者的目标函数和行为选择可能不同，导致扶贫政策调整和变动的可能性有所差异（朱旭峰、张友浪，2015）。前任去向包括晋升、平调、退休、落马等状态（Zhu and Zhang，2016），本书主要探讨晋升和落马两种去向对贫困治理的影响。

前任官员的晋升结果对继任官员维持既有政策施加正向激励（陶郁等，2020）。刘蓝予和周黎安（2020）研究发现，如果前一任官员受到提拔，对于继任官员来说，在前任的基础上继续并完善和推动原有扶贫产业的发展，就成为工作基础最好、行政成本最低、晋升前景不确定性最小的最优策略选择。同时，当离任官员晋升为地级市主要领导，成为县委书记的直接上级，在这种情况下，继任县委书记必然尊重其上级在原任职地留下的政策和扶贫方略。相反，如果前任官员未得到提拔或离职后未晋升到能直接影响继任官员的职位，那么继任官员继续执行前任政策的动力可能会减弱。

前任官员的落马结果对继任官员维持既有政策施加负向激励。经济和环境治理领域的研究表明，与普通官员更迭相比，反腐落马会放大官员更迭对经济增长的负面效应和对空气污染的抑制效应（曹光宇等，2019；郭峰、石庆玲，2017）。如果前一任官员违纪被查，其任期内的相关产业存在道德风险和寻租腐败，新上任的官员必须调整扶贫工作战略部署以与之划清界限，从而造成了地方扶贫政策的不连续性，导致地方脱贫攻坚绩效下降。

假设 4a：当离任官员未得到提拔时，县级官员更迭影响政策连续性的程度大，对贫困治理负面作用较强。

假设 4b：当离任官员落马时，县级官员更迭容易造成政策不连续，对贫困治理负面作用较强。

综上，本书理论假设框架如图 3.3 所示。

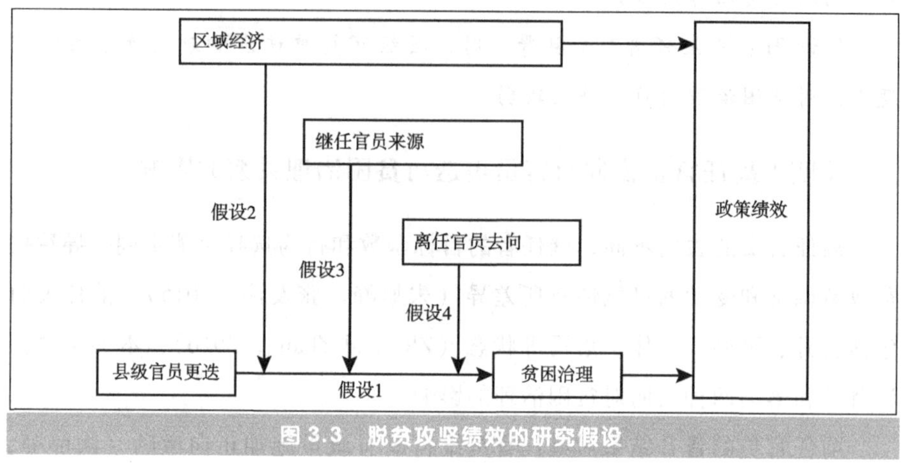

图 3.3　脱贫攻坚绩效的研究假设

三　脱贫攻坚社会影响的理论模型

社会认知强调人类个体作为社会世界的认知者，理解和思考社会情境的过程（Kunda，1999）。作为社会心理学的重要课题，社会认知研究关注社会转型和社会变迁过程中人们的社会公平感、主观社会地位等微观心理和社会情境的相互作用。在当前中国社会转型和改革深化背景下，政策运行机制和公众政策需求的双重变化促使学界不断反思公共政策在社会认知领域的效应。本书将社会认知划分为对社会现状的认知和对自身处境的认知两个层面。沿着米尔斯（Mills，1959）的研究传统，社会学家认为个体通过考察整个政治制度和社会变革的宏大背景，可以把握世事的进展，形成对个体境遇的理解和治理问题意识。在传统社会结构和政治制度以外，政府治理行为和治理体制运行在塑造社会认知方面发挥着重要作用。根据结构层次，社会认知可以分为宏观层面对政府治理的认知和微观层面对个体社会经济地位的认知。本书提出，脱贫攻坚不仅通过个体学习效应提升了公众对各个领域政府治理水平的积极看法，同时也通过上升期望效应加剧了民众的社会经济地位压力，导致民众的主观经济社会地位评价有所下降。下文将详细阐述两种政策效应的具体作用机理。

（一）理论假设：脱贫攻坚与政府治理质量认知

所谓政府治理质量认知，是指民众对政府治理过程和行政效果的主观感受和综合评价，它不仅是社会认知的重要维度，也是政府治理绩效的心理表征。在政府治理领域，政府保障和改善民生的治理过程体现着一个国家治理体系的制度逻辑和运行状态，也映射了政府治理的整体质量（孟天广，2022；黄健、邓燕华，2021）。经过40多年的经济发展和市场化改革，人民对治理质量的感知已经超越客观经济收益，成为政治信任和生活满意度的主要来源（Zuo et al.，2023；Helliwell and Huang，2008；王浦劬、孙响，2020）。在高质量发展阶段，实现治理与人民需求的有效对接，对提升民众对治理质量的正面认知、最终形成广泛的政治信任和政治支持至关重要。

借鉴认知心理学中“个体作为社会情境的能动解读者”的观点，本书重点关注政策设计和执行过程中的宏、微观互动与认知重构现象。本书的基本观点是，脱贫攻坚政策设计和执行过程对公民认知产生形塑作用，通过两大核心机制在公众认知层面实现了“民心所向”。一是“资源效应”机制，即脱贫攻坚通过精准分配各类资源，直接惠及贫困群众，从而提升民众的整体福祉感。二是“阐释效应”机制，即脱贫攻坚作为向社会展示国家治理面貌的窗口，令身处其中的公民认识和了解国家的治理理念、治理制度运行和治理整体成效。这两种效应共同作用，推动公众通过政策学习不断更新对政府治理体系的信念，由此增强他们对政府在各领域治理的正面认知。本书构建的理论框架如图3.4所示。

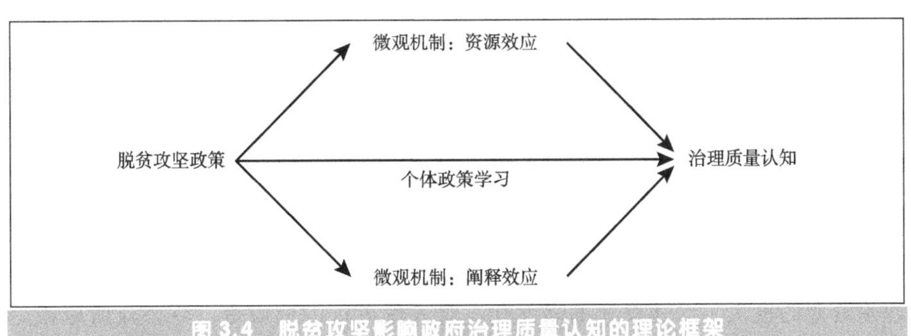

图3.4　脱贫攻坚影响政府治理质量认知的理论框架

地方脱贫攻坚影响民众对政府治理质量的总体评判，理论机制分为三个方面。首先，脱贫攻坚对资源的权威性分配和综合减贫成效可以通过资源效应影响公众对政府治理质量的总体感知和判断。政策资源是社会政策影响民众政策态度和行为的重要因素（Campbell，2012；Pierson，1993）。公共政策对公众政治态度和政治行为的影响与政策所提供的物质利益多寡密切相关，社会福利扩张会促使民众进行积极的政治参与（Clinton and Sances，2018；Haselswerdt and Michener，2019）。由于大多数普通民众并不了解政府决策过程，他们更多地依据实际政策产出形成对政策的认知和判断。针对西方福利国家的研究发现，转移支付和各类福利越慷慨的国家，其民众拥有越多、越长久的政策接触，社会评价就越可能趋于正面（Campbell，2012）。脱贫攻坚时期，政府通过财政补贴、转移支付、公共服务项目投资、基础设施建设、动员社会力量等手段大力开展扶贫开发，扶助数以亿计的贫困人口摆脱绝对贫困（燕继荣，2020）。在贫困治理过程中，政府不是单注重贫困人口收入增长，而是从供给面、需求面和政策环境面出发，积极探索和创新，以全景式的政策实践应对我国不平衡、不充分发展的矛盾（王亚华、舒全峰，2021a）。由此，脱贫攻坚时期政府治理投入和综合绩效产出将促使全体民众对政府治理质量的认知更加正面。

其次，脱贫攻坚政策执行凸显“以人民为中心”的治理理念，可以通过阐释效应影响公众对政策、政治和政府的理解和认知。政府改革和治理的社会评价与民主政治的输入端紧密相关。公共政策确定目标群体，界定治理问题的性质和根源，寻求解决问题的方案，并向社会传达信息，这一系列过程塑造公众对社会议题的看法（Mettler and Soss，2004）。当人们感受到治理体制符合福利、效率等价值和美德，并且法治、公正地运行，就会对政府治理持有乐观态度（孟天广、李锋，2017）。当民众观察到政府采取行动治理社会问题时，他们会推断出政府着力解决的社会问题发生了变化，并相应地调整自身的看法。脱贫攻坚政策过程体现出政府对社会公平的追求、公共部门的效率、政治资源的投入、治理模式的多元化、对人民诉求的回应等，令公众所珍视的政治价值得到彰显，向公众展示出政府促进社会公平的努力和责任感。

最后，从政策设计的角度而言，使政府工作更加显著的政策设计可以让公众意识到政府所发挥的作用（Pierson，1993）。Soss 和 Schram（2007）将政策影响公众态度的决定因素概括为两个方面：一是政策可见性（visibility），指政策对大众而言在多大程度上是重要的；二是政策邻近性（proximity），指政策在多大程度上切实影响人们的生活。在关注度高、影响力大的议题中，公共政策能够引导人们产生更多的认知变化。脱贫攻坚作为中国近年来最重大、社会影响最突出的公共政策之一，具有高度的政策可见性和政策邻近性，能够引导公众关注政府解决问题的绩效和行动，为公众提供了重新认识政府治理的窗口。综上所述，本书提出如下理论假说。

假设 A：一个地区脱贫攻坚的成效越好，其民众对政府治理质量的总体认知越正面。

政策溢出效应是政策在一定时间和空间内，对政策目标以外的对象和问题带来的可预见或不可预见、正向或负向的影响（Dye，2012）。在类型划分上，公共政策的溢出效应包括政策的影响范围超出了最初目标对象（个体、群体或组织），以及超出了最初意图影响的目标政策领域。公共政策溢出效应的发生与政策自身的属性和政策执行密切相关（赵静，2022）。当政策问题得到上级政府重视，并得到大力度的财政支持而能保障政策得到有效的执行时，这类政策影响范围可能更为广泛。本书认为，脱贫攻坚的政策设计和执行在社会认知领域产生了正向溢出效应，不仅提升了民众对政府在贫困治理领域的治理质量评价，同时也提高了他们对政府在其他领域治理质量的评价。

本书认为，脱贫攻坚的政策设计和执行在多个政策领域产生了正向溢出效应。在宏观政策层面，脱贫攻坚政策具有显著的公共政策属性，所产生的影响远超农业农村和减贫领域，其政策理念、政策工具和政策绩效对政治、经济和社会等全域治理层面可能产生广泛的溢出效应（王亚华、舒全峰，2021b）。在微观心理层面，脱贫攻坚对基础设施、义务教育、医疗保障、人居环境等领域的改善，将引导公众对相关政策领域治理水平的主观评价更加积极。正如 Im 和 Meng（2016）的研究所示，良好的福利政策体验会强化个体对政策的支持，并且个人体验有溢出效应，能够塑造人们对其他社会福利项目的积极看法。脱贫攻坚的政策设计和执行过程以及政策成效向全社会彰显政府强大的现代治理能力，传递以全体人民福祉和社会公平正义为核心的发展理念（李培林，2021），能够赢得民众对中国政府治理水平和治理能力的广泛认可，形成社会整体环境更加有序、健康的主观判断。综上所述，脱贫攻坚政策的“领域溢出效应”不仅体现在宏观政策层面的广泛影响，还体现在微观认知层面的深刻变化。

假设 B：一个地区脱贫攻坚的成效越好，其民众对贫富差距治理乃至非政策目标领域的政府治理质量的认知越正面。

对不同的社会群体而言，公共政策的影响可能不尽相同（Scheepers and Grotenhuis，2005）。要评估公共政策对社会认知的影响，了解特定人群对特定政策的反应至关重要。在本书中，对脱贫攻坚政策的个人体验是最为关键的个体特征。从政策邻近性的角度来看，民众与政策领域的接触越多，个人经历就越能引导态度和评价（Soss and Schram，2007）。政策反馈的个体学习效应指出，如果个人在日常生活中体察到政策的积极影响并且了解其益处，则可能会产生积极的反馈（Campbell，2012；Jacobs and Mettler，2018；Soss and Schram，2007）。已有研究表明，相较于间接的信息来源，个人亲身经历（personal experiences）对态度形成发挥着更重要的影响（Kumlin，2004；Rönnerstrand and Oskarson，2020）。在福利政策领域，个人经历的影响力尤其突出，与个体对经济社会的正面评价紧密相关（He et al.，2021）。社会政策通过收入再分配影响着社会利益格局，故而得到政策资源多寡不同的个体可能产生不同的心理感受。脱贫攻坚政策对目标对象的综合福利状况产生实质性影响，使其直接体验到政府各项扶持政策和扶贫举措，促使正面认知得到更大程度提升。

更重要的是，政策资源和政策信息能够激发出阐释效应，使得政策受益者感受到政府对本群体的关心和回应，进而内化为自身的政治态度（Mettler，2002）。脱贫攻坚展现了国家与贫困农民的高度融合和密切互动，“家国一体”的关系不同于西方理论下国家与农民之间的统治与支配关系，农民得到国家的真心帮扶，会被唤起对国家的响应（周飞舟，2021）。在与政府的接触过程中，得到政策帮扶的对象能切实感受到政府对民众生存状况的关注，树立对政府实施良好治理的认知，从而能够在更大程度上改善对治理问题的主观感知和评价。

假设 C：与非政策受益群体相比，由于政策受益群体对政府治理有着直接的个人体验，脱贫攻坚对其政府治理质量认知的影响更强。

基于上述理论分析，本书构建的理论框架和研究假设关系如图 3.5 所示。

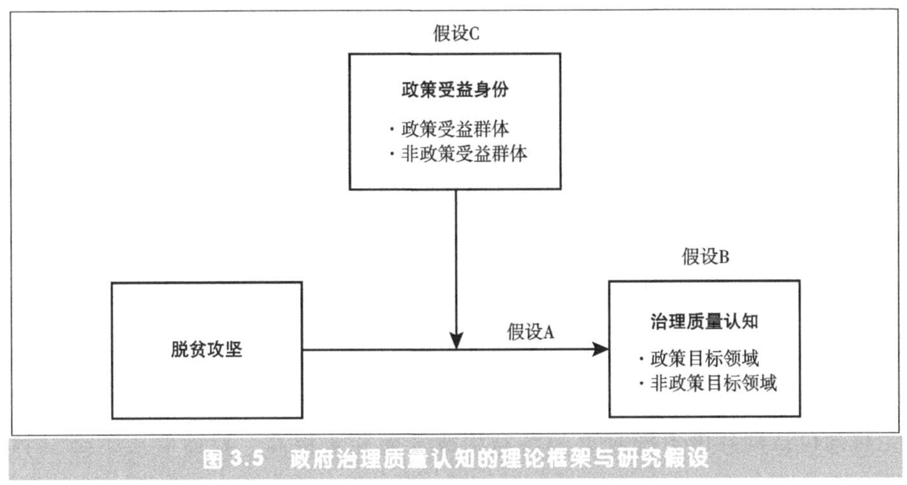

图 3.5 政府治理质量认知的理论框架与研究假设

（二）理论假设：脱贫攻坚与主观社会经济地位

脱贫攻坚政策对治理问题社会认知产生了一定正面影响，又将如何塑造大众对自身社会地位的认知？本书借助社会认知视角下的社会比较理论，构建“上升期望—价值期望—价值能力”理论模型，揭示了社会政策对主观地位认同的塑造作用。主观社会经济地位作为社会分层与流动研究中的一项重要议题，得到学术界越来越多的关注。客观社会经济地位是指个体相对于他人的经济和社会地位，通常使用收入、教育、职业指标来衡量（Blau and Duncan，1967）。相比之下，主观社会经济地位（subjective socioeconomic status）反映了个体对自己在社会等级中相对于他人的经济和社会地位的看法（Huang et al.，2017；Adler et al.，2000）。

尽管客观社会经济地位为主观社会经济地位提供了物质基础（Bertram et al., 2022），但研究发现，主观社会经济地位与客观社会经济地位之间仅有着中等程度的相关性（Ostrove et al., 2000）。主观社会经济地位是公共政策绩效主观评价的新标准。在理论层面，研究者们也将个体在经济社会中的自我阶层定位理解为公众的获得感这一概念的操作化指标（陈云松等，2020）。当代中国公众如何定位自己的主观社会阶层？这种主观阶层认知是如何塑造的？

自 1978 年市场经济体制改革启动以来，伴随快速的市场化进程，中国经历了经济高速增长和代际流动性普遍下降，但与西方发达国家相比，中国的社会流动性仍保持在较高水平（Xie et al., 2022；Zhou and Xie，2019），然而，中国城乡居民的阶层地位认同呈现“向下偏移”的纵向态势（范晓光、陈云松，2015）。在过去半个世纪里，中国长期坚持实施社会再分配和减贫政策，尤其是 2016 年开展脱贫攻坚以来，不仅极大地改善了社会弱势群体经济状况，还引发了一些游离于政策目标之外且产生广泛社会效应的非预期后果（杨开峰、储梦然，2023）。例如，有学者发现，农村低保家庭的主观地位认同并没有随社会经济结构改善而同步提高，反而有所下降（孙伯驰、段志民，2020）。

有利于民生的减贫政策为何会产生非预期的社会效应，导致公众的社会地位认同出现偏差？诸多研究表明，地位认同交织着社会比较、价值观念、未来预期等因素，常常与客观社会经济地位存在错位（邹宇春，2023；张文宏等，2023）。然而，对于公共政策对主观地位认同可能产生的非预期后果，既有文献关注不足。有鉴于此，本研究结合中国脱贫攻坚时期的政策和社会特征，从社会认知视角探究脱贫攻坚影响中国公众主观地位认同的逻辑。

现有文献已经对主观社会经济地位的产生原因展开大量研究，主要有结构决定论和相对比较论两种解释。根据结构决定论的观点，社会资源分配决定了社会阶层结构，不同社会阶层间利益的差异决定了主观社会经济地位的差异。学者们或是探究个体社会地位认同如何受到经济发展、家庭、组织、生活环境、社会转型、市场化改革、社会福利制度等宏观和中观因素的影响

(季程远、胡悦，2022；魏钦恭，2020；许琪，2018；黄健、邓燕华，2021；Wu，2009)；或是探究教育、收入、职业、资产、户籍等表征个体在客观阶层结构中绝对位置的指标对个体地位认同的影响（李骏，2021；黄超，2020；边燕杰、卢汉龙，2002)。

与结构决定论相对，相对比较论强调社会认知的形成受到社会互动和社会比较的影响，相对于客观社会经济情况，人们主观认知的差异对社会政治态度有更大的解释力。人们对社会问题的评价和态度的形成主要源于自身处境与参照群体处境的对比，一旦个体感到自身与参照群体相比所拥有的资源处于劣势，便会产生需求得不到满足的心理（Shah，1998；Stouffer，1949)。大量研究发现，尽管个体或群体的实际利益增加了，但当人们与其他社会地位较高、生活条件较好的群体相比发现自己处于劣势时，依然会感到自己受到剥削，产生不满情绪（Stouffer，1949)。同样地，马磊和刘欣（2010）研究发现，城市居民的收入分配感知低于农村居民，并指出分配公平感主要是由相对比较因素决定的，无论是与自己过去的状况相比，还是与其他人的状况相比，局部比较论假设都得到了有力的支持，同时否定了结构决定论。类似地，怀默霆（2009）发现，对当前社会秩序最为不满者并不集中于中国最底层的群体，还包括受教育程度较高者和中部省份居民。相对比较论解释了为什么收入上升，人们的社会公平感和社会地位认同却未能同步提升。

相对比较论强调，主观社会经济地位是人们进行社会比较的结果(Lundberg and Kristenson，2008)，故而人们采用何种参照系进行比较是一个关键考量（Kumlin and Stadelmann-Steffen，2016)。在比较的过程中，人们会选择其他社会成员作为参照对象，形成对自身社会地位的认识（宋庆宇、乔天宇，2017)。在与其他社会成员进行比较之外，主观社会经济地位也是自我比较的结果，参照对象是个人在不同时间节点上的状态（王浦劬、季程远，2019)。Gurr（1970）基于个人能力和价值期望的关系，提出了三种剥夺感：递减型相对剥夺感、欲望型相对剥夺感和发展型剥夺感。递减型相对剥夺感是指随着时间的推移，个人的期望保持不变，但个人能力逐渐下降所产生的剥夺感；欲望型相对剥夺感是指随着时间的推移，个人的能力保持不变，但个人的期望不断提高所产生的剥夺感；发展型剥夺感则是指随着时间的推移，个人的期望和能力均不断提高，但期望的提高速度更快所产生的剥夺感。这三种剥夺感源自个人期望和能力的差距，都可能引发人们的“反叛”。这种基于时间维度的自我比较研究思路超出了一般的社会比较范畴，形成了更具想象力的理论视野。

上升期望理论（rising expectations theory）作为相对比较论的一类，指出个人物质状况的改善将促使其对获得进一步收益的期望指数增长，而价值能力依然呈线性增长，期望和现实的落差可能令人产生不满和对抗情绪（Chandra and Foster，2005；Geschwender，1964；Taylor，1982）。尽管早期上升期望理论学者没有明确解释为何期望增长速度超过了价值能力的增长速度，但这一理论激发了政治社会学领域学者们的研究兴趣和实证探索。Newman（2016）基于上升期望理论，研究了地方性别收入不平等对当地女性意识形态的影响。他发现，在女性收入略低于男性的地区，女性对美国梦的失望感最强烈；而在女性收入达到或超过男性的地区，女性的乐观信念显著恢复。Kurer 和 Van Staalduinen（2022）的分析表明，代际社会地位期望影响着选民的政治满意度和选举行为，并从“失望预期”视角解释了美国政治共识正在不断瓦解的现象。这些研究成果启发了本书的研究思路，也构成了本书的理论基础。将此逻辑应用于本书情境，社会低收入群体的生活条件和收入水平改善能赋权于全体社会民众，促使民众对自身的收入和发展抱有积极预期。然而，随之而来的可能是期望和现实能力差距的拉大，人们自然会感受到主观社会经济地位的压力。不同于相关研究主要基于西方国家的情境设定，本书着眼于中国重大公共政策设计和政策绩效的影响，分析了中国公众主观社会经济地位变化的具体来源和机制，为该研究领域在实证层面提供了新的知识积累。

基于 Chandra 和 Foster（2005）提出的上升期望理论模型，本书构建了分析框架，用以解释脱贫攻坚影响主观经济社会地位的理论逻辑。这一框架围绕三个核心概念展开：上升期望、价值期望、价值能力（见图 3.6）。“价值期望”指的是个体认为自己应当获得的价值和成就；“价值能力”是个体实际能够实现的价值。这里，“价值”既包括期望的生活条件，也涵盖个体的自我实现。“相对剥夺”则发生在价值期望与价值能力之间的差距中。本书认为，脱贫攻坚的成效可以激发个体的价值期望，产生非线性的凹函数效应，而个体的价值能力仍然保持线性增长。两者间差距的扩大，会加剧个体的不满情绪，加大这种不满情绪出现的可能性。这种情况通常会导致个人在与他人比较时，对自己的经济社会地位持有更加负面的看法。

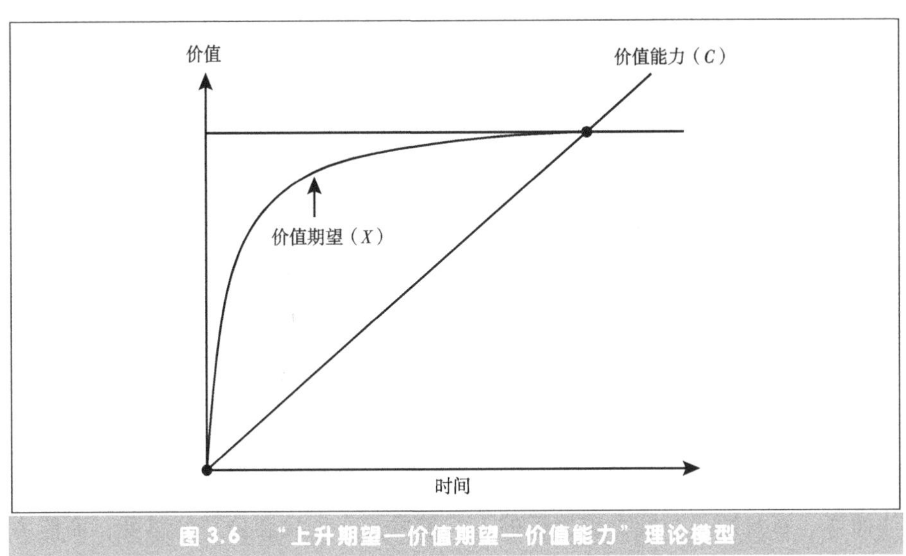

图 3.6 “上升期望—价值期望—价值能力”理论模型

在脱贫攻坚期间，政府对贫困地区加大了财政支持和政策倾斜力度，扶助亿万贫困人口摆脱绝对贫困（谢岳，2020）。同时，国家倡导创新治理模式，动员企业、社会组织、公民个体等多元社会主体共同解决贫困问题，彰显了国家治理的多元化治理模式（符平、卢飞，2021）。这一行动不仅是国家新治理理念的贯彻落实，也传递着包容性发展和社会公平正义的价值追求（王亚华、舒全峰，2021b；李培林，2021）。该社会福利制度的设计与执行过程无疑激发了人们提升生活机遇、实现自身价值的期望。

与此同时，中国完成了从计划经济体制向社会主义市场经济体制的平稳过渡。在这一过程中，经济的高速增长一方面提升了社会福利水平，另一方面也导致了居民之间收入差异。根据国家统计局数据，全国居民人均可支配收入基尼系数从 1981 年的 0.309 增加到 2020 年的 0.468，超过 0.4 的国际警戒线。[①] 对于普通民众而言，他们的绝对收入水平无疑比改革开放前有所提高，一般不会陷入绝对贫困，但他们面临着社会变迁和市场经济转型带来的巨大压力，住房、就业、医疗、养老和教育成本的上升导致经济负担增加，降低了他们的抗风险能力，在维持基本生活的同时容易在经济上陷入困境。随着社会内部发展差异的扩大和社会资源配置失衡，人们对改善境遇的渴望与日俱增，但改善生活的能力远远落后于其对自身的价值期望。脱贫攻坚时期，政府对社会公平正义的关注无疑提升并激活了民众对自我实现的期望。较高的自我实现期望与有限的自身发展能力、较低的抗风险能力交织起来，可能影响城乡居民对自身社会地位的定位和认知，导致个体的社会地位认同向下偏移。根据文献和现实资料，本书提出以下假设。

假设 D：一个地区脱贫攻坚的成效越好，越会提升民众个体的自我期望，从而产生主观社会经济地位压力。

对有着不同期望与能力差距的民众，公共政策的影响存在明显差异。具体而言，自身期望和能力越接近的人，越可能产生社会公平的感受；而能力远低于自身期望的人则容易产生被剥夺的不公平感，对自身相对社会地位的认可度较低。Sen（1982）从能力贫困视角指出，贫困不仅是经济收入低下的问题，还体现为基本能力（如市场参与能力、资本获取能力、公共参与能力）和机会（如接受良好教育的机会、参与市场竞争的机会、平等地获取信息和技术的机会）的丧失。随着中国改革开放的深入，农村人口实现阶层向上流动的期望大幅提升，但相对剥夺感、受挫感、社会距离感等负面社会心态也随之而来（严飞，2021）。脱贫攻坚时期，农村贫困人口是国家政策的重点帮扶对象。这些人群通常会基于政府扶贫投入的程度和效果与自

---

① 《〈中国的全面小康〉白皮书新闻发布会答记者问》，https://www.stats.gov.cn/xxgk/jd/zcjd/202109/t20210930_1822661.html，最后访问日期：2024 年 1 月 1 日。

身预期的一致性来评价扶贫工作并形成主观认知（孙璐，2018）。在中国，贫困人口不仅缺少金钱，还面临机会和能力的双重缺失，这种高压稀缺环境令他们形成了特有的心理特征和行为逻辑（罗必良，2020）。虽然脱贫攻坚令农村贫困人口的生活水平和经济收益有所提升，但他们所拥有的社会资源和机会还远少于社会主导群体和城市农民工阶层（李培林、李炜，2007）。当能力和机会提升的程度远低于他们期望获得的价值地位时，两相对比下，政策受益群体产生的受挫情绪或相对剥夺感可能更为强烈，这对其主观社会经济地位产生更多负面影响。

假设 E：与非政策受益群体相比，由于政策受益群体的自我预期与客观能力差距更大，脱贫攻坚对其主观社会经济地位的压力更大。

基于上述理论分析，本书构建如图 3.7 所示的理论框架和研究假设关系。如图 3.7 所示，脱贫攻坚通过上升期望效应对个体的主观社会经济地位产生直接的负向影响（假设 D）；同时，这种政策影响可能受到政策受益身份的调节，在有过政策受益经历的个体中体现得更为明显（假设 E）。

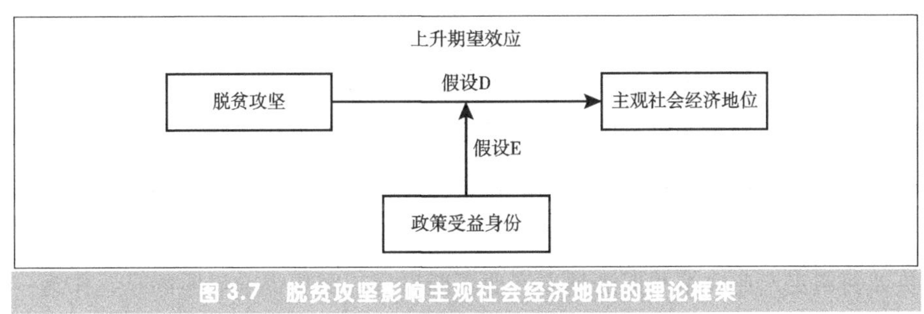

图 3.7　脱贫攻坚影响主观社会经济地位的理论框架

四　研究方法和研究设计

在理论模型之后，我们阐明实证研究所使用的研究方法和研究设计。本书的实证工作使用混合研究设计，结合使用两类研究思路：一是理论构建式的过程追踪案例研究；二是理论检验式的大样本数理统计研究。

（一）基于过程追踪的探索性案例研究

过程追踪法对单个或少数事件发生过程进行长时间的全景式描述，以揭示个案中特定结果形成的因果机制为目的（Gerring，2007）。公共政策本身具有复杂性，复杂政策的因果关系分析应该更加关注行为者在一定情境下为什么会采纳某个政策主张，而不应该将政策决策过程简化为某个政策决策者致力于推动一项政策直至成功的过程（孙婧婧、和经纬，2020）。在公共政策领域，过程追踪法将政策制定者所在的社会背景和政策情境纳入分析框架，有助于厘清政策过程中的多个因素对政策结果产生影响的过程，从而更好地理解政策行为发生的原因及其产生的影响（Capano et al.，2019；Peters，2022）。目前，过程追踪法已经成为分析公共政策设计过程的强大工具。过程追踪法不仅可以用于理论验证阶段，还可以在问题提出阶段用于分析现有理论无法解释的实证现象，辅助研究者提出新的理论假设。在混合研究设计中，当现有的理论解释无法说明是什么导致了某种结果时，可以运用过程追踪建立一个新的理论机制来解释异常情况（Beach and Pedersen，2019）。

脱贫攻坚是一项复杂的治理举措和公共政策。既有研究尚未得出公认的解释性框架，特别是对贫困县扶贫产业长期发展的规律还缺乏系统研究。本书第五章选择过程追踪作为案例分析的基本方法，在纵向时间维度内展现单个贫困县产业政策发展历程，试图构建新的理论机制来说明历届地方主政官员如何制定产业决策并促进地方产业不断发展。需要提前说明的是，作为一项探索性案例研究，该章旨在帮助研究者深入理解治理实践中的地方政府动机和行为逻辑，而非确立具有普遍意义的因果关系。尽管探索性案例分析并不依赖理论推导，且案例所展示的故事主要基于地方治理实践的归纳，但其分析依然受到本书第三章理论视角的指导。

（二）基于 Heckman 两阶段模型的定量分析

为考察地方官员更迭对脱贫攻坚绩效的具体影响，本书使用 Heckman

两阶段模型对脱贫攻坚的绩效实现模型进行建模分析。在两阶段决策过程中，当第二阶段分析依赖第一阶段结果时，两个阶段间的残差相关问题可能导致第二阶段估计产生偏差（Heckman，1979）。Heckman 两阶段选择模型在处理样本自选择导致的内生性问题方面有着独特优势（王宇、李海洋，2017），最早在经济学研究中应用，近年来亦受到政治学和公共管理学科研究者的广泛关注（Bertrand et al.，2014；Meyerrose，2020；Zhu et al.，2013）。在公共管理领域，政策扩散是该模型最为闪耀的应用场景，已产生一系列高水平研究成果（Hinkle，2015；Parinandi et al.，2021；Hansen and Jansa，2021）。国内公共管理研究中已经出现了对该模型的少量应用（杜娟、朱旭峰，2021；张友浪、朱旭峰，2020），但还未有研究运用该模型解决省级政府在所辖区县间决策的样本选择问题。

在本书中，只有区县入选国家级贫困县时，才可以着手分析其贫困治理过程，而未入选国家级贫困县的区县无法进入第二阶段，导致样本缺失非随机。如果仅就入选的县进行分析可能会产生样本选择问题，无法准确估计县领导更迭对贫困治理的影响程度。因而，本书运用 Heckman 两阶段模型来纠正“戴帽”竞争和“摘帽”竞争两阶段决策过程中的潜在样本选择偏差。

1.“戴帽”竞争阶段

既有文献和媒体报道表明，省政府将特定区县选定为国家级贫困县可能并非随机决策。省级决策者在重新调整贫困县名单时，区县的社会经济指标仅是考虑因素之一，区县主要领导的重视和努力程度、与上级部门的关系等政治因素也影响着决策。“戴帽”竞争阶段，本书将 22 个有脱贫任务的省下辖的所有县级行政区作为观测样本，共计 1948 个。其中，入选国家级贫困县的 832 个区县构成“实验组”，未入选国家级贫困县的 1116 个区县构成“对照组”。通过在 Heckman 样本选择模型中嵌入工具变量，能够有效地纠正样本选择偏差，增强实证结果的可靠性（Heckman，1976）。本书选择可能影响贫困县成功“戴帽”但不直接影响贫困县“摘帽”的县级经济、社会和政治变量作为工具变量。采用两步法估计联立模型，第一阶段使用截面数据，应用 Probit 模型对包含工具变量和解释变量的模型进行回归，计算得到逆米尔斯比率来预测区县入选国家级贫困县的概率。

2. “摘帽”竞争阶段

“摘帽”竞争阶段，研究通过 Cox 比例风险模型（Cox proportional-hazards model）分析官员更迭对县域贫困治理的影响，以检验理论假说。因变量是贫困县脱贫的危险率（hazard ratio），即在尚未脱贫的前提下，贫困县在特定时间脱贫“摘帽”的概率。模型中除了解释变量和各控制变量，还将上一阶段得到的逆米尔斯比率作为一项控制变量加入。第二阶段的数据结构为事件史数据（event history data），观测个体的“生存时间”，观测范围为 2012~2018 年。考虑到半数贫困县在 2018 年后脱贫“摘帽”，其生存时间一定大于 7 年，这就出现了数据删失（censoring）问题。事件史分析的优势是考虑因果关系的时间性和处理截尾数据（truncation），与本书研究的实证情境契合。

事件史分析的研究方法分为连续时间模型和离散时间模型。连续时间模型视事件从起始到发生为连续过程，而离散时间模型则把此过程视为离散的时间点，并观察离散时间点上研究对象的状态变化。由于连续时间模型更符合事件史数据特征，能最大化地利用时间信息，本书选择广泛应用的连续事件模型——Cox 比例风险模型。该模型由英国统计学家 Cox（1972）提出，用来分析多因素对于某一刻死亡率的影响。Cox 比例风险模型是一种半参数回归模型，不指定事件发生时间分布的具体形式，是一种灵活的生存模型（survival models）。由于研究者通常难以设定一个理论指导下的先验分布，而时间分布选择在很大程度上影响估计结果，该模型在社会科学研究中有着重要应用价值。Cox 比例风险模型已经被广泛应用于政府改革、政策创新、组织存亡、职位流动等领域，成果见于国际政治经济学顶尖期刊（Cantoni et al.，2017；Egan et al.，2019；Jiang and Zeng，2020；Lee and Schuler，2020）。本书首次尝试将 Cox 比例风险模型应用于社会治理和减贫领域。

Cox 比例风险模型成立的关键前提是比例风险假定（proportional harzards），即模型中各解释变量对危险率的影响与时间无关，且不随时间改变。本书参照相关文献的建议（Box-Steffensmeier and Zorn，2001；Golub，

2008)，纳入违反比例风险假定的变量 f 与时间变量自然对数的交互项，即 X_i×Ln（*Time*），构造时间相依协变量 Cox 模型。这种模型设定能够更准确地估计理论关注的变量参数。

此外，在定量实证研究中，报告标准误差时需要考虑分析单位聚类问题（clustering of units）。通常，如果同一集群中的观测单位相互关联，则与最小二乘回归要求的独立同分布假设相矛盾。如果使用普通标准误，则无法得到方差和标准误的一致估计，因此需要调整数据的聚类（Abadie et al.，2023）。考虑到中国贫困治理的制度特征，有理由认为各个省区所辖贫困县相互竞争、相互关联。因此，回归分析中使用在省级层面聚类的稳健标准误（cluster-robust standard errors）对自相关进行修正。

3. 基于自然实验设计的定量分析

本书运用自然实验设计考察地方贫困治理对社会认知的影响。自然实验（natural experiment）也常被称为准实验（quasi-experiment），其随机性是由个体环境的变化引起的，使得实验处理看上去像是随机分配而来（Stock and Watson，2003）。脱贫攻坚政策于 2016 年开始在全国 22 个有脱贫任务的省份实施，但各个省份脱贫攻坚的目标任务和推进速度有所不同。这意味着脱贫攻坚政策的实施，一方面制造了同一省份不同时间贫困状况的差异，另一方面又制造了在同一时点上不同省份间减贫成效的差异，这为本书运用双重差分（Difference in Differences，DiD）模型来估计脱贫攻坚政策对社会认知的影响提供了现实基础。

本书将各地贫困县脱贫“摘帽”这一自然实验作为研究场景具有如下优势。首先，地方政府贫困治理的力度很难被准确测量，即使找到相关变量，也可能由于测度误差的存在而产生内生性问题。各省份贫困县“摘帽”更多源于自上而下的地方政府行为，民众自下而上影响贫困县脱贫“摘帽”的可能性不大。因此一省贫困县脱贫“摘帽”的总体情况对于民众而言是外生的，利用这一测度的外生冲击建立其与社会认知间的因果联系，能够部分解决内生性问题。其次，脱贫攻坚是 2016 年以来中国规模最为浩大、影响最为深远的治理举措，目前没有发现同期其他政府行为可能对本书关心的结果产生影响，这有助于排除潜在的不可观测因素导致的偏误。

本书构建双重差分模型来识别脱贫攻坚的因果影响。双重差分方法将变量的“前后”和“有无”的差异纳入模型，通过构造时间向和空间向的交叉比较，在一定程度上控制了除干预因素以外其他因素的影响。通常而言，政策外生冲击会在时间维度和地区维度上产生变化，并且这两个维度一般使用虚拟变量表示。所以，在传统的 DiD 模型中，地区维度的政策分组变量（*treatment*）和时间维度的政策时间变量（*period*）都是二值虚拟变量。在这种设定中，交互项 *treatment*×*period* 的估计系数反映的就是政策效应。但是，这种设定仅能刻画政策冲击有无的变化，无法反映政策冲击程度的变化。在某些情况下，不同个体受政策影响的程度不同，也就是说地区（个体）维度的变化并不是从 0 到 1 的变化，而是一种连续型的变化。Qian 的两篇研究论文是连续型 DiD 模型设定的优秀范例。一项研究中，Qian（2008）通过比较不同县域种植茶树面积的差异和推行改革的时间差异，估算家庭联产承包责任制和农作物收购改革对于人口性别比例的影响。另一项研究中，Nunn 和 Qian（2011）利用土豆种植适宜性的区域差异，以及各区域从美洲引进土豆的时间差异，分析土豆对世界人口增长和城市化的影响。

根据上述思想，本书将地区维度的政策虚拟变量替换为一个连续型变量，用以反映政策影响程度的变化。考虑到不同省份脱贫攻坚绩效的差异，本书使用一个连续型变量来度量不同地区脱贫攻坚强度的变化。脱贫攻坚政策作为一种外生社会冲击，对不同省份产生的影响程度不同——对于观察期间脱贫攻坚进展较快的省份产生较大的影响，对于脱贫攻坚进展较慢的省份产生较小的影响。本书将该连续型政策变量与代表脱贫攻坚前后时间的变量相乘，构造交互项，可以更准确地反映脱贫攻坚对社会认知的影响。这种模型设定能够捕捉更多数据变异，避免了人为设定处理组和对照组可能引入的偏差。

为检验脱贫攻坚对公民社会认知的影响，研究者必须同时拥有个体层面和地区层面的数据。为此，本书整合地方政府脱贫攻坚信息、个体和家庭信息，以及宏观社会经济统计信息建构一个专门的数据库。本书使用“中国家庭追踪调查”构造个体追踪面板数据，系统地搜集整理各省份脱贫攻坚时期贫困县脱贫“摘帽”信息，并从国家统计局住户收支与生活状况调查获得区域经济社会背景信息。本书使用同一个体在不同时点的社会认知作为被解释变量，长期追踪个体对研究总体异质性、因果机制以及状态变化等社会科学课题有极高的价值（谢宇等，2014）。上述数据工作整合了社会现象的时间性和社会系统的复杂性，为探究脱贫攻坚影响社会认知的因果机制创造了有利条件。

第四章
中国贫困治理的制度与实践

一　历史视野下的贫困治理

（一）新中国成立以来贫困治理体制演进

自 1986 年中国政府开展扶贫开发以来，中国的贫困治理已经走过近 40 年历程。改革开放以来，中国的减贫工作大体可分为三个阶段（李小云等，2018）。下面将分阶段回顾和分析中国 40 多年来扶贫政策的演变过程。

1. 体制改革阶段（1978~1985年）

1978~1985 年，中国还未正式开启扶贫工作，该阶段农村人口减贫是在农村经济体制改革的推动下生产力解放和经济增长的结果。这一时期开始实施家庭联产承包责任制，推行市场化改革，促进了乡镇企业兴起，推动了农产品价格提高和农民收入增加。因而，有学者将这一阶段称为“体制改革推动的减贫”（宋洪远，2008）。

2. 开发扶贫阶段（1986~2012年）

1986 年，国务院成立了专门的扶贫机构——国务院贫困地区经济开发领导小组（后改名为国务院扶贫开发领导小组），确定了开发式扶贫的方针，制定了农村贫困标准，并安排了专项扶贫资金。自 1986 年起，中国开始在全国进行有规划的大规模减贫尝试和制度化改革，由此进入大规模开发扶贫阶段。值得一提的是，此次国家确定了 18 个集中连片贫困区域和 331 个国家级贫困县，将贫困县作为国家贫困治理的瞄准单位，由中央和省级政府重点帮扶。

1994 年，《国家八七扶贫攻坚计划（1994—2000 年）》实施，代表中央首次制定了有明确目标、明确对象、明确措施和明确期限的扶贫纲领性文件。计划中提出了到 2000 年基本解决全国农村 8000 万贫困人口的温饱问题的目标，并将其作为全国扶贫开发工作的纲领。这一时期的开发式扶贫围绕工业化、城镇化、农村劳动力转移、支农惠农政策、建立社会保障制度、实施区域开发战略（西部大开发）等政策，以扶助贫困群体提高收入。

3. 精准脱贫、脱贫攻坚阶段（2013~2020年）

进入21世纪，国务院相继出台了《中国农村扶贫开发纲要（2001—2010年）》和《中国农村扶贫开发纲要（2011—2020年）》两份规划纲要，对扶贫目标、扶贫对象和瞄准方式等方面进行了新的规定。扶贫目标由“基本解决温饱问题”转变为“稳定实现农村贫困人口不愁吃、不愁穿，义务教育、基本医疗和住房安全有保障”，即“两不愁三保障”。瞄准单位由过去的贫困县、贫困村转变为贫困户。

自2013年起，中国减贫事业进入精准脱贫阶段。这一阶段的目标是，通过实施精准扶贫、精准脱贫战略，消灭现行标准下农村人口的绝对贫困。2015年11月，中央扶贫开发工作会议在北京召开，习近平总书记对精准扶贫体系进行了全面阐述，并确立脱贫攻坚战略。会议部署了三个主要内容：一是到2020年稳定实现“两不愁三保障”的战略目标；二是让建档立卡制度成为这一时期的主要政策工具，将贫困人口作为瞄准对象，实现贫困人口的精细化统计；三是加强脱贫攻坚成效考核，中西部22个省（区、市）的党政主要负责人向中央签署脱贫攻坚责任书。

（二）贫困县政策动态：以县为单位的中国贫困治理

国家级贫困县政策曾是我国最重要的反贫困政策，其设立标志着区域扶贫政策开始向国家级贫困县倾斜。本书接着对贫困县政策设立和发展历程做近景式分析。1986年，国家成立国务院贫困地区经济开发领导小组，首次确定了国家级贫困县的标准，划定了331个国家级贫困县。自此，中国以贫困县为瞄准单位，开始在全国实施有规划的大规模减贫尝试和制度化改革。贫困县政策随着党的扶贫工作重心和区域发展水平的变化而调整。从1986年至2011年，国家三次调整贫困县名单，以适应各发展阶段的需要。国家级贫困县名单调整的历史概览见表4.1。

表 4.1 中国国家级贫困县名单调整历史

单位：个

年份	事件描述	调整标准	总数
1994	《国家八七扶贫攻坚计划（1994—2000年）》实施	农民人均纯收入超过700元的县退出，低于400元的县纳入	592
2001	《中国农村扶贫开发纲要（2001—2010年）》实施，贫困县称谓改为国家扶贫开发重点县	取消沿海省份的贫困县，将33个重点县指标调整至中西部	592
2011	国务院扶贫开发领导小组第三次调整贫困县名单，省级政府获得贫困县调整权限	遵循"高出低进，出一进一，总量不变"原则，38个贫困县退出，38个新贫困县入选。加大对革命老区、民族地区、边疆地区的扶持力度，确定连片特困地区县680个	832

第三次调整与前两次在标准、权限、原则和结果上显著不同。第三次调整不仅考虑经济指标（如农民人均纯收入和人均 GDP），还包括了社会发展指标（如人均地方财政收入）和实际贫困人口数。在前两次调整中，名单由中央政府决定，第三次调整更多地强调了省级政府的决策权，允许各省份根据具体情况调整名单。此外，前两次调整主要反映贫困状况和区域差异，而第三次调整着眼于打破贫困县身份的固化现象和更合理地分配扶贫资源。第三次调整后，考虑到对革命老区、民族地区、边疆地区加大扶持力度的要求，党中央将集中连片特殊困难地区确定为扶贫开发的主战场，将 680 个自然地理、产业传统、文化习俗、致贫原因相似且贫困相关指标均低于同期西部平均水平的县（市、区）确定为连片特困地区县，共确定了国家级贫困县 832 个。这些变化标志着中国扶贫策略从单一的经济指标评估，转向更综合、更多元和地方参与度更高的治理模式，反映了对贫困治理更深入的理解和地方政府在扶贫工作中的积极作用。

以贫困县为单位的贫困治理体制经历了"争当扶贫县"和"精准脱贫"两个时期（吕捷，2020）。2015 年以前，为了争夺贫困县带来的财政资源和政策优惠，竞相争当贫困县是普遍现象。面对国家政策倾斜，贫困县积极申报，争取“戴帽”资格，县委书记亲自带队争贫困县帽子的新闻报道屡见报端。[①] 2011 年 12 月，中共中央、国务院发布了《中国农村扶贫开发纲要（2011—2020 年）》，首次提出各省（区、市）要采取措施逐步减少贫困县数量，同时国家将继续支持减少贫困县数量的省份。尽管一些省份探索制定了鼓励脱贫“摘帽”的政策，但整体上鲜有贫困县主动“摘帽”。2015 年中央扶贫开发工作会议后，中央出台了一系列政策文件，规定了贫困县退出的目标时间和退出机制（见表 4.2）。同年 10 月，中共中央“十三五”规划建议发布，将 2020 年实现现行标准下农村贫困人口脱贫、贫困县全部“摘帽”作为“十三五”时期经济社会发展的主要目标。同年 11 月，《中共中央 国务院关于打赢脱贫攻坚战的决定》再次提出国家级贫困县退出机制。2016 年 11 月，国务院印发《“十三五”脱贫攻坚规划》，将 2020 年 832 个贫困县全部“摘帽”设为约束性指标。

在脱贫攻坚前三年（2016～2018 年），贫困县为了争取早日“摘帽”，出现了“虚假式”脱贫、“算账式”脱贫、“指标式”脱贫等一系列问题。王刚和白浩然（2018）将这一时期的“摘帽”逻辑总结为“脱贫锦标赛”，反映了地方政府贫困治理中激烈的横向竞争。为应对政治竞争带来的负面影响，中共中央和国务院于 2018 年 6 月印发《关于打赢脱贫攻坚战三年行动的指导意见》，明确从 2018 年起，取消超出“两不愁三保障”标准的拔高指标和不作为考核的硬性指标，清理行业部门借脱贫攻坚之机开展的“搭车”任务。此外，各省（区、市）统一组织实施贫困县退出专项检查，对退出贫困县的质量负责，并由中央进行抽查。这一规定抑制了地方超额完成减贫目标的动机，使 2018 年以后的贫困县脱贫工作由“脱贫攻坚锦标赛”转为“脱贫攻坚达标赛”。[②]

---

① 第一财经日报：《云南富源双面：县委书记亲带队赴京争“贫困县”》，https://business.sohu.com/20120420/n341080683.shtml，最后访问日期：2024 年 1 月 1 日；燕赵都市报：《县长为求拨款争取贫困县：否则对不起全县人民》，https://news.sohu.com/20140130/n394405805.shtml，最后访问日期：2024 年 1 月 15 日。

② 中国纪检监察报：《贫困县摘帽是“达标赛”不是“锦标赛”》，https://www.ccdi.gov.cn/yaowen/201907/t20190709_196796.html，最后访问日期：2024 年 1 月 15 日。

表 4.2　贫困县退出相关的中央文件及退出机制		
发布日期	文件名	贫困退出机制
2015.10.29	《中共中央关于制定国民经济和社会发展第十三个五年规划的建议》	我国现行标准下农村贫困人口实现脱贫，贫困县全部“摘帽”，解决区域性整体贫困
2015.11.29	《中共中央　国务院关于打赢脱贫攻坚战的决定》	将贫困县全部“摘帽”作为打赢脱贫攻坚战的总体要求之一
2016.11.23	《“十三五”脱贫攻坚规划》	将832个贫困县全部“摘帽”设为约束性指标
2018.06.15	《中共中央 国务院关于打赢脱贫攻坚战三年行动的指导意见》	贫困县退出专项评估检查由各省（区、市）统一组织实施，并对退出贫困县的质量负责，中央进行抽查

二　脱贫攻坚中地方官员行为的制度分析

脱贫攻坚时期，中央制定了一系列激励地方官员参与地方贫困治理的制度安排。中央通过党政一把手脱贫攻坚目标责任制、贫困县党政一把手稳定制，以及将贫困县主官的政绩考核与脱贫攻坚绩效挂钩等制度设计，对地方官员进行激励约束。本书旨在解释地方官员在中国特定的制度背景下的贫困治理动机、行为和绩效差异，故而本部分将系统梳理和总结相关的制度安排，为下文分析县级和乡镇官员参与地方贫困治理的行为逻辑提供铺垫。

（一）层级治理下的压力传导：脱贫攻坚目标责任制

中国公共政策具有集国家统一性和地方多样性于一体的执行格局。重大公共政策往往涵盖多重政策目标，需要高位推动和层级性治理的相互配合（贺东航、孔繁斌，2011）。中国政府将这些目标分为约束性指标和预期性指标。预期性指标是指国家期望的发展目标，其实现有赖于市场主体的自主行为，同时政府进行宏观调控与政策引导。约束性指标则具有一定的强制性，中央政府对地方政府提出了工作要求，地方政府须运用公共资源和行政权力确保目标的实现。约束性目标已经在节能减排、生态环保、医疗卫生、社会保障、生产安全等政策领域发挥着重要的积极作用（Liu et al.，2015；Zhang，2021；Du and Yi，2022；Fisman and Wang，2015）。

“十三五”时期（2016~2020年），脱贫攻坚首次出现在国民经济和社会发展五年规划纲要中，农村贫困人口脱贫被列为五年经济发展目标。随着脱贫攻坚战役打响，中央政府在贫困治理领域引入了目标责任制度，明确了由中央确定贫困地区经济发展和贫困人口脱贫的治理目标，并将其分解为具体指标逐级下达。总体上，中央与地方在脱贫攻坚责任分配上的原则是“中央统筹、省负总责、市县抓落实”。在具体运行中，中央负责制定脱贫攻坚的总体方针以及出台总体指标，省级负责确定本省目标和进行监督考核，市级做好上传下达，县级党委和政府承担起主体责任。

2016年11月，国务院印发了《“十三五”脱贫攻坚规划》，其中明确了“十三五”时期贫困地区发展和贫困人口脱贫的10项具体指标。如表4.3所示，约束性指标包括建档立卡贫困人口、建档立卡贫困村、贫困县、实施易地扶贫搬迁贫困人口、建档立卡贫困户存量危房改造率等5项；预期性指标包括贫困地区农民人均可支配收入增速、贫困地区农村集中供水率、贫困县义务教育巩固率、建档立卡贫困户因病致（返）贫户数、建档立卡贫困村村集体经济年收入等5项。

表4.3 “十三五”时期贫困地区发展和贫困人口脱贫主要指标

指标	2015年	2020年	属性	数据来源
建档立卡贫困人口(万人)	5630	实现脱贫	约束性	国务院扶贫办
建档立卡贫困村(万个)	12.8	0	约束性	国务院扶贫办
贫困县(个)	832	0	约束性	国务院扶贫办
实施易地扶贫搬迁贫困人口(万人)	—	981	约束性	国家发展改革委、国务院扶贫办
贫困地区农民人均可支配收入增速(%)	11.7	年均增速高于全国平均水平	预期性	国家统计局
贫困地区农村集中供水率(%)	75	≥83	预期性	水利部

续表

指标	2015 年	2020 年	属性	数据来源
建档立卡贫困户存量危房改造率(%)	—	近 100	约束性	住房和城乡建设部、国务院扶贫办
贫困县义务教育巩固率(%)	90	93	预期性	教育部
建档立卡贫困户因病致(返)贫户数(万户)	838.5	基本解决	预期性	国家卫生计生委
建档立卡贫困村村集体经济年收入(万元)	2	≥5	预期性	国务院扶贫办

注：“—”表示无数据。

资料来源：《“十三五”脱贫攻坚规划》。

为响应中央的纲领性文件，22 个贫困省份根据各自实际情况编制了“十三五”脱贫攻坚规划，阐明各自农村扶贫开发的目标任务和工作重点。本书通过申请信息公开等途径搜集和整理各省份的政策文本，将各省份发展指标规划情况总结至表 4.4。表 4.4 中▲代表省（区）明确该指标为约束性指标，○代表省（区）明确该指标为预期性指标。可以发现，大多数省份所设定的约束性指标与国家《“十三五”脱贫攻坚规划》中的 5 项约束性指标是相同的。但是，一些省份未将某些国家脱贫攻坚指标设定为本地指标。例如，河北、湖南、新疆未将贫困村数量列为约束性指标，辽宁、新疆未将易地扶贫搬迁贫困人口列为约束性指标，四川、新疆均未将贫困户危房改造列为约束性指标。河南、辽宁、青海、山东、山西、四川、新疆等多个省份未将村集体经济年收入定为预期性指标。另外，一些省份主动将国务院设定的某些预期性指标调整为约束性指标。例如，宁夏、青海、四川、云南将义务教育巩固率设定为约束性指标，贵州、四川将农村集中供水率设定为约束性指标，安徽省将村集体经济年收入设定为约束性指标。

通过对各省份“十三五”脱贫攻坚规划文本的仔细研读，笔者还发现各省份根据地方情况设置了多样化的发展指标，充分体现出地方政府参与脱贫攻坚的主动性和差异性。例如，云南省将村卫生室覆盖率、建档立卡贫困村、有合格村医列为约束性指标；安徽省将贫困村通宽带比例、贫困户户用光伏电站数、贫困村村级光伏电站数列为约束性指标；四川省则将村卫生室覆盖率、村文化室覆盖率、乡村旅游扶贫示范区、市（州）高速公路覆盖率、乡镇油路及硬化路覆盖率、乡镇卫生院标准化建设达标率等指标列为约束性指标；新疆维吾尔自治区的指标设置较为简单，其约束性指标仅包含贫困人口和贫困县数量两项，预期性指标仅包含农村集中供水率和义务教育巩固率。

表 4.4 “十三五”脱贫攻坚地区发展主要指标

省(区)	约束性指标					预期性指标				
	贫困人口	贫困村数量	贫困县数量	易地扶贫搬迁贫困人口	贫困户危房改造	农民人均可支配收入增速	农村集中供水率	义务教育巩固率	贫困户因病致(返)贫人数	村集体经济年收入
安徽	▲	▲	▲	▲	▲	○	○	—	—	▲
甘肃	▲	▲	▲	▲	▲	○	○	○	○	○
广西	▲	▲	▲	▲	▲	○	○	○	—	○
贵州	▲	▲	▲	▲	▲	○	▲	○	○	○
河北	▲	—	▲	▲	▲	○	○	○	○	○
河南	▲	▲	▲	▲	▲	○	—	○	○	—
湖南	▲	—	▲	▲	▲	▲	—	○	○	○
吉林	▲	▲	▲	▲	▲	○	○	○	○	○
辽宁	▲	▲	▲	—	▲	○	○	○	○	—
宁夏	▲	▲	▲	▲	▲	○	○	▲	○	○
青海	▲	▲	▲	▲	▲	○	○	▲	—	—
山东	▲	▲	—	▲	○	○	○	—	○	—
山西	▲	▲	▲	▲	▲	○	○	○	○	—
四川	▲	▲	▲	▲	—	○	▲	▲	—	—
新疆	▲	—	▲	—	—	—	○	○	—	—
云南	▲	▲	▲	▲	▲	▲	○	▲	○	○

注：▲代表省（自治区）明确将该指标设定为约束性指标，○代表省（自治区）明确将该指标设定为预期性指标；湖北、西藏、海南、重庆未主动公开省级发展目标和指标且未同意信息公开申请，因而表中仅包含 16 个省（自治区）。“—”表示无数据。

资料来源：根据各省（自治区）“十三五”脱贫攻坚规划整理。

Heilmann（2018）在分析中国发展规划制定过程时指出，中央将规划目标与地方干部政绩考核相挂钩，令地方政策主体的政绩取决于他们是否完成规划所设定的目标，从而形成对地方政府的“锁定”。为了敦促地方政府按时完成脱贫任务，党中央于2011年发布《中国农村扶贫开发纲要（2011—2020年）》，提出强化扶贫开发责任，创立了党政一把手负总责的扶贫开发工作责任制。扶贫工作由副职分管，变成党政一把手负责，五级书记一起抓。2015年的中央扶贫开发工作会议上，22个中西部省（区）的党政一把手在脱贫攻坚责任书上签字，立下了“脱贫军令状”，从2016年起接受每年一次的扶贫开发工作成效考核，扶贫开发各项约束性指标成为考核地方政府政绩的重要内容。

2016年，中央印发《脱贫攻坚责任制实施办法》，规定了省级党委和政府对本地区脱贫攻坚工作负总责，确保责任制层层落实的制度。签订“扶贫军令状”的做法得到省级以下政府层层效仿，各级地方政府与上一级政府签订责任书，并将各项扶贫指标纳入各级考核评价体系。例如，内蒙古自治区出台《内蒙古自治区脱贫攻坚责任制实施细则》，将旗县党委、政府主要负责人确定为脱贫攻坚第一责任人，向所在盟市党委、政府（行政公署）签署脱贫攻坚责任书。通过年度考核和总考核的形式，省级政府将各项扶贫任务落实为县级和扶贫单位党政一把手的责任，县级党委和政府一把手成为扶贫任务的最终责任人，需要完成省扶贫办的考核要求并接受考核。由此，县级一把手成为落实扶贫目标责任的重要载体和主体责任人。

（二）设定激励和约束：干部选任、考核和监督制度

官员的选任、考核和监督三大制度是行政发包体制下国家目标执行与政策落实的重要保障机制。选任制度关注以什么标准选拔官员，考核制度关系如何考核官员的政绩表现，监督制度明确如何制约官员违纪违法行为。在脱贫攻坚时期，为了促进地方政府按时完成脱贫任务，党和国家出台了一系列干部选任、考核和监督办法。

在干部选任方面，中共中央、国务院于2015年11月印发《关于打赢脱贫攻坚战的决定》，对强化脱贫攻坚领导责任制提出要求，明确规定改

进县级干部选拔任用机制。该决定规定各省份统筹省内干部队伍，选好扶贫任务重的县的党政主要领导，将扶贫开发工作实绩作为干部选任的重要依据。此外，各省（区、市）党委和政府需加强选派优秀年轻干部，尤其是后备干部到贫困地区工作，有计划地安排省部级和厅局级后备干部到贫困县挂职任职。此后，贫困县党政正职由省委统筹，其政治升迁由省级决定。

中国的官员考核制度呈现出从强调经济增长转变为注重保障和改善民生，实行综合考核的总体变迁趋势（姚洋等，2020）。在扶贫工作考核方面，2015 年，中组部、国务院扶贫办以及国务院扶贫领导小组相继印发多项政策文件，规定扶贫工作考核要引导贫困县聚焦经济社会发展，明确贫困县必须作为、提倡作为和禁止作为的事项。2016 年 2 月，中共中央办公厅和国务院办公厅联合印发《省级党委和政府扶贫开发工作成效考核办法》，明确从 2016 年至 2020 年，每年对中西部 22 个省份扶贫开发工作成效进行考核，考核内容涵盖减贫成效、精准识别、精准帮扶、扶贫资金等方面。具体考核指标见表 4.5。按照中央法规精神，各省份相应出台了政府扶贫开发工作成效考核办法和具体实施方案。例如，湖北省出台《关于建立贫困县约束机制的实施意见》，对贫困县的权力和行为做出限制和约束，明令禁止各类形式主义和形象工程。中共江西省委、江西省人民政府出台《关于全力打好精准扶贫攻坚战的决定》，提出要制定全省贫困县的考核约束办法，引导贫困县党政班子和领导干部把主要工作重点放在脱贫上，对在贫困县埋头苦干并取得突出成绩的干部，提拔使用时优先考虑。

表 4.5　省级党委和政府扶贫开发工作成效考核指标

考核内容	具体内容	考核指标	数据来源
减贫成效	建档立卡贫困人口减少	计划完成情况	扶贫开发信息系统
	贫困县退出	计划完成情况	各省份提供（退出计划、完成情况）
	贫困地区农村居民收入增长	贫困地区农村居民人均可支配收入增长率(%)	全国农村贫困监测

续表

考核内容	具体内容	考核指标	数据来源
精准识别	贫困人口识别 贫困人口退出	准确率(%)	第三方评估
精准帮扶	因村因户帮扶工作	群众满意度(%)	第三方评估
扶贫资金	使用管理成效	绩效考评结果	财政部、扶贫办

资料来源:《省级党委和政府扶贫开发工作成效考核办法》。

中央同样实行最严格的扶贫考核督查问责制度，运用多种内外部力量构建起完备的监督体系。从 2016 年开始，中央开展了脱贫攻坚督查巡查和第三方评估，不再单纯依靠地方政府内部评估对脱贫情况进行判断。中央创立年度扶贫开发逐级督查制度，对于未能履行职责的地区，国务院扶贫开发领导小组提出责任追究建议，约谈未完成年度减贫任务地区的党政主要领导(陈锡文、韩俊，2021)。约谈机制在省级以下也得到复制，省级约谈市县、县级约谈乡镇、乡镇约谈村的做法已经成为常规工作方式（周飞舟，2021)。对出现重大失误、弄虚作假的县，省级将采用降职、改任非领导职务、调离岗位等方式来惩戒县党政一把手。

国务院扶贫办委托第三方评估组进驻贫困县实施专项核查是另一项监督机制创新。第三方评估机构制定专业、科学的评估方法，通过实地走访、调查问卷等形式开展量化绩效评估。2015 年，甘肃省引入第三方评估，对 2014 年的脱贫攻坚绩效进行考核，全省 75 个贫困县中有 18 名业绩突出的党政一把手获评“优秀”并得到提拔，而有 3 个县的县委书记、县长共 6 人，因脱贫攻坚业绩“一般”而被组织调整岗位。[①] 同时，中央还建立了扶贫开发信息系统和农村贫困监测点，将贫困人口的信息即时传递给中央政府。上述举措克服了分权治理模式下中央政府的信息劣势，为中央监督地方政府扶贫政策执行提供了强有力的工具。

---

① 新华社:《在扶贫一线选“马”甘肃 34 位贫困县“一把手”因扶贫得力获表彰》，http://www.xinhuanet.com/politics/2016-05/11/c_1118848015.htm，最后访问日期：2022 年 3 月 17 日。

（三）超越行政发包：党政正职稳定制度

在承包方的激励弱化、资源能力不足的背景下，“行政发包制”容易陷入“国家能力弱”的治理困境，可能导致运动式治理、临时应付和短期主义等问题（周黎安，2022）。在扶贫领域，由于纵向行政发包程度高，而横向晋升竞争程度低，地方官员常将扶贫工作放在次要位置，优先考虑经济增长、招商引资、计生维稳等目标，这导致中央政府很难依靠常规人事体制激励地方完成脱贫攻坚任务（周黎安，2014；周飞舟、谭明智，2020；吕捷，2020）。为应对上述挑战，中央政府颁布了一系列政策，对贫困县党政正职官员的任期进行调控。这种任期调控制度，即贫困县党政正职稳定制度，不仅是脱贫攻坚时期的一项关键人事制度安排，也是中华人民共和国成立以来首次设立的党政领导干部人事稳定制度。图4.1展示了中央对贫困县党政正职任期进行调控的政策文件和时间线索，为读者提供了直观的政策背景。

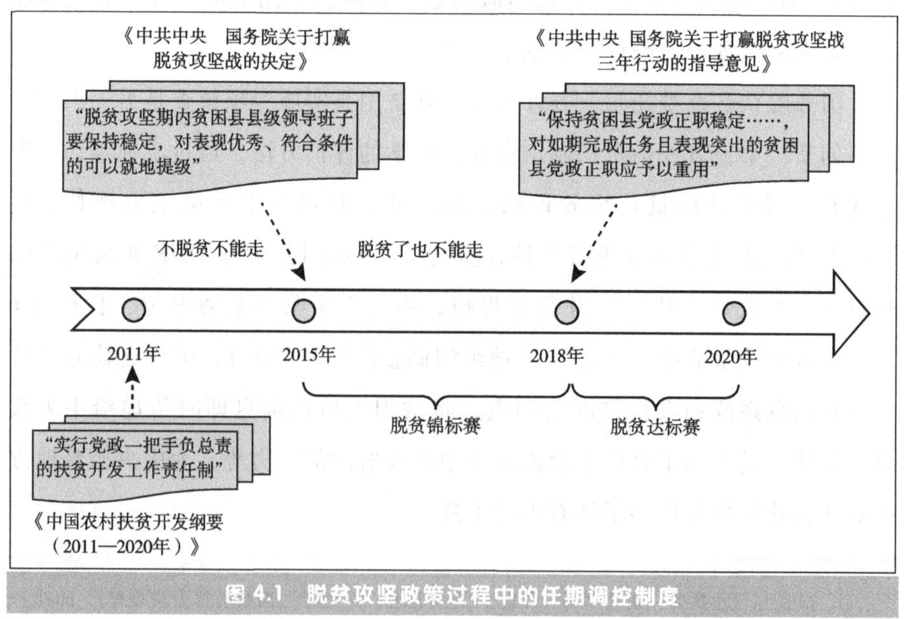

图 4.1　脱贫攻坚政策过程中的任期调控制度

贫困县党政正职稳定制度始于 2015 年 11 月 27 日，当时习近平总书记在中央扶贫开发工作会议上发表讲话，强调对贫困县县级领导班子要采取一些特殊政策，以保持其相对稳定。2015 年 11 月 29 日，中共中央和国务院联合颁布《关于打赢脱贫攻坚战的决定》，明确规定脱贫攻坚期内贫困县县级领导班子要保持稳定，对表现优秀、符合条件的人员可以就地提级。这是首次明确规定脱贫攻坚时期贫困县领导班子人事稳定原则，即“不脱贫不能走”。2016 年 4 月，中共中央组织部和国务院扶贫办联合发布《关于脱贫攻坚期内保持贫困县党政正职稳定的通知》，进一步规定“贫困县党政领导正职在完成脱贫任务前原则上不能调离。脱贫“摘帽”后，仍要保持稳定一段时间。所辖贫困县较多的市（地、州、盟）和贫困乡镇的党政正职，也要保持相对稳定”。该文件将“不脱贫不能走”的领导干部流动限制加码成为“脱贫了也不能走”，并且将干部队伍的稳定性要求扩展至贫困乡镇和地市级党政正职。

贫困县党政正职稳定制度并非消除了政治竞争和“晋升锦标赛”的激励机制，而是以“提拔不离岗”的新机制对贫困县官员进行激励。党政正职若表现优秀、业绩突出，可以提拔到上一级担任领导职务，但需继续兼任现职，重点抓好脱贫攻坚工作。习近平总书记在 2017 年召开的“深度贫困地区脱贫攻坚座谈会”、“中央农村工作会议”和 2018 年 2 月召开的“打好精准脱贫攻坚战座谈会”等多个公开场合重申，脱贫攻坚期间，贫困县县级党政正职要保持稳定，表现优秀者在完成脱贫攻坚任务后可提拔重用。2018 年 6 月 15 日，《中共中央 国务院关于打赢脱贫攻坚战三年行动的指导意见》强调保持贫困县党政正职稳定，并注重在脱贫攻坚一线考察识别干部，对如期完成任务且表现突出的贫困县党政正职应予以重用，同时重视提拔在脱贫攻坚中工作出色、表现优秀的扶贫干部、基层干部。

从现实来看，贫困县党政正职稳定制度在地方得到较为严格的执行。不少已确定的贫困县党政正职职务调整计划受到影响，一些已经任满一届甚至升任上一级党委常委或政府、人大、政协副职的县级正职继续留任原职，一些省份的贫困县党政领导调离后又官复原职。[①] 这一制度也在一些贫困乡镇及所辖贫困县较多的市级执行。在特定情况下，该制度具有一定灵活性。例如，云南省委组织部和云南省人民政府扶贫开发办公室进一步规定，贫困县的县委书记如确需调整，州市党委要及时将调整意见和理由报省委组织部。贫困县的县长如确需调整，也需报省委组织部审批同意。

在脱贫攻坚背景下，中央政府制定了“不脱贫不能走”和“提拔不离岗”等特殊人事制度安排，成为激励地方官员完成扶贫任务的特殊手段。一些学者认为，贫困县党政正职稳定制度是一项“责任到人”的制度安排（周飞舟、谭明智，2020），将“不脱贫不调整、不脱贫不调离”作为一项严明的政治纪律来执行，从而稳定了贫困县党政正职队伍；同时，“脱了贫也不能走”的安排则建立了事后追责机制，进一步强化了官员对扶贫工作的长期承诺。这些制度安排改变了脱贫攻坚时期地方政府的行为逻辑，使得“干得好”“不出错”的人事逻辑逐步代替了“干得多”的政绩逻辑（周飞舟、谭明智，2020）。这些以“人”为核心的制度调整构建了一种全面的责任激励机制，满足了对地方政府官员政策执行中控制与动员的双重需求。

（四）由央—省到央—县：扶贫专项资金制度

脱贫攻坚目标责任制成功运行的关键前提是地方官员对辖区内的经济社会事务具有决策权。自 20 世纪 80 年代起，国家对扶贫资金实行项目制管理。尤其是 1994 年分税制改革后，中西部的县乡财政越来越依靠上级转移支付（周飞舟，2012b）。项目制是指在国家和省一级确定了项目类型后，由乡镇向县一级提出项目规模，县级政府再向上申报项目，最终由省一级审批并向县一级分配资金。20 世纪 90 年代以来，党和国家陆续颁布了大量关于扶贫专项资金制度的规章文件，不断完善和调整扶贫专项资金制度。1997 年 7 月，国务院印发《国家扶贫资金管理办法》，确定了扶

① 南方周末：《不脱贫不摘帽，厅官也走不了》，https：//www. infzm. com/contents/140692，最后访问日期：2024 年 1 月 15 日；南都网：《县委书记晋升后又“官复原职”继任者仅干 12 天》，https：//www. sohu. com/a/83783107_ 157580，最后访问日期：2024 年 1 月 15 日。

贫开发工作省级负责制，明确了“责任到省、任务到省、资金到省、权力到省”四到省原则，同时规定各省份必须将国家各项扶贫资金全部用于国家重点扶持的贫困县。2000 年起，国家实施扶贫专项资金提前预拨制度，预拨扶贫资金至各省份。省级政府作为责任主体，对扶贫专项资金实施严格的监管，防止扶贫资金挪用和侵占，但省级政府相对于基层处于信息劣势，难以全面掌握下级财政资金使用情况并进行有效的监督。这种相对集权化的治理结构很容易引发信息不对称和道德风险问题（Qian and Xu，1993）。在扶贫资金运营管理过程中，时常出现上层项目规划脱离基层实际需求、项目和资金管理效率低、扶贫资金使用监管不足、贫困县获取扶贫项目成本高、权责脱节等问题，造成扶贫资金的巨大浪费（财政部农村司扶贫处，2008）。

为了解决基层需求与资金管理的矛盾，中央于 2014 年改革扶贫资金管理制度。具有转折意义的是，2014 年《国务院扶贫开发领导小组关于改革财政专项扶贫资金管理机制的意见》的出台将绝大部分扶贫资金项目审批管理权限下放到县，省一级不再做具体的项目规划，县级从此成为财政专项扶贫资金安排、使用和管理主体。进一步地，国务院办公厅于 2016 年印发《关于支持贫困县开展统筹整合使用财政涉农资金试点的意见》，改革了扶贫资金的管理办法，将统筹整合使用财政涉农资金的自主权赋予贫困县。同年 9 月，农业部发布《关于加大贫困地区项目资金倾斜支持力度　促进特色产业精准扶贫的意见》，创新了项目审批方式，允许贫困地区依托主导产业，在县级层面整合涉农资金，实现了涉农资金“多个渠道引水，一个龙头放水”，有利于县级政府根据乡镇需求设计统筹全县扶贫项目库。2018 年，《扶贫项目资金绩效管理办法》的发布进一步明确了省级扶贫开发领导小组将扶贫项目资金绩效管理纳入市县扶贫工作考核内容。

综上所述，县一级作为执行国家扶贫开发政策的一线指挥部，在推动区域产业发展、分配项目资金等方面扮演了越来越重要的角色，也影响着地方政府的行为模式。一方面，改革赋予县级政府自主管理和分配扶贫项目资金的管理权限，使得扶贫资金管理更适应基层多样化的需求（李小云，

2021）。另一方面，涉农资金可能为县级政府带来沉重负担，导致资金过度投入其重点扶持的产业领域和地区（史普原，2015）。县级政府通过资源分配和项目申请，不仅改善地方治理，还调动乡镇基层政府对扶贫项目资金展开竞争的积极性，强化了中央政策意图在地方层面的贯彻。

三　本章小结

本章概述了中国贫困治理的政策实践和发展演变，并对脱贫攻坚时期中国的相关制度安排进行了梳理。就贫困治理的制度设计而言，中国展现了中央政治集权与地方经济分权并存的特性。中央集中统筹，不仅设定了明确的脱贫目标和时间表，还通过脱贫攻坚目标责任制传递其政策意图和治理目标，对下级党政领导施加激励和约束。在下压脱贫攻坚责任至县级政府的同时，中央通过加强干部选任、考核和监督机制增强政治激励，通过创新党政正职稳定制度克服短期行为导向，并通过扶贫专项资金制度赋予县级政府财政资源和审批权限，最大限度地激励地方政府落实中央扶贫政策目标。这些制度共同构成了脱贫攻坚时期地方政府治理的制度基础，直接塑造着地方官员的行为决策模式。由于脱贫攻坚绩效是政府官员施政的结果，对脱贫攻坚绩效形成机制的理论分析必须嵌入中国特有的政治经济体制中进行。

本章的讨论意味着，脱贫攻坚政策的实施并非一个孤立的组织现象，而是国家制度建设的重要组成部分。因此，我们需要在制度逻辑框架下分析具体的政策执行过程。本章的分析为后续研究提供了坚实的制度基础，有助于我们进一步理解中国脱贫攻坚进程中地方政府官员的行为逻辑（第五章）和政策绩效的实现机制（第六章）。这一制度背景还为我们解读作为公共政策微观基础的公众社会认知（第七章）以及国家政策、官僚体系与社会的互动关系（第八章），提供了有益的参考。

第五章

可持续的政策绩效如何生成？基于黄田县的探索性案例研究

如上文所述，在当代中国治理实践中，层级治理下的目标责任制是上级政府将自身政策意图传递给下级政府的重要方式。为了克服逐级行政发包所引致的治理挑战并提升治理效能，中央政府制定了一系列重要配套制度安排，以期通过干部选任、考核和监督制度强化承包方政治激励，通过党政正职稳定制度克服短期导向，通过扶贫专项资金制度强化承包方的资源调配能力。为了进一步检视上述观察，笔者展开深入调研，利用个案研究中的过程追踪方法进一步厘清和阐明其中机制。本章案例分析探索了某国家级贫困县地方政府治理动态。虽然是单案例，但它能在很大程度上帮助我们理解地方治理过程中地方政府的行为逻辑和政策绩效形成机制。

一　研究问题

中国贫困治理是地方政府在制度约束和激励下发挥自主性，选择治理技术和政策工具的背景下展开的。在中国政治集权、经济分权的行政体制下，全国县域农业产业多以项目制的方式运行（周飞舟，2012a，2012b）。扶贫项目背后体现的是发展主义的扶贫模式，政府通过行政命令、经济干预强制推行农业政策的发展，而各种扶贫项目是发展主义与中国官僚体系动员结合的产物（潘则泉，2019）。从财政学的层面讲，扶贫项目制体现的是专项转移支付体系。在项目制下，中央确立政策目标，将“戴帽”的扶贫资金通过财政系统下拨，最终到达县级财政部门，专项化地用于扶贫项目。中央政府曾掌握着农业农村领域投资项目的立项审批权限，对地方扶贫开发投资的管理十分严格。2014 年以来，国家将绝大部分扶贫项目资金审批权限下放至县级。从那时起，县级政府成为中央扶贫项目资源的“承包方”和向下输送专项资金的“发包方”，其资源分配行为对政府治理效能影响深远。

近年来，项目制运作的“双重效应”得到了学术界的关注。传统观点认为，项目制有助于强化财政和行政集权，从而能够有效地保证中央资金的使用效率和专业化水平（折晓叶、陈婴婴，2011；周雪光，2015）。然而，由于多层级治理体系中每一个层级的政府都有各自的意图和目标，项目初衷可能在实施过程中被修改，从而在基层产生意外后果（渠敬东，2012；徐陈晰、焦长权，2023），导致治理技术逻辑在基层政策执行中有所偏离（马良灿，2013；孙宗锋、孙悦，2019）。在政策资源分配及运用过程中，地方官员以扶贫项目来创造政绩，通过“打造产业”获取政治资本的做法并不少见（冯猛，2014）。其后果是，大量公共资源使用效率低下，地方治理绩效下滑。

我们应该如何理解这些看似矛盾的治理图景呢？理解政府治理的关键在于厘清特定的制度框架下地方官员的微观行为，以及这些行为如何影响地方政府的实际运行（周黎安，2017）。既有研究主要集中于探讨如何通过设定有效的官场激励机制来调动基层贯彻中央项目意图的积极性（周黎安，2007；荣敬本，1998），相对忽视了中国特色贫困治理实践打破项目制运作困境的过程逻辑及其在不同时期的变化。更重要的是，既有研究尚未充分挖掘地方政府作为能动的治理主体在制度建构下选择产业发展方向的策略和深层机制，而这恰恰是经济后发地区地方治理绩效持续生成的关键（李敏、符平，2023）。

本书的研究问题是：在自上而下的制度约束和激励下，地方稳定有效的治理秩序是如何形成的？扶贫项目如何在地方实现持续高效运作？历届政府选择延续扶贫项目的原因是什么？为回答这些问题，本书选取西南地区一个原国家扶贫工作重点县作为案例研究对象，运用过程追踪方法对单案例展开纵向研究。研究试图提炼在中国政府主导的产业发展模式下，地方官员突破外部环境的约束实现有效治理，并接力推进特色产业发展，最终实现可持续发展的理论逻辑。遵循学术伦理，我们将研究的县称为“黄田县”，将其所属省份称为A省，所属地级市称为“河边市”，下属乡镇称为“桐城镇”。

在下文中，首先交代研究设计和黄田当地的基本情况和背景信息；其次展示黄田县精准扶贫和脱贫攻坚期间县级和乡镇两级政府的贫困治理实践，描述官员的施政行为及其背后的动力；再次回溯2001~2021年黄田县芒果产业的发展历程，剖析芒果产业如何成为延续至今的特色优势产业，从而揭示出地方政府官员影响治理结果的机理；最后是结论与讨论。

二　理论建构

中国如何将自上而下的制度结构（structure）和地方自主性（agency）结合起来，以实现有效治理（Qian et al.，2006）？这一话题在受到研究者们广泛关注的同时又饱受争议。大量文献对地方政府官员执行国家政策、提供公共物品的运行机制和实际过程进行了描绘和理论分析。学者们指出，虽然国家制度对于上下级政府间的关系做出了制度规定，但受到信息不对称、委托代理关系、社会关系网络、治理主体动机异质性等因素的影响，地方政府的治理实践常显示出自主性。作为中国国家治理中广泛使用的工具，项目制被视为国家意志渗透、国家和社会资源动员的“新国家治理体制”，在某些条件下可以突破科层制障碍（渠敬东，2012）。

然而，在中国多层级治理体制下，项目制执行同样面临上级控制力和下级自主性之间的张力，故需要为地方官员设定有效的激励机制（周黎安，2017）。当前我国的传统激励机制理论模型主要分为两类。一是“晋升锦标赛”，该理论认为上级政府对下级政府的相对绩效进行考核，地方政府官员为了谋求政治晋升，在经济增长、招商引资、地方财政等经济指标展开横向竞争（周黎安，2007）。二是“压力型体制”，该理论指出上级政府将政策决策转化为硬指标并自上而下分解和强化，通过政治奖惩来确保政策在地方落实，相关形态如目标责任制、一票否决、官员问责等（荣敬本，1998）。两种解释机制分别通过正向激励与负向激励让地方干部为晋升而努力履行职责。

对于治理绩效而言，官场竞争可能是一把双刃剑。一方面，大量研究表明这两种激励机制解决了地方与中央间的激励相容问题。在“官场+市场”竞争下，地方领导人的稳定更迭和良性流动将激励继任者继续完善和推动原有的产业布局（刘蓝予、周黎安，2020；叶志鹏、李朔严，2023）。另一方面，一些研究却观察到政治激励机制对政府治理的负面效应（段哲哲、陈家喜，2021）。例如，受到晋升激励和晋升结构的驱动，基层政府在选择产业时往往寻求与前任相区别的产业类型，常热衷于打造“示范点”“示范村”等样板工程，导致政策目标背离政策绩效产出（邢成举，2016；邢成举、吴春来，2023；刘军强等，2017）。政府换届后的政策调整和变更可以提高政绩显示度，提高晋升概率，但其后果是对经济绩效产生负面影响（Shen et al.，2022）。

讨论官场竞争究竟是一种破坏力量还是具有积极效应，分析其发挥作用的条件和机制至关重要。周黎安（2018）的“官场+市场”理论强调，官场竞赛必须与市场竞争紧密结合，才能真正培育有竞争力的地方产业。类似地，符平（2018）指出，政府的产业政策应着眼于带来长远利益的创新行为，否则政府扶持将产生与政策目标相背离的结果。上述视角的解释比常规的政治激励视角更具启发性，它基于对政府内部运作的田野调查，揭示了产业优势形成的路径。上述文献为我们理解地方政府在产业发展中突破官场竞争的约束限制提供了理论基础，促使我们继续深入观察地方政府在推动地方发展过程中的自我创新。然而，现有的文献主要关注政治晋升激励的短期效应，较少追溯一个地方政府行为的历时性变化，特别是分析制度环境剧烈变化时地方政府的行为逻辑，从而无法很好地解释地方治理成效在长周期内变化的动态过程。

本书将在官场竞争视角的基础上做进一步的推进。本书依据“制度引导—官员行为—治理结果”的分析思路，深入分析政治制度设计塑造治理结果的过程。其中，县级和乡镇两级政府是本书关注的治理主体，我们重点关注官员的施政行为及其背后的动机；运用过程追踪法对单案例进行深入解读，分析产业发展结果背后的制度成因及其微观运作机制，从而揭示出在制度引导下，地方政府官员塑造产业格局与治理绩效的机理。

三　案例选取与基本情况

（一）研究设计

本章以位于中国西南地区的黄田县作为田野调查点，近距离观察黄田县推进扶贫开发、产业发展等各个环节。自 2021 年起，笔者对黄田县展开分阶段调研，对多位县级领导、乡镇基层干部、挂职干部、调研人员进行了深度访谈，受访公务员中既有参与制定农业产业政策和县扶贫开发部门的主要领导，也有具体负责政策执行的多位乡镇党委书记。所有访谈资料都做了匿名化处理。此外，笔者还参阅了政府规划纲要、政策文本、工作汇报、工作计划、领导讲话稿、座谈记录、脱贫攻坚大会总结材料、书籍、媒体报道等档案资料，并结合使用来自多种渠道的一手数据和二手资料进行相互印证，以提高案例研究建构效度。

黄田县的自然地理条件较差，产业基础薄弱，但脱贫攻坚时期的地方治理历程在总体上呈现出持续性与高效运作的特征。如图 5.1 所示，黄田县的贫困发生率从 2015 年的 15.01%连续下降至 2020 年的 0，农村居民人均可支配收入由 2015 年的 9611 元稳步提升至 2020 年的 17518 元。为什么黄田县能够克服种种不利条件，实现较好的贫困治理效果？黄田县领导干部是如何在脱贫攻坚时期的制度环境中引领地方治理实践的？接下来，我们将求解上述问题。

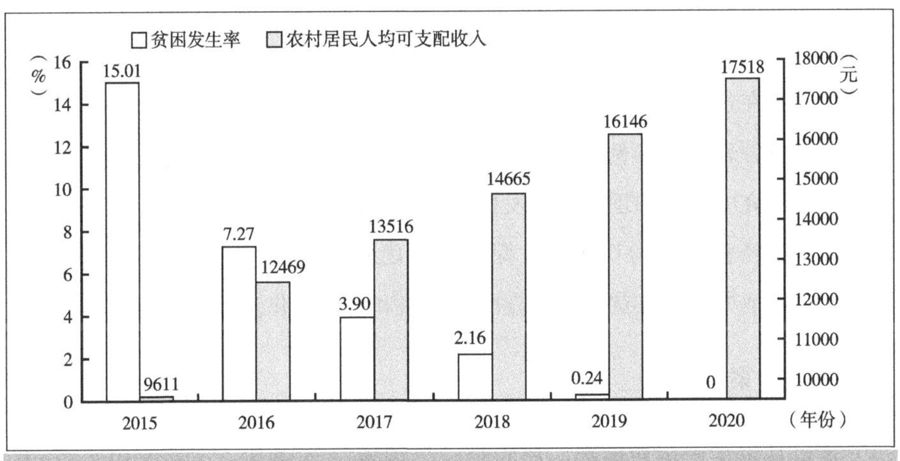

图 5.1 脱贫攻坚时期黄田县民生社会指标

资料来源：根据黄田统计局、政府工作报告等官方数据整理绘制。

本章采用过程追踪（process tracing）法作为案例分析的基本方法（Gerring，2007）。过程追踪方法对单个或少数事件发生过程进行长时间的全景式描述，旨在揭示其形成的因果机制（蒙克、李朔严，2019）。在公共管理领域，过程追踪法将政策制定者所在的社会背景和政策情境纳入分析，有助于厘清政策过程中多个因素对结果产生影响的过程，更好地理解政策行为发生的原因及其产生的影响（Capano et al.，2019）。基于此，本章选择过程追踪方法作为案例分析工具，在20年时间跨度内追踪了一个贫困县的产业发展历程，试图说明历届地方主政官员如何制定产业决策并促进地方经济不断发展。这一分析有助于我们更清晰地理解地方官员的决策过程、策略选择，以及这些选择对治理成效的影响。

之所以选择黄田县作为案例分析对象，原因有以下两点。首先，该县的治理绩效在不同时期发生过较大变化，特别是贫困发生率从远高于一般水平降至0，这为比较研究提供了丰富的材料。其次，本案例可以作为一个讨论官员更迭影响地方贫困治理的最不可能案例（least-likely case）。我们观察到，芒果产业作为黄田县的特色农业支柱产业，延续数十年并不断发展壮大，对该县贫困治理产生了积极效果。在不同时期，芒果产业发展策略有沿袭也有创新。一般的理论推测是，政治晋升激励促使基层政府在农业产业发展中频繁推陈出新，产业项目不断更替，导致政策不连续（刘军强等，2017）。然而，黄田县在过去20年间历经五任县委领导，却没有发生如文献所述的产业项目频繁更替现象。案例现实与理论预期大相径庭，表明或许有先前被忽略但在其他研究中已知的理论机制发挥作用（George and Bennett，2005）。因此，本书以上述经验现象为切入点，深入剖析隐藏于表象之下的政府运作逻辑，以期为理解地方政府在贫困治理方面的策略和绩效提供新的视角。

（二）案例介绍

黄田县位于中国西南部，原先是一个国家级贫困县，下辖9镇1乡167个行政村（街道、社区）。该县境内地形以山地丘陵为主，石漠化面积达到40.4万亩，占全县土地面积近10%。严重的石漠化导致县域生态环境脆弱，自然灾害频发，耕地质量较差，农业产业化程度较低，对外经济交往较少。县内河谷地区和两翼山区的发展很不平衡，河谷地区虽富饶但只占全县面积的5%，贫困山区则占95%。当地民间形容这种现象为“藏穷露富”。同时，黄田县是著名的革命老区，历史上是邓小平、张云逸等革命家发动起义的策源地，也是时任中共中央政治局常委、全国人大常委会委员长吴邦国学习实践科学发展观的联系点。1986 年，集“老少边山穷”于一身的黄田县被评定为国家级贫困县，历经多次贫困县名单调整后仍位列其中。相关历史材料显示，2015 年，该县贫困发生率仍高达 15%，共认定建档立卡贫困村 53 个，大多分布于少数民族聚集区、大石山区和高寒山区，人均耕地少，自然条件恶劣。特别是在大石山区的 9 个深度贫困村，贫困程度最深的村贫困发生率高达 79.48%。

自精准扶贫、精准脱贫战略实施以来，黄田县的贫困治理成效显著，2018 年全县实现整县脱贫“摘帽”，并成为 2019 年 A 省唯一荣获全国脱贫攻坚奖组织创新奖的县，2021 年获评全国脱贫攻坚先进集体。在脱贫方式上，黄田县突出可持续稳定脱贫，85%以上贫困户靠经营产业和外出务工实现脱贫，生产经营性收入和工资性收入占比从 2015 年的 79.47%升至 2019 年的 90.43%，转移性收入占比逐年下降。从减贫成效来看，截至 2020 年底，全县累计减贫 13232 户 51668 人，全县深度贫困的 292 户 877 人全部脱贫，53 个贫困村全部脱贫“摘帽”。此外，黄田县还注重民生改革，率先试点公立医院改革，提升全县医疗质量和管理水平。在脱贫攻坚第三方评估核验中，黄田县实现错退率和漏评率为 0，民众满意度高达 95%，人民群众安全感、满意度测评位居 A 省前列。

四　县域贫困治理的历时分析

为回答研究问题一，即在自上而下的制度约束和激励下，地方稳定有效的治理秩序是如何形成的，本部分将首先分析黄田县政府在脱贫攻坚前的地方治理策略，接着探讨在中央不断强化的脱贫攻坚政治压力和制度约束下，县和乡镇两级地方政府如何在地方治理实践中发挥自主性。

（一）县级治理形态（2008~2013年）：上级注意力驱动的地方治理

在地方治理实践中，上级注意力的持续性水平影响资源配置及下级工作效果，持续的领导重视是将注意力融入治理过程的关键（陈辉，2021）。在精准扶贫实施以前，中央掌握着农业农村领域投资项目的立项审批权限，对地方扶贫开发投资的管理十分严格。这一时期，地方发展战略呈现出非制度化的特点，通过与中央高层和上级政府官员的持续非正式沟通，地方政府获得了领导人的个别指导和高级别的上级支持。这种上级的持续关注迅速产生了催化作用，引导政策和社会资源流入该县特色优势产业，为日后的地方发展奠定了坚实的基础。

在资源匮乏的“老少边穷”地区，地方产业发展和乡村建设常限于各类约束性条件。县领导清楚地认识到，仅靠本地资源不足以赶超经济发达地区，因此，要采取“开放促进”策略，引进外部资金、技术、项目和人才，充分借助外力加速发展。在省市领导莅临调研期间，县委书记和县长总能不失时机地提出需要上级协调解决的事宜。2012 年，市长一行到黄田县检查指导工作，在工作座谈会上，时任黄田县县长向市里提出多项请求，希望市政府协调解决航运枢纽工程发电经营后税收分享、项目建设用地指标、重点实验室和博士后工作站建设等关键事项。对于县级政府无法有效推动的环评事项，则请求市领导亲自协调，以加快审批进程。

在积极争取省级和市级政府资源倾斜的同时，黄田县采取多种方式来吸引中央的关注与支持。黄田县是时任中共中央政治局常委、全国人大常委会委员长吴邦国学习实践科学发展观的联系点。2008 年 10 月至 2011 年 9 月，该中央领导两次实地考察黄田县。2011 年，时任县委书记钱书记曾在工作汇报中请求中央支持重大项目工程建设，并在原油供应和运输、润滑油项目等关键问题上给予帮助。根据黄田县政府档案，两次调研期间，该中央领导在与黄田县相关的材料上一共做出了 29 次批示，为特色农业发展、山区群众脱贫、金融改革综合试点等事务做出指示。

领导批示意味着该事务受到了领导者的关注和重视，提升了议题在资源分配上的优先性（陈思丞、孟庆国，2016；陶鹏、初春，2020）。领导者级别和权威地位越高，其“站台”越频繁，相关部门配合度越高，越能够释放出强有力的激励信号，对地方政府运作起到关键的推动作用（练宏，2016）。中央高层领导的批示引发了中央各部委、各单位的关注，多位中央部委领导和考察队来到黄田县调研，随之给黄田县带来了一系列发展机遇和资源。在该中央领导关注和批示的带动下，黄田县得到了中组部、中宣部、发展改革委、农业部、水利部、交通部、中石油等有关部门的倾斜支持，全县获得的项目之多、规模之大、范围之广，远超历史最高水平。

中央高层领导的重视是黄田县入选一系列国家重大政策试点的核心驱动力。黄田县国家农村金融改革试点的设立是其中的典型。2008 年 10 月，该中央领导在考察黄田县时指示县里争取农村金融保险体系试点。全国人民代表大会农业与农村委员会和中央金融机构随即赴黄田县深入调研并提交调研报告，该报告获得中央领导进一步批示，建议中央金融部门支持黄田县成为试点。同年，黄田县正式成为国家农村金融改革试点县，在中央高层领导的多次重要批示下，试点工作得以有力推进。试点工作启动后，A 省、河边市、黄田县三级政府出台多项试点配套政策和金融扶持机制，与银行、银保监会等部门共同推进，有效引导信贷资金流向“三农”领域，为该县经济社会发展提供了坚实的资金支持。

中央高层的重视促使上级政府政策支持和项目资源注入黄田县，上下级政府内部的互动也在社会中产生辐射效应，吸引企业、民主党派、非公企业、社会组织等将更多的资源投入相关产业，从而形成了“官场—市场”的积极互动，使得黄田县的治理资源得到充盈。2011 年，该中央领导再次赴黄田县考察，途中一位县委领导感慨地表达了对该中央领导的感激之情：“委员长您这个是政治效应，无形的效应，很多人因为黄田是一个品牌了，说是委员长关注的点，联系的点，很多投资者、老板是冲着这个效应来的，比如金融这个东西，好多农业方面的企业看到容易，他的目的是贷款，他就来了。”（2011 年黄田县政府办县工作资料）

在如此高规格的上级支持和广泛的资源投入下，黄田县的扶贫工作得到有效推动。在 2015 年中央扶贫开发工作会议上，习近平总书记肯定了黄田金融扶贫模式。在回顾总结该县“十一五”发展成效和发展经验时，时任县委书记钱书记总结道：

> 如果我们不去争取项目，那么，项目就不会落到黄田地头；如果我们不高起点规划、高标准干事，不敢规划石化工业园，不用错位发展的思路来推动产业，就没有今日的石化园区；如果我们不想方设法争取成为中央学习实践科学发展观试点县，就很难有今天这个大好发展局面，也就没有充满活力和生机的黄田……当然，我们更一个一个地用好了这些机遇，如果搞不好工作、弄砸了事情，上级领导就不会信任我们，也就不会轻易同意给黄田一个又一个机遇。所以善于、敢于创造机遇，抓住机遇和用好机遇是黄田五年发展的首条经验。①

（二）县级治理形态（2014~2020年）：顶层设计与基层创新良性互动

自精准扶贫战略实施以来，中央在顶层设计层面构建了岗位目标制和监督问责制，制度压力和绩效生产紧迫性持续上升，这意味着行动者必须调适自己的治理策略以适应不断变化的环境（王刚、白浩然，2018）。中央“责任到人”“反向激励”的制度设计虽旨在强化责任落实，却也导致一些地方在政策执行中遵循“不出事”逻辑（周飞舟、谭明智，2020）。随着时间逼近2020年，贫困县政府行为在一定程度上凸显短期导向（杜娟、朱旭峰，2021）。在此背景下，如何设定干部考核制度，在激励官员积极投身治理的同时避免负向激励效应，成为制度设计上的难题。现有文献一般认为一票否决指标是最硬的指标，能够直接而显著地影响考核结果（陈家喜，2018；左才，2017）。然而，一票否决指标常常促使地方官员为了实现目标而牺牲公共利益，或蓄意掩盖问题、推卸和回避责任，或应付性服从（Chan and Gao，2012；Gao，2015a，2015b；陈少威、贾开，2020），对治理目标达成

① 来自时任中共黄田县委书记在2011年全县经济工作会议上的讲话，根据录音整理。

造成不利影响。

脱贫攻坚以来，黄田县推出了一系列政策创新，旨在通过“正向激励”促使基层干部担当作为。首先，黄田县注重选拔热爱和熟悉“三农”工作的优秀干部进入领导班子。通过实施“领头雁工程”，培育村级党组织带头人和后备力量，选派党员干部担任贫困村第一书记，选聘大学生到贫困村任职，选拔培养村级党组织书记后备人才，有效提升了基层党组织服务群众的能力和水平。黄田县研究制定《黄田县深入推进领导干部能上能下实施细则》，列出了36种“不适宜担任现职”的情形，增强了领导干部调整的可操作性，并将这一制度扩展到村“两委”班子换届工作，将大学生、“三支一扶”志愿者、村干部中的人才吸纳进入党政干部队伍，从而加强了基层干部队伍的建设，对于黄田县的长期发展和稳定起到了积极作用。

其次，绩效考评“一票赞成”是一个突出的制度创新。“一票赞成”制度规定，凡是在落实上级脱贫攻坚等重大决策部署和年度中心工作中取得重大突出、重大成效等成绩的单位和个人，只要不违反安全生产、环保、廉政等“一票否决”事项规定，将直接获得“一票赞成”认定，相关单位和单位负责人的年度绩效考核评为优秀，并与干部提拔任用和绩效奖励挂钩。如果说“一票否决”是一种逆向强激励，那么“一票赞成”则是一种激发个别领域优质绩效的制度安排，在地方干部间形成正向激励作用。“一票赞成”强调对扶贫工作冒尖出彩的奖励，促使地方官员相互竞争、积极担责、突出绩效，为地方官员开展政策创新提供了强大的激励。同时，在“一票赞成”制度下，考核中居于中后位的官员不至于受到降职、降薪等惩罚，这避免了下级官员在过大的问责压力下过度执行，对群众生产生活造成不利影响。访谈中，黄田县时任副县长说道：

> 为了激励干部担当作为，搞了个“一票赞成”。以前大家工作都比较平淡，反正不出事儿，绩效考核各种绩效指标都ok，排名就在前面。现在鼓励干部工作要冒尖出彩，把哪项工作做到全地区、全国的一个示范，就叫“一票赞成”。得了一票赞成以后，不管其他的怎么样，直接

绩效获得一等奖，就直接跟个人的工资挂钩了。（访谈记录，编号：JCL202105）

此外，在中国“委托—管理—代理”治理结构中，基层官员面临着来自中央和上级的双重督查考核压力（周雪光、练宏，2012）。脱贫攻坚时期，A省开展了“县际交叉”考核，即一种县级单位相互检查和评价对方工作的内部互评机制。为了在同级横向排名中占优，黄田县建立了考核关键领导干部的“两评一议”机制，采用述职自评、民主测评、县委常委会集中议定相结合的方式对干部进行评议。在评议中，通过专门设置扶贫加分项，激励脱贫攻坚一线干部主动担当作为。黄田县一位乡镇党委书记表示：“‘两评一议’是讲成绩，而且要当众晒出一些实实在在看得见摸得着的成绩，对我们一把手来讲，不主动担当是不行了，不干出一点成绩肯定是当不下去了。”[①] 同时，黄田县建立了常态化约谈机制，对考核排名落后、履职不力的县和乡镇主要领导进行约谈提醒。这些制度创新促使官员不仅满足设定好的脱贫目标，还必须展示其相对绩效优势，从而激发了县级尽最大努力实现最优绩效的动力（高翔，2017）。

最后，黄田县制定了容错纠错若干办法，以解决干部在强约束背景下的“为官不为”问题。该县通过细化“正负面清单”，界定了16种免责和减责情形，同时划定不予容错的5种情形，确保容错的纪律红线和法律底线，鼓励干部改革创新、敢于担当。在访谈中，一位乡镇党委书记特别提到建立健全容错纠错制度的重要性：“很多乡镇干部是想干事、能干事的，但是做事之前都得考虑不能逾越纪律这条红线，乡镇工作要顺利推进，难免会采用超常规办法去推进，但这种做法难免会被倒查追责，导致工作畏首畏尾。”（访谈记录，编号：NBH202105）

概而言之，黄田县通过创新人才选拔、绩效考核、容错纠错等制度发挥正向激励作用，与中央顶层设计带来的压力实现了良性互动，为地方官员治

① 来自2019年1月4日媒体报道。

理动力的增强和治理能力的提升提供了制度基础。黄田县官员的治理能动性得到充分调动，“干得好”“干得出彩”的逻辑取代了“干得多”“不出错”的逻辑，成为地方政府扶贫工作的主导逻辑。同时，各项制度创新并没有因全县脱贫“摘帽”而终结，而是延续并应用于脱贫攻坚成果巩固时期，保障了脱贫成效的稳定性和可持续性。

（三）乡镇治理形态（2016~2020年）：“干部冻结”约束下的长效治理

就地方治理的层级结构而言，乡镇一级位于最底层，承担直接治理责任，与社会接触最为直接。贫困治理不仅是县级官员展现治理能力的领域，乡镇层级党委和政府官员也发挥着不可或缺的作用。但是，不同层级的地方政府在资源、权责、结构等方面存在着巨大的差别，要想充分理解治理制度与下级自主性在实践中的张力，有必要对乡镇的治理形态进行进一步明确。因而，本书选取黄田县桐城镇作为分析对象，对脱贫攻坚时期乡镇党委书记的治理行为和治理过程进行回溯分析。本部分围绕桐城镇党委书记的工作内容，探讨乡镇主要领导如何结合本地实际追求持续的治理绩效。

桐城镇整体产业基础较为薄弱，脱贫攻坚战略实施前，村民的收入主要来自种植水稻等传统作物和外出务工。近年来，桐城镇通过规模化发展蔬菜产业、修建基础设施等方式，成功带动了村民脱贫。桐城镇大规模的脱贫攻坚取得了突出的成绩，2016 年，该镇有建档立卡贫困户 1254 户 5594 人，到 2020 年底，如期实现贫困人口清零的目标。2019 年，桐城镇还获得了年度绩效考核“一票赞成”认定。根据黄田县绩效考评领导小组文件，桐城镇作为产业强镇，其认定项目和依据主要包括：成功申报并获批四星级现代特色农业核心示范区，建设有机蔬菜量化生产基地项目，项目投资排名全县第一，扶贫成效显著，项目受到上级领导高度肯定。

2016 年，中共中央组织部和国务院扶贫办联合发布《关于脱贫攻坚期内保持贫困县党政正职稳定的通知》（组通字〔2016〕25 号），明确规定贫困县党政领导正职在完成脱贫任务前原则上不能调离，并且脱贫“摘帽”

后，仍要保持稳定一段时间，所辖贫困县较多的市（地、州、盟）和贫困乡镇的党政正职，也要保持一段时间的稳定。受到贫困县官员稳定制度的约束，黄田县自2016年起从县一级到乡镇的党政正职经历了人事“冻结”，桐城镇也不例外。2016年3月，林书记（化名）从县委办调任桐城镇党委书记，同时挂任黄田县副县长，直到2021年中县级贫困人口实现清零，才调离成为全职副县长。基于这一现实，林书记的治理举措为我们分析基层官员长期任职时的行为逻辑提供了一个有益的观察视角。

贫困县党政正职人事稳定制度为打赢脱贫攻坚战稳定了军心，确保了脱贫攻坚目标责任制的贯彻落实，按照林书记的话，就是压实了乡镇基层领导干部的主体责任：“四个不摘——不摘责任、不摘政策、不摘帮扶、不摘监管，其实它们互相之间我觉得都是联系在一起的。尤其是责任这一块，其实脱贫攻坚第一个抓的就是人，压实责任，就告诉书记镇长，这5年不用想别的，就干脱贫攻坚，就一门心思把这事做好了。”（访谈记录，编号：JCW202105）党政正职人事稳定政策同样促使乡镇基层官员转变工作方式，为地方治理的稳定性和可持续性做出了贡献。

由于农业产业周期长、见效慢，在产业扶贫工作中，基层领导干部的稳定显得尤为重要。林书记曾在多个乡镇担任主要领导职务，对基层官员稳定的重要性深有体会：

> 农业没个三五年根本就不可能见效，像我们搞的有机农业，光养地都养了两年，然后征地征了一年半，大半年才有点成效成果出来。量太大了！农村基层工作确实也不能急，这事儿都是逐步来的。而且你想做成点事，现在投入也是这样，你在基层想做点示范，或者是成点规模有点体系的，上面的投入也不支持，你说我一下子找个三五千万，找个几个亿就砸，怎么样（怎么可能）？但它其实都是一个渐变的过程，逐步地每年整合点钱进来，你必须得有个几年的积累，才能见点效果。现在我们感觉基层工作确实还是这样，你要说一年一年，好像今年和明年没太大区别，但是你5年过来确实变化还是非常大。（访谈记录，编号：

JCW202105）

由于基层官员无法转岗，其工作思路能够得到扎实有力的推动和延续，减少了频繁换届导致的短期项目和政绩工程。此外，官员长期在脱贫攻坚一线任职，使他们更深入地了解民众需求和地情，与地方民众建立了深厚的感情，从而能够推行更利在长远、符合地方现实利益的政策。关于干部人事稳定政策对基层贫困治理的重要意义，林书记的一番话很具有代表性：

> 换一个人有时候就换思路，或者还要重新熟悉个一两年，脱贫攻坚它叫战役，要是战时机制的话，临阵换帅影响还是蛮大的。从地方的发展来讲，他的整个工作很成体系，这几年所有的东西都能保持着这么延续下来，尤其是这种国定贫困县、重点贫困的地区，留下来一直干5年、干一届的这帮人确实对一个地方是最了解的，对整个攻坚战比较好。但是里边一些个人的进退流转都是一时的，现在过来了，也就这样。肯定当时有一些纠结，但是过来也就过来了。
>
> 如果当乡镇书记的话，尤其是乡镇书记、镇长这一方，这么重要的位置，当一两年和当四五年，也完全不一样。像我这个确实还是出了蛮多成绩，乡村治理、党建，还有产业，现在都是河边的一张名片，然后各种成绩基本上都是后面这一两年出来的。要说给你当一两年，想无中生有做出点成绩很难，真的要想做成一件事，把一件事做漂亮了，确实还得有一些积累积淀。（访谈记录，编号：JCW202105）

在长期基层扶贫工作中，乡镇领导干部的责任和担当意识逐渐被唤起，他们积极发挥自主性，通过包装和创新项目来为本地争取优质资源，改善地方的基础设施和人民生活水平。桐城镇在每年初召开务虚会，让各个村提出需求，以此规划下一步思路，并致力于“结合群众的需求去做一些利于民生的实事”（访谈记录，编号：JCW202105）。这一举措已经先后为镇里新建了农业产业园、保障棚改、农贸市场、污水处理站和污水管网等基础设施，极大地便利了民众生活。随着脱贫攻坚接近尾声，完成脱贫任务的压力明显下降，脱贫成果巩固和乡村振兴政策成为中央的最新政策焦点。林书记迅速意识到，“需要尽快找点什么抓手”。在脱贫攻坚时期，大量资源主要分配给“戴帽”的贫困村，促使贫困村走向发展，却也带来贫困村和非贫困村之间发展不协调的问题。2020 年，中央一号文件宣布，将“逐步实现由集中资源支持脱贫攻坚向全面推进乡村振兴平稳过渡”。林书记迅速抓住上级精神，积极为非贫困村筹谋和分配资源，解决了非贫困村的多项基础设施建设问题。

> 2018 年之前投到贫困村的基础设施比较多，2020 年刚好新的政策说非贫困村要多多投，我们这边有古龙江等，很多桥都成危桥了，有些前年还有一场洪水，有几个都要被淹，然后我们也是去争取，就说涉及民生、安全等，去年争取了 1600 多万元，修了 5 座桥，群众获得感、满意度还是很高的。（访谈记录，编号：JCW202105）

调研中发现，乡镇政府不仅完成规定的脱贫攻坚目标任务，还会主动征求民意，通过包装项目的方式筹措资源，回应公众的民生需求。桐城镇政府干部积极作为，先后为镇里争取了新建农贸市场、保障棚改等项目。针对民众排污不便的问题，林书记还以环境保护为理念，向上级环保部门争取了超过 2000 万元的污水处理项目资金，在镇里建了 12 个污水处理站和污水管网等基础设施，极大地便利了民众生活。

> 在城建方面，比如群众讲镇里边这个市场太老旧了，要翻新。我们就去各个渠道找，最后发现发展改革委可能有一些这种资金可以争取，又包装项目，去自治区和市里头又跑，争取来 600 多万元，一个新的农贸市场现在也快建成了。然后自治区刚好也有保障性住房政策，我们也是各种包装，也争取了 200 套，把这些东西都建起来。有了这 200 套以后，还可以做一些配套的设施，再去找一找配套的，然后再去包装，做

一些科研申报，这几年也有将近1000万元的这种配套的基础设施。（访谈记录，编号：JCW202105）

2021年，中国进入脱贫攻坚和乡村振兴战略衔接的关键时期，这一时期，乡镇面临较大的政策不确定性和财政压力。尽管政策过渡期面临资金筹措的挑战，林书记仍努力争取行政和社会资源来解决民生问题。面对县级债务风险、银行贷款收紧和中央转移支付力度的下调，林书记积极和本地的国有企业建立合作，来解决地方治理中的现实问题。2020年，林书记无意间听到几个支书讨论电动车频繁失窃的事，产生了安装摄像头的想法。黄田县移动分公司有好多摄像头，该怎么去撬动它？林书记多次走访县移动公司，双方一同谋划出了“智慧桐城，共建智慧桐城”，打造智慧安防、智慧政务、智慧服务、智慧农业“四治格局”的新思路，最终如愿争取到了免费安装摄像头的福利。访谈中，林书记介绍起这项智慧安防项目的后续进展：“通过‘空手套白狼’让它（黄田县移动分公司）给我装了100多个摄像头，然后它还挺乐意的。移动北京的老总选了黄田作为他的扶贫点，后来还把他们老总给拉过来，来我们桐城考察，看他搞的这些智慧安防、智慧服务。”（访谈记录，编号：JCW202105）

当该镇的农业产业园面临资金缺口时，林书记采用智慧农业和有机农业的概念对园区进行包装，向上级政府申请投资5000万元，进而调动了社会资本。在访谈中，林书记分享了自己的筹资经验：“企业看到政府往里头投资了，它也有信心，社会资本投了两个多亿，所以这三个多亿砸下来，产业就起来了。”林书记积极寻求曾经在黄田县挂职的专家的意见，结合桐城镇的地方特色，总结出了以“组织融合”为特点的乡村治理现代化经验。因此，该镇被选定为市级乡村治理示范镇，并入选首批全国乡村治理示范镇。对此，林书记在接受访谈时表示：

你打造，我们又包装争取，像去年我们又投了500多万元，借各种渠道打造示范村，整镇推动“一委（部）两会三中心”治理体系，建

设基础设施，然后慢慢就把这些东西都撬动出来了。好多东西都是“谋”出来的。(访谈记录，编号：JCW202105)

表 5.1 列示了林书记任期内所做的代表性工作。

表 5.1　2016~2020 年桐城镇代表性扶贫项目

项目	包装概念	资金来源
新建污水处理站、污水管网	环境保护	市环保局、A 省环保厅共 2000 多万元
新建农贸市场	小城镇建设	A 省和市发展改革委共 600 多万元
修 5 座桥	民生、安全	专项资金 1600 多万元
新建保障棚改	基础设施建设	配套基础设施 1000 万元
新建农业产业园	有机农业、智慧农业	上级政府投资 5000 万元，撬动社会资本两个亿
安装 100 多个高清摄像头	智慧安防、智慧服务	黄田移动分公司
乡村治理示范镇、示范村	现代乡村治理	上级政府

资料来源：根据与乡镇书记的访谈内容总结。

国家推行基层领导干部稳定制度，目的是保证贫困地区政策的连续性。通过回顾 2015~2021 年乡镇贫困治理的情况，我们不难发现，在该制度背景下，乡镇官员能够立足地方现实需求，竭尽所能地谋划，充分发挥自主性争取各类治理资源。《桐城镇脱贫攻坚和乡村振兴有效衔接建议》提出，“我们的基层政权，要继续发扬脱贫攻坚精神，同时要善于做好本村的发展规划，善干还要善谋……不断完善党的基层执政体系”（2021 年 3 月 12 日）。林书记对本地脱贫攻坚时期开展工作的方法做出归纳：“乡镇如果想发展，一定是要立足项目投入的。通过各种方式去找项目，它才能有变化。这些东西书记、镇长如果说我就躲起来，我就不想做、不想担责，确实就没有（变化）。结合本地的一些工作，结合时代的需求，结合自己的重点工作，好好去‘谋’，深刻调研，然后发现这里存在问题，做一些改革。很多事是这么出来的，很多都是一个时代的产物。”（访谈记录，编号：JCW202105）上述政治过程推动乡镇基层贫困治理工作不断地得到发展，民生福利得到改善，也促进着贫困村和非贫困村间的平衡发展。

综上所述，从前基层政府因缺乏实质权威和财政权力，在一些需要发挥作用的基层治理领域缺乏支配力和管理权威，因此极度依赖上级的资源分配。脱贫攻坚时期，中央赋予了县级和乡镇书记更大的权力和支配力，将资源配置的重心下沉到基层政府组织，为其能动施策创造了必要条件。同时，地方政府在不断演化的制度情境中，积极开展政策创新，在一定程度上纠正了官场竞争中的激励扭曲，促进基层官员形成长效治理机制，从基础设施、产业发展、公共服务等多方面开展对辖区内贫困问题的综合治理，并对民众的需求做出响应（见图 5.2）。

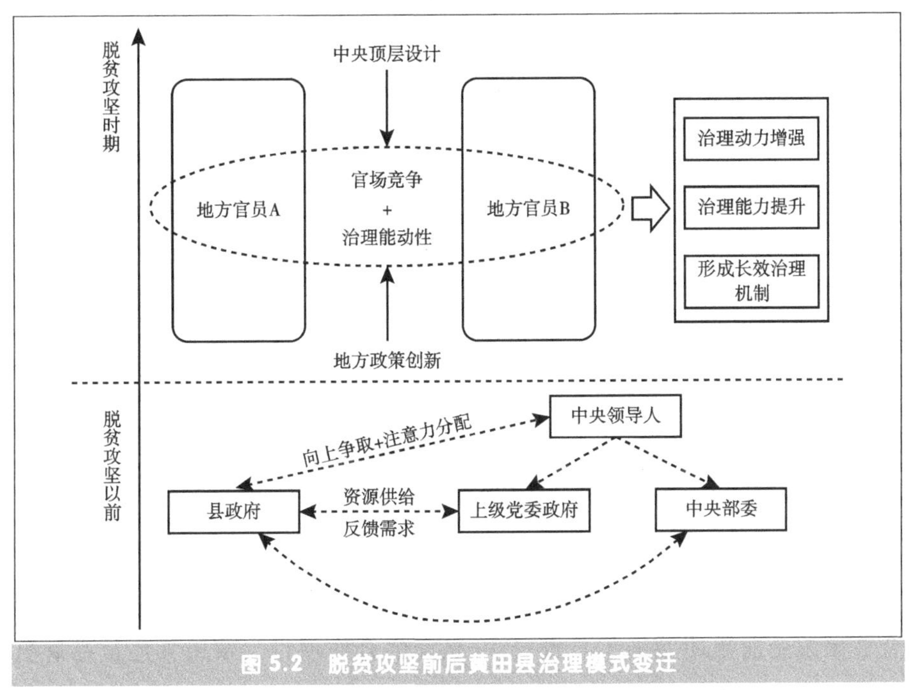

图 5.2 脱贫攻坚前后黄田县治理模式变迁

五　芒果产业发展背后：政府行为的历时分析

本部分以芒果产业为案例研究对象，通过长时间的追踪，勾勒出地方政府推动产业发展的实践图景，回应本章开篇提出的问题：扶贫项目如何在地方实现持续高效运作？历届政府选择延续扶贫项目的原因是什么？

（一）芒果产业政策优势的建构历程

黄田县摘掉国家级贫困县的帽子，当地芒果产业功不可没。2017 年，农业部发布《关于支持 A 省芒果产业发展有关意见的函》，支持以黄田县为代表的发展策略。该县芒果产业因此被列为全国特色优势产业带动精准脱贫的范例。黄田县在脱贫攻坚工作报告中这样描述本县脱贫攻坚的重点工作："抓好农业部支持以黄田为核心的 A 省芒果产业发展的重大机遇，将脱贫攻坚与芒果产业发展紧密结合，将芒果产业打造成脱贫致富的'样板产业'。"芒果产业已成为该县农民增收致富的主导产业，截至 2020 年，芒果产业覆盖全县 10 个乡镇 108 个村，涉及约 2.5 万户芒果种植农户，产业辐射带动 28 个贫困村，特色产业覆盖九成以上的贫困户。本书将黄田县芒果产业发展历程分为以下三个阶段。

1. 芒果产业确立与初步发展阶段（1980～2011年）

自 20 世纪 80 年代中期起，黄田县以其得天独厚的自然条件开始了小规模、零散的芒果种植，但这些早期尝试局限于质量较差的土品种，规模化不足。进入 90 年代，该县的芒果种植开始朝连片规模化发展，逐渐在河边市小有口碑。1996 年，经农业部认证，黄田县获得"中国芒果之乡"的荣誉称号。县政府通过举办文化活动如芒果文化节和国际芒果博览会，创造了招商引资的平台。2004 年，黄田芒果被评为省级名牌产品。在 2007 年的芒果文化节项目洽谈会上，县政府成功与中国最大的综合性旅游企业集团签署了总投资 70 亿元的合作项目。黄田县注重品牌打造，先后主动申请并获批多项产品认证。2008 年，县政府抓住国家打造 100 个红色经典旅游景点和河边市荣获"中国优秀旅游城市"称号的机遇，以市场化运作方式推动了芒果旅游业发展。2011 年，国家市场监督管理总局发布公告，宣布当地香芒获得国家地理标志产品保护认证，在法律层面上实现了对黄田芒果的保护。同时，县政府通过推出旅游和文化产品，促进芒果产业联动发展。黄田芒果文化节自 1996 年首次举办以来，已经成为中国规模最大的芒果类节庆活动。尽管行政动员短期推动了果农从事种植生产，但由于农业现代化水平低，芒果产业没有形成规模，截至 2010 年，县内还没有一家芒果加工企业。

2. 金融改革嵌入芒果产业阶段（2012~2016年）

作为全国扶贫开发综合改革试点县，黄田县坚持开发式扶贫方针，努力打造出具有黄田特色的“金融脱贫、产业脱贫、生态脱贫”三大脱贫模式。2008 年，黄田县成为国家农村金融改革试点县，创建了颇具创新的金融扶贫模式，打出政策“组合拳”，并于 2012 年入选国家农村改革试验区。黄田县以农村金融体制改革为契机，大力推动特色农业发展。黄田县创新“农户联保”模式，通过村民间的人际关系和社会资本构建了维护信用的村民共同体。从 2009 年起，黄田县开始采集全县农户信息，对全县农户进行信用评级，并建立信用体系。通过信用评级，贫困农民免于抵押和担保，信用等级越高，贷款额度越高。“信用村”的制度措施鼓励个人通过追求集体利益来实现个人利益，从而推动贫困村民自发地解决村民共同体面临的集体行动困境。

为了提高贷款后贫困农户抵御风险的能力，黄田县建立了农村保险体系，全县共开展芒果等 12 种扶贫特色产业政策性农业保险，其中，2011 年在全国首创芒果种植保险，将农村保险服务点建设到了全县所有的行政村。凭借其政策性农业保险创新，黄田县于 2012 年获得“全国农村保险示范县”称号，并于 2013 年获得“全国农村保险明星示范县”称号。黄田县不断加大财政对主要政策性保险产品的保费补贴力度，探索芒果等主要特色农业保险的保费补贴制度。此外，“一揽子保险计划”还纳入人身险、家财险作为社会保障兜底脱贫的补充。黄田县还推出“小农户+小贷款+小保险”的产业开发模式，让所有贫困户都拥有贷款的权利和资格。

金融扶贫机制解决了贫困户银行借贷难的问题，许多村民借此机会获取了产业发展资金，有效带动了贫困村特色产业发展。2016~2018 年，全县金融机构共发放小额扶贫贷款 2.38 亿元，帮助 5305 户建档立卡贫困户实现增收。截至 2020 年，累计有 1583 户贫困农户获得芒果贷款 0.69 亿元，极大地调动了农民种植芒果的积极性。

3. 芒果产业规模化、专业化发展阶段（2017年至今）

面临脱贫攻坚时期的考核和督查压力，县级政府更加注重以专业化的芒果产业提高贫困户收入。黄田县促进乡镇引进现代农业龙头企业，每个贫困村形成“一村一品”产业格局，充分发挥龙头企业的引领作用，以带动产业发展、促农增收。2016 年，黄田县抓住电商快速发展的契机成立全市首个电商协会，推动“电商+扶贫”融合发展。2018 年，A 省首个国家级芒果科研平台项目在黄田县落地，为 A 省乃至全国芒果产业转型升级提供良种保障。同时，芒果合作社成为芒果产业规模化和专业化发展的重要渠道。截至 2018 年底，全县共成立芒果合作社 55 家，辐射带动 28 个贫困村。此外，黄田县与京东集团联合，认证芒果基地，严格管控全产业链的各个环节。2019 年，黄田县芒果的种植面积达 33 万亩，其中近一半是过去 3 年发展起来的。如今，规模化和专业化的芒果产业已取得显著收益，芒果种植、加工、销售及旅游开发等构成的产业链初步成形，产业综合效应和品质不断提升。

（二）芒果产业政策的连续性：政治晋升正反馈和创新风险规避

虽然政府在支持和推动产业发展方面发挥重要作用，但这并不意味着每位官员都会积极维持产业稳定。自 2001 年以来，黄田县经历了五任县委书记和四任县长的更迭，历届主要领导都把芒果作为拉动当地经济发展的首要产业，保持了高度的政策连续性。该县坚持“一业为主、多元开发”的特色产业扶贫模式，多年来形成了以芒果为主，桑、药多元发展的特色产业优势。按照黄田县扶贫开发办公室的说法就是“一个模式抓到头，一张蓝图画到底”。同时，历届官员引导、推动和支持芒果产业发展的努力不仅维持了芒果产业稳定，还促使其持续改进并提升竞争力。这引发了一个国家治理的根本性问题：地方如此稳定有效的治理秩序是如何形成的？

接下来，我们将重点介绍几位书记任职的来源、离任去向，以及任职期间在芒果产业方面的工作安排，试图分析地方一以贯之的产业发展路线何以形成。

2001~2021 年，黄田县相继有五任县委书记。遵循学术惯例，我们借用百家姓中的排序，按就任先后分别称他们为赵书记、钱书记、孙书记、李书记、周书记。在这五任书记中，孙、李、周三人的任期恰好处于精准扶贫、脱贫攻坚实施期间。2001~2016年，赵书记、钱书记、孙书记三任书记离任后，书记一职均由黄田县委副书记兼县长接任。在任县委书记前，他们已经在黄田县工作了4~5年时间，在任职前都直接参与过芒果产业建设，对芒果产业有着高度的了解和认同，选择了延续既有的工作路线。2016年5月，河边市对各区县党政主要领导进行了大调整，原A省贫困县B县县委李书记被调任为黄田县委书记。然而，这一人事调动却违背了2016年4月中央组织部稳定贫困县党政领导正职的规定。于是，走马上任仅3个月后，李书记未能展开工作就被调离黄田县，该县的领导层再次发生重大变动。访谈中，黄田县副县长回忆道：

> 李书记就当了三个月书记，当时他是接的孙书记，后来因为规定国定贫困县党政正职不能动，中组部过来说："你们A省怎么把这些书记县长都给动了？都回去！"（访谈记录，编号：TDX202105）

随后，2016年8月，原农业部农产品加工局副局长周书记"空降"黄田县担任县委书记，并兼任河边市委常委。与前几任"本土提拔"的县委书记不同，周书记是中央垂直下派的"空降干部"，他不是A省本地人，此前也没有在黄田县工作的经历。相对于平行交流的官员，来自中央部委的垂直交流官员在任职前专注某一工作领域，在该领域具有更为丰富和专业的治理经验（刘玉海、赵鹏，2018）。此外，垂直交流的官员有利于促进上下级政府间的信息沟通，有力地推动上级政策意图在地方贯彻执行。由于此前长期从事农产品加工行业管理工作，周书记属于在"三农"领域长期耕耘的"专业型"干部，对农业产业发展十分重视，也具备丰富的"三农"治理经验。与此同时，凭借其在农业农村部的高层职位和广阔视野，周书记对国家"三农"政策意图有着深刻理解，这使他能够提出科学合理的工作方向，为黄田县带来新的政策思路和发展机会。

就职之后，周书记亦将主要精力投入当地农业优势产业的发展，通过整合涉农资金、开展现代化及规模化经营等方式，进一步促进了包括芒果产业在内的产业扶贫。对此，桐城镇党委书记表达了自己的观点：

> 涉农资金整合黄田做得算是最充分最彻底的了，其他的县可能整合得没有那么大力度，我们整合了资金以后就是扶大、扶优、扶强，打造产业园、产旅融合等。像我搞天成农业也是基于这个政策这几年才投入这么多，而且撬动了很多社会资金进来。因为周书记以前在农业部，每年他都参与起草一号文件，能深刻感受到这种涉农资金撒胡椒面不出成效。所以来了以后，他就从农业部、全国这种高度谋划推动这个事儿。(访谈记录，编号：JCW202105)
>
> 从中央下派的主要领导站位高，对国家政策理解透彻，对各种风险预判比较到位，善于抓住政策与地方实际的融合，从而对全县扶贫工作思路能够提出科学合理的指导意见。(访谈记录，编号：NBH202105)

由表 5.2 可知，2001 年以来的四任县委书记都在任职不久后被提拔至河边市副市长或市委常委，成为副厅级干部。而且，在离任县委书记后，几任书记的仕途都呈现上升趋势：赵书记全职担任河边市副市长，钱书记升任 A 省党委副秘书长、办公厅副主任，孙书记则调往另一座地级市委担任市委常委、副市长候选人，李书记调入河边市人民政府担任党组成员、秘书长、市人民政府办公室主任、党组书记职务。当前任获得提拔，对于继任官员来说，沿袭前任发展产业的成功经验并推动产业走向更好的发展，就成为工作基础最好、风险最小的选择（刘蓝予、周黎安，2020）。前任官员晋升对继任官员的正向激励效应，也随着县委书记在任时获得提拔频次的增加而不断积累。

地方政府在创新行动中面临风险规避和行政绩效两个目标的约束。一方面，地方政府会选取有关主体认可的要素实施创新，特别是会尽力争取上级认可，以规避创新风险；另一方面，地方政府会扩大创新要素规模和增强要素组合程度，以获取行政绩效（冯猛，2020）。地方官员的工作离不开上级领导的支持和资源投入，继任官员如果希望获得提拔的机会，也必须获得上级领导的肯定。可以发现，赵、钱、孙、李四位离任书记中，除了孙书记之外，离任书记都成为继任书记的上级领导。在县域治理中，有一句俗语："老大难老大难，老大重视就不难。上级主官重不重视、推不推动、力度怎么样，对一个地方影响还是很大的。"（访谈记录，编号：JCW202105）

因此，继任书记通过继续推动前任所部署的芒果产业发展战略，实现了对上级偏好和地方发展诉求的双重回应，既有助于争取更多资源倾斜，又表达了对上级工作的支持。

从芒果产业发展战略来看，2012 年以前，赵书记和钱书记主要以行政动员推动芒果产业发展，同时探索市场化路径。自 2012 年黄田县成立 A 省首家县级农村产权交易机构以来，2012~2016 年，孙书记将金融扶贫作为工作重点，使其成为黄田县扶贫工作中的亮点。但是，随着科技的迅猛发展，金融扶贫发展面临升级挑战，很难像从前那样为新一届政府创造突出政绩。2016 年以后，黄田县在改造升级旧有的农村金融体系的同时，开始强调涉农资金整合，采用"集中力量办大事"的思路推动特色产业规模化、专业化发展，使之成为新的扶贫亮点。正如黄田县一位县级官员所言："以前的支付体系我们搞 POS 机，现在马云一个二维码全都解决了，你怎么去搞一个新的东西？我们也是一直提要打造金融扶贫升级版，但是升级版再升级，可能也做不到以前的那种高度了。"（访谈记录，编号：LXZ202105）

可见，政府作为能动主体，根据外部情境变化采取多种策略为芒果产业的持续发展赢得了发展空间。各届政府官员总体上倾向于采取新的政策工具、创新政策工具组合、努力吸收资源等行动策略来强化前任的产业政策效果，从而以最小的风险获取高期望收益。

为了进一步对比几任县委书记任期内县政府的工作安排，我们收集了 2008~2021 年黄田县政府工作报告（见附录）。通过对黄田县政府工作报告的分析我们看到，黄田县历届政府对芒果产业发展有着持续追求，借助各类资源壮大芒果特色产业。自 2016 年以来，县政府发展芒果产业的努力程度明显加大，这与新任县委书记受到的晋升激励有很大关系，也与县委书记在"三农"领域的职业经历密切相关。

表 5.2 黄田县委书记履职经历

书记代号	任职时间	任职时长(个月)	籍贯	学历	任职时年龄(岁)	任职前职务	任职前在黄田工作时长(年)	提拔正(副)厅级时间和职务	离任后去向	芒果产业政策工具
赵	2001 年 1 月 ~ 2006 年 2 月	61	A 省	研究生	44	黄田县委副书记、县长	5	2006 年 2 月 河边市副市长	河边市副市长	行政动员
钱	2006 年 7 月 ~ 2012 年 6 月	71	A 省	研究生	43	黄田县委副书记、县长	4	2009 年 4 月 河边市委常委	A 省党委副秘书长、办公厅副主任	行政动员 + 市场化探索
孙	2012 年 6 月 ~ 2016 年 5 月	47	山东	研究生	36	黄田县委副书记、县长	5	2013 年 6 月 河边市委常委	A 省 H 市委常委、副市长候选人	金融工具嵌入芒果产业
李	2016 年 5 月 ~ 2016 年 7 月	3	A 省	在职大学	46	A 省贫困县 B 县委书记	0	2019 年 4 月 河边市副市长	河边市人民政府党组成员、秘书长、市人民政府办公室主任、党组书记	—
周	2016 年 8 月 ~ 2021 年 7 月	59	湖北	研究生	44	农业部农产品加工局副局长	0	2020 年 12 月 一级巡视员	农业农村部发展规划司	整合涉农资金，开展现代化、规模化经营

注：“—”表示无数据。

资料来源：笔者根据当地政府资料、调研和网络公开资源制作。

由附录B可知，2006~2012年钱书记担任县委书记期间，黄田县政府延续了上一届政府在芒果品牌推广方面的工作，继续举办黄田芒果文化节，推进芒果大道的规划设计和施工工作。在保障产量的基础上，县政府还积极开拓海外市场，将黄田芒果出口至日本、英国、加拿大等国家。同时，黄田县在芒果特色农业基地建设方面取得突破，2011年，“黄田香芒”成功获得国家地理标志产品保护认定，这为当地的农产品提供了法律保障和品质认证。县政府还在2011年出台的“国民经济和社会发展第十二个五年规划纲要”中将芒果和香蕉作为主攻的水果项目，大力推进实施“优果工程”，引进推广优良品种和改良技术。

2012年7月，黄田县党委班子换届，钱书记升任河边市委常委，原县长孙书记则升任县委书记。“新官上任三把火”，用黄田县政府文件中的话来说，新任领导班子需要“从思想上、作风上、工作上求新、求变、求实，以新理念构建新思路”。然而，黄田芒果产业的总体发展思路却依旧延续了下来。孙书记担任县委书记期间，县政府仍旧将芒果产业作为重点项目进行部署，对产业发展起到了重要的推动作用。同时，黄田县建成了电子商务平台，拓展电商服务和物流站点，带动芒果整体销售量增长。政府文件显示，在2012~2014年黄田县种植业助农增收计划中，芒果产业的计划年均增长率达到了47.24%，位列所有主要项目之首。

2016年，中央打响了脱贫攻坚战。由于孙书记在黄田县履职期间出色的工作能力和工作业绩，不到40岁的他于2016年5月调任A省另一地级市，成为该省众多地级市中最年轻的市委常委。3个月后，农业部农产品加工局副局长周书记空降而来，担任新一届黄田县委书记。

周书记任期内（2016~2021年），黄田县芒果产业蓬勃发展，频繁出现在政府工作报告的成果展示和来年工作规划中，产业发展力度持续加大。周书记曾在农业部农产品加工局工作，特别重视芒果产业的提质增量，加速推进特色品牌化进程，充分利用国家支持A省芒果产业发展的政策机遇，积极推进国家级芒果产业创新示范园创建工作，推进芒果标准化建设、机械化生产、现代化管理、集团化经营，不断提升黄田芒果的核心竞争力。

自2018年起，中央和上级政府建立了一系列考核机制，将产业扶贫纳入贫困县扶贫成效考核和党政一把手离任审计，明确了长期稳定的脱贫产业项目是贫困县领导干部工作的重要目标。[①] 这一制度将产业发展与贫困县领导干部职业前途挂钩，鼓励地方发展那些短期难见效的脱贫产业项目，进一步强化了贫困县党政领导推动芒果产业的官场激励。在周书记的大力推动下，2018年以来黄田县建起了一系列芒果扶贫产业基地，挂牌成立了芒果研究中心、现代农业芒果产业园、特色农业示范区、芒果种质资源圃、农产品加工与物流产业园等，大力发展芒果电商销售。此外，周书记还支持创办了首届芒果博览会，开展中国芒果特色小镇建设，进一步巩固了黄田芒果作为中国特色农产品的优势地位，并推动形成结构合理、链条完整的芒果优势特色产业集群。尽管县委书记屡次发生变化，但对芒果产业的持续支持和推动体现了历届政府发展思路的连续性，这为芒果产业壮大和地方经济发展奠定了基础。

六　小结与讨论

本章通过中国西南黄田县贫困治理和特色产业发展的纵向案例，用丰富的定性资料刻画了县级和乡镇政府在治理实践中如何与上级政府和社会各界互动，以及顺利突破地方发展要素短板，促进治理绩效持续生成的过程。对县级和乡镇治理形态的分析表明，尽管中央自上而下的压力不断强化，但在一系列干部管理体制创新和官员稳定制度的激励作用下，地方官员在实现治理目标的实践中不仅是完成行政任务，还展现出自主性和能动性，通过整合各方资源开展对辖区内贫困问题的综合治理，实现了对上级政府和人民群众的持续回应。芒果产业的发展是黄田县近年来经济腾飞的一个缩影，芒果产业的持续发展伴随着黄田县域经济的整体飞跃。分析发现，历届地方政府对

---

① 继2018年6月《中共中央 国务院关于打赢脱贫攻坚战三年行动的指导意见》，2018年12月，河边市委、市人民政府印发《关于打赢脱贫攻坚战三年行动的实施方案》，将产业扶贫工作纳入贫困县扶贫成效考核和党政一把手离任审计。

特色产业发展的持续扶持是黄田芒果产业崛起的重要经验。前任官员获得提拔作为一种正向反馈，驱动着继任官员进一步强化对芒果产业发展的投入，这对维护产业政策连续性至关重要。此外，随着外部环境的演进和宏观政策导向的转变，地方政府也会不断调整产业发展战略，巧妙融入创新的政策元素以展现其治理思路的独特性，从而确保了芒果产业的长期稳定发展，同时也促进了短期内行政绩效的提升。

本章的理论贡献主要体现在两方面。第一，当前许多案例研究对案例的动态性和时间性关注不足，导致难以充分解释制度设计与治理成效之间的因果传递链。本书通过单案例纵向研究设计，深入剖析并比较了不同阶段的制度设计及其所形塑的地方政府行为逻辑；通过对制度设计和地方政府行为相关理论的拓展，为理解中国农业产业开发成效差异的深层次机理提供来自中国老少边地区的实证证据。第二，研究揭示贫困治理实践打破项目制运作困境的内在逻辑，丰富了央地关系架构下地方治理的案例研究。本章通过分析最不可能案例，为理解中国产业政策运作的独特景象提供了新的视角，增进了我们对地方如何在纵向时间维度上引导、推动和助力特色产业发展并产生经济绩效的认识。

本章对深度访谈、政策文本、会议记录、历史录音、媒体报道等多重数据资料进行了深入研究，旨在尽可能地回顾和还原贫困县产业发展及贫困治理的历史语境。作为一项探索性案例研究，本章重点在于厘清地方政府贫困治理行为与官员政治激励的内在联系，所进行的归纳是“分析性归纳”（analytic generalization），这种归纳方法的缺点是未考虑个案的特殊性和竞争性理论（rival theory）（Yin，2018）。例如，一个替代性解释就是，上级政府有目的地安排具有某种特质的官员担任黄田县委书记，而黄田县芒果产业的持续发展只是由某些不可观测因素所导致的。为了系统地检验本书的理论逻辑，增强实证发现的外在效度，需要运用“统计性归纳”，通过更严格的解释性研究和基于大样本的定量研究设计来检验治理绩效可持续性的各类情境条件、动力与阻力。

第六章

脱贫攻坚政策绩效实现机制

——来自国家级贫困县脱贫的经验证据

上一章通过探索性案例研究，分析了单个贫困县的政府治理实践，揭示出治理实践中地方政府的行为逻辑以及政策绩效形成的机制。为了对上述观察进行更为系统的检视，本章尝试回答两个相关的问题：地方官员更迭是否会影响其辖区的贫困治理；如果有影响，则影响机制可能是什么。下文着重围绕这两个问题展开分析，系统地论述地方官员更迭影响和决定政策绩效的内在机理。本书认为，解释贫困治理绩效地区差异的关键在于正确分析地方官员在脱贫进程中的行为逻辑。基于第四章所述制度背景，本章将依据“官员更迭—政策连续性—脱贫攻坚绩效”的理论逻辑，选取整个脱贫攻坚时期国家级贫困县的贫困治理历程为对象开展定量研究。本章将对国家级贫困县从“戴帽”到“摘帽”的两个关键阶段过程进行深入分析，从实证层面识别国家级贫困县治理实践的规律和影响因素。

一　研究方法

出于理论和现实考量，本书将贫困县的治理过程分为“戴帽”和“摘帽”两个阶段，并采用 Heckman-Cox 嵌套模型建模。第一阶段以贫困县“戴帽”为因变量，估计哪些因素影响着一个县被纳入国家级贫困县序列。第二阶段以贫困县“摘帽”为因变量，使用 Cox 比例风险模型及其拓展形式检验县级官员更迭所带来的政策不连续对贫困县脱贫进程的影响。

在第一阶段，观测值来源于 22 个有脱贫任务的省区的 1948 个县级行政区。为了减小对照组和入选国家级贫困县的区县在地区发展水平、自然地理条件等方面的差异，本书同样以 2012 年被各省份调出的 34 个前国家级贫困县为对照组，得到了与下文高度一致的结果。因变量为二元哑变量，表示区县是否“戴帽”，我们选择 Probit 模型进行估计。根据现有文献和实证材料已揭示的影响贫困县身份确立的因素，本书纳入了入选国家扶贫重点县的影响因素，大致分为经济因素、政治因素和地理位置因素（郭君平等，2016）。经济因素包括 2012 年县居民人均存款余额、县财政能力（财政收入/人口）、县人均地区生产总值，地理位置因素包括贫困县的经纬度和平均海拔，政治因素为贫困县是否为革命老区县。

Heckman 两阶段模型要求第一阶段模型中至少包括一个工具变量，且该变量不出现在第二阶段模型中。按照这一要求，我们需要寻找影响进入国家级贫困县序列但并不直接影响其脱贫“摘帽”的变量。[①] 本书选取 2012 年各县的社会经济指标以及贫困县是否为革命老区县作为工具变量。既有文献发现，区县的革命历史影响其入选国家级贫困县的概率（Park et al.，2002）。同时，2012 年各县的上述社会经济指标影响其被省政府选定为国家级贫困县的概率，却又与脱贫攻坚时期贫困县“摘帽”的速度不直接相关，因而满足工具变量的排他性和相关性约束。检验国家级贫困县“戴帽”的估计方程如下：

$$Probit(entry_{ij} = 1) = \alpha Z_{ij} + \rho\theta_j + \mu \tag{6.1}$$

式（6.1）为第一阶段选择模型，估计 i 县入选国家级贫困县的概率。$entry_{ij}$为二元哑变量，当 i 县入选国家级贫困县时取 1，未入选时取 0。Z_{ij}为关键解释变量，表示 i 县 2012 年经济指标包括县人均生产总值、县级人均财政收入、居民人均存款余额以及县海拔、经度、纬度等自然地理指标。θ_j是省级控制变量。μ 为随机误差项。

自 2016 年起，各省份的贫困县开始陆续宣布脱贫“摘帽”。在第二阶段，以事件历史分析（Event History Analysis，EHA）的方式构造数据集。对于每一个国家级贫困县，纳入其 2016 年到其脱贫“摘帽”年的观测值。本书估计扶贫政策对贫困县脱贫“摘帽”进程影响的回归方程如下：

$$h_{ij}^{removal}(t) = h_0(t)\exp(\alpha\, Turnover_{ijt} + \beta_1 Z_{ij} + \beta_2 \theta_j + \beta_3 \Pi_c + \gamma\lambda_{ij}) \tag{6.2}$$

式（6.2）为第二阶段 Cox 比例风险模型，表示贫困县脱贫“摘帽”的情况。$h_{ij}^{removal}$（t）是 j 省贫困县于何时脱贫“摘帽”的风险函数，α 为核心解释变量的待估参数。Z_{ij}同时出现在式（6.1）和（6.2）中，是同时影响贫困县“戴帽”和“摘帽”的特征变量，具体包括如下变量：县财政能力、

① 第二阶段中革命老区县的回归系数并不显著。

县人均地区生产总值、县人口密度、贫困村数量、是否同时为扶贫工作重点县和连片特困地区县、是否为革命老区县、县地理坐标和海拔、近邻效应。Π_c、Z_{ij}、θ_j分别为官员个体、县级和省级层面的控制变量，式中还纳入了第一阶段所产生的逆米尔斯比率 λ_{ij}。

二 数据来源

（一）贫困县脱贫时间数据库

在田野观察和文献调研的基础上，为了进一步以大样本分析检验本书理论假说，笔者开展了系统性的数据收集工作。本书以 2012 年公布的国家级贫困县为研究对象，首次构建全国 22 个省份（港澳台除外）211 个地市 832 个县级行政区，2012～2018 年县委书记个体特征信息和辖区经济匹配数据库。为了检验什么因素影响国家级贫困县“戴帽”，本书纳入了 2012 年 22 个有脱贫任务的省区的 1948 个县级行政区的社会经济变量。

本书采取三角验证法（triangulation）交叉验证数据，建立了贫困县脱贫资料库，步骤如下：①通过北大法宝、各省份扶贫办官网、媒体报道等公开信息途径收集省人民政府关于批准退出贫困县的通知，确定经过贫困县申请、市扶贫开发领导小组初审、省扶贫开发领导小组验收、第三方检查评估后判定达到退出条件，在省级政府完成公示并正式批准退出的具体日期；②通过申请信息公开的方式收集“十三五”时期各省份对贫困县的规划脱贫年份；③与国家公开的脱贫节点进行对比核实，确保数据的权威性和可靠性。

（二）县委书记个人信息数据库

本研究收集整理 832 个国家级贫困县县委书记个人信息数据库（Poverty County Leader Database，PCLD）。这些国家级贫困县是 2012 年国务院扶贫开发领导小组所确立的 832 个国家扶贫开发工作重点县，数据库涵盖 2012～2021 年 832 个贫困县县委书记的个人信息和职业轨迹。数据库中总共涉及

1732位县委书记。数据库内5680余条履历信息均以标准化格式编制，每条信息均标注相关信息来源链接或原始文本，方便研究者查询比较并根据自己的研究需求构建变量。

数据采集过程如下：①数据库通过城市年鉴和县区年鉴确定贫困县领导人；②通过新华网、人民网、择城网、百度百科、县政府网站、统计年鉴、媒体报道、田野调研等线上和线下途径搜集信息，补充个人资料，对于个别无法通过公开途径获得的个人信息，通过调研进行补充；③将县委书记与县年度数据进行匹配。本书采取与Zhu和Zhang（2016）相同的规则：当官员在某年6月30日之前在任时，则视其为当年在任县委书记。当某年有两位或更多位县委书记任职时，将取该年内任职时间最长的作为当年在任的县委书记。

（三）县级官员变量基本特征和描述性统计

2012年至贫困县脱贫年，县委书记的平均年龄是49岁，有56.7%的县委书记最高学历是研究生，95%的县委书记为男性。

官员的履历数据展示出每位县委书记的职业路径。在职业经历方面，基层任职经历是贫困县县委书记最为鲜明的特征：88.22%（1528名）的县委书记有县级及以下基层工作经历，就任前在本县履职的占42.73%（740名），其中担任本县县长的占34.70%（601名），做过乡镇党政一把手的占17.32%（300名），任职前有企业工作经历的占13.22%（229名）。

另外，省内的跨层级调动是精准扶贫时期贫困县县委书记任命的另一特征。在就任县委书记前有过本省省级机关或省内市级机关工作经历的官员占76%（1312名），仅有7%（115名）的官员为外省调入。76%的县委书记有地级市或省一级机关和部门的工作经历，62%的县委书记曾经在重要部门（如办公室、组织处、团委等）或重要职位（如市长助理、副市长、市委办公室主任、市委办公厅秘书）任职。

官员数据库还记录了贫困县县委书记离任后的去向。从去处来看，1732名县委书记中，476名县委书记（27.48%）离任后实现了升迁。县委书记的主要晋升去向包括省直部门副厅长、省政府副秘书长、地级市市委常委、副市长、地级市纪委书记、省委常委、省纪委书记、国家级园区正职等副厅级职位。①

三　变量测量与描述性分析

（一）被解释变量

本书使用的第一个被解释变量为国家级贫困县名单第三次调整时，某个县级行政区是否获得国家级贫困县身份。第二个被解释变量为贫困县脱贫攻坚绩效。目前，对脱贫攻坚绩效的测量并没有统一的标准。一般而言，脱贫攻坚绩效主要体现在减贫和增收两个方面，现有研究通常使用贫困人口收入增长率、脱贫率、贫困发生率作为衡量扶贫成效的主要指标（倪大钊等，2020）。由于中国832个贫困县的基础贫困人口、贫困发生率差异较大，且数据缺失严重，无法通过追踪这些具体经济指标的动态数据来确定绩效高低，因此，本书舍弃了以减贫人数或贫困发生率变化作为脱贫攻坚绩效衡量指标，而是综合考虑中国各地区贫困县脱贫“摘帽”的实际情况，采用贫困县“摘帽”时间作为贫困县整体脱贫攻坚绩效的综合测量指标。

国家级贫困县脱贫“摘帽”须经历“县级自评—州市初审—省级核查—中央抽查—省政府批准退出”的验收流程，凡符合退出条件的贫困县脱贫须经中央专项检查后，由省级政府批准“摘帽”。为确保贫困县脱贫实际时间信息的权威性，降低因信息来源不可靠和信息缺失造成的偏差，本书采用贫困县“摘帽”的实际时间衡量其脱贫时间。在本书中，如果贫困县 i 在年份 t 通过专项评估检查并获省政府批准退出贫困县序列，则该年份变量就被编码成“1”；此前的所有年份，该变量均被编码为“0”，年份 t 之后

① 在本书中，升任市人大常委会副主任、市政协副主席等非一线领导岗位不算作升迁。

的资料则被剔除。

中国基层减贫进程与中央的顶层设计和省级政府的脱贫规划息息相关。为了考察各贫困县实际获准“摘帽”时间与各省份规划“摘帽”时间的偏差，本研究对各省份“十三五”脱贫攻坚规划、打赢脱贫攻坚战三年行动计划等政策文本进行细致梳理。研究发现，一部分省份主动公开了贫困县脱贫“摘帽”的详细年度规划，而部分省份只公开了年度脱贫“摘帽”县总数而未列出具体清单，还有一些省份未将相关安排写入规划。在此基础上，本研究向各省扶贫开发办公室申请信息公开，并结合政府门户网站等权威平台，整理了各省份国家级贫困县的年度脱贫规划时间表。

根据多方搜集来的资料，本书将国家级贫困县脱贫“摘帽”的规划情况与实际差异总结如下，如表 6.1 所示。表中（1）和（2）列分别展示了 2016~2020 年各省份实际和规划完成的国家级贫困县“摘帽”个数，（3）~（8）列展示了能够获取规划脱贫年份的贫困县中，实际“摘帽”时间与规划“摘帽”时间之差。如表 6.1 所示，在整个脱贫攻坚时期，贫困县的实际退出时间和各省份规划的退出时间存在明显差异。大约 56%的贫困县恰好在全省规划的退出年份实现“摘帽”，有 39 个贫困县早于省定规划时间提前脱贫，这些县的提前脱贫往往是县政府主动进取的结果。然而，依旧可以发现，有 118 个县晚于省定规划时间脱贫。在获取到公开数据的 18 个省（自治区）中，提前脱贫的区县主要集中在西藏、山西、甘肃、贵州等地区，而在新疆、西藏、青海、云南、广西、山西、贵州等地，也有一些区县的脱贫时间有所推后。例如，和田地区的洛浦县在《新疆维吾尔自治区“十三五”脱贫攻坚规划》中被列为 2017 年“摘帽”县，却直到 2020 年才实现脱贫，晚于规划时间 3 年。

对于本书而言，上述规划脱贫时间与实际脱贫时间的差异恰恰说明，贫困县脱贫并非铁板一块地执行上级行政指令的政策过程，其背后可能隐藏着复杂的政治动因。如果要对其内在规律做出科学总结，还需要进一步采用严谨的统计分析方法。

表 6.1　2016~2020 年国家级贫困县脱贫“摘帽”的规划与实际差异

年份	实际“摘帽”的贫困县个数（个）	规划“摘帽”的贫困县个数（个）	实际时间—规划时间					
			提前 2 年	提前 1 年	按时退出	推迟 1 年	推迟 2 年	推迟 3 年
	(1)	(2)	(3)	(4)	(5)	(6)	(7)	(8)
2016	31	47	0	0	24	0	0	0
2017	125	126	2	11	62	21	—	—
2018	283	235	4	13	157	29	2	—
2019	341	274	—	9	212	31	13	—
2020	52	28	—	—	15	17	4	1
总计	832	710	6	33	470	98	19	1

注：受到数据可能性限制，仅获得 18 个省共 627 个贫困县的年度“摘帽”规划，因而各年份提前退出、按时退出和推迟退出的贫困县个数之和少于实际“摘帽”的贫困县总数；“—”表示无数据。

（二）解释变量

本书使用县委书记的变更来衡量地方政府官员的变更。县委书记作为地方党委“一把手”，是地方政府权力的集中行使者，对于辖区内经济社会发展方向具有决策权（周黎安，2017）。脱贫攻坚实行“一把手”负责制，在“五级书记抓扶贫”的权责划分下，县级党委承担县域贫困人口脱贫的主体责任。县委书记作为贫困县脱贫“摘帽”的主体责任人，负责制定本地扶贫政策和项目，在权力和资源上具有绝对权威和影响力，能够影响县域扶贫目标的实现与否。因此，本书采用县委书记更迭来表征县域领导干部变更。

为考察年际的官员更迭对当年脱贫“摘帽”概率产生的短期影响，本书参考曹春方（2013）、戴亦一等（2014）对“官员变更”的定义和测量方法，将 6 月 30 日以前县委书记发生变更的，视作当年发生变更，当年记作 1；若 7 月 1 日以后县委书记发生变更，下一年记作 1。同一年中上半年旧书记离任，下半年新书记继任的，则视官员更迭发生于当年，当年记作 1。“书记更迭”变量的均值为 0.198，说明在 2012~2018 年，832 个国家级贫困县的县委书记发生 1112 次更迭，占观测值总数的 19.8%。因此，在脱贫攻坚时期，贫困县主政官员更迭作为一种重要的政治现象，值得学者加以关注。

官员更迭不仅是影响当年政府行为的瞬时事件，而且会对未来若干年的地方治理产生长远影响。既有官员更迭的研究大都关注其造成的政策不确定性对企业投资行为和宏观经济波动的影响，其影响力集中在时间点附近（王贤彬、黄亮雄，2020）。为在更长的时间跨度内衡量官员更迭带来的影响，本书还纳入了“累计更迭”变量，界定为 2012 年起至贫困县脱贫年份，贫困县县委书记更迭累计发生的次数。累计更迭均值为 0.9，最小值为 0，最大值为 4，表明 2012 年以来贫困县平均发生 0.9 次县委书记更迭，最少经历 0 次县委书记更迭，最多经历 4 次县委书记更迭。[①]

虽然我们无法直接对贫困县扶贫政策不连续进行测量，但是任何政策产生或变动的背后都存在主政官员的影响，利用官员更迭作为政策不连续的代理变量已经得到国内外学者的认同（杨海生等，2015）。中共中央、国务院于 2015 年 11 月 29 日颁布《关于打赢脱贫攻坚战的决定》，规定“脱贫攻坚期内贫困县县级领导班子要保持稳定，对表现优秀、符合条件的可以就地提级”，在遏制县级干部短期行为的同时，以“提拔不离岗”的新机制对贫困县官员进行激励。由于相关制度约束，县委书记更迭为检验官员更迭导致扶贫政策不连续的理论逻辑提供了一个较为保守的度量。

图 6.1 展示了 2012~2018 年全国各地贫困县县委书记更迭比例及平均任期。由折线走势可知，2012 年和 2016 年是县委书记更迭大年，2014 年是更迭小年。2016 年以后，受国家“冻结”贫困县领导班子的政策限制，贫困县县委书记更迭次数锐减。需要说明的是，2016 年以后，仍然有部分尚未“摘帽”的贫困县出现一次甚至多次县委书记更迭，为考察县委书记更迭带来的政策不连续的影响提供了条件。根据统计和调研考察，前任提拔、调入市里、跨省流动等工作调动安排是官员更迭的主要原因，前任违纪比例

---

① 少数县个别年份发生多于一次人事更迭，官员短暂任职即调离的情况不计算在内。

仅占约10%，由前任死亡、辞职、退休等“异常”原因导致的官员更迭仅属个例。从图6.1可以观察到，2012~2018年县委书记的平均任期总体呈现增加态势，在2016年略微降低后持续增加。

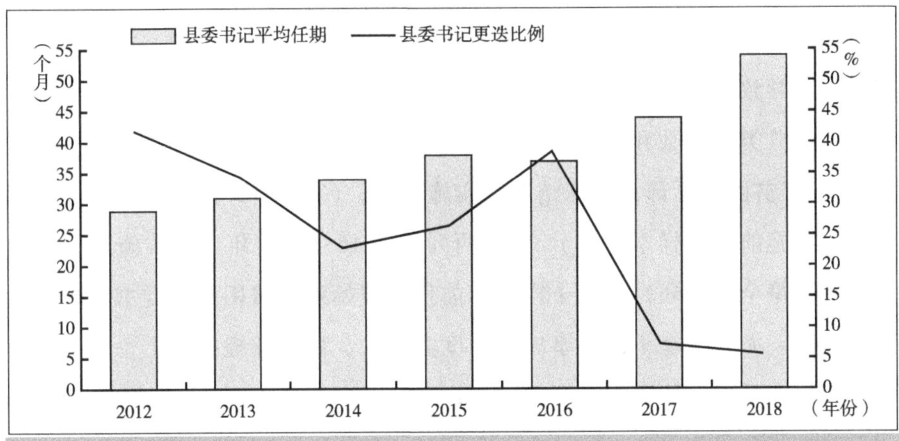

图6.1 2012~2018年贫困县县委书记更迭比例及平均任期

注：柱状图代表各年贫困县县委书记的平均任职时间，折线图代表各年贫困县中发生县委书记更迭的县的比例。

本书就2012~2018年贫困县县委书记更迭的原因进行系统的甄别和统计。对更迭原因的分类和定义如下：①前任提拔，我们使用较为严格的方式定义提拔，离任官员不仅要实现行政级别的提升，还需要占据一线领导岗位，包括省直部门副厅长、省政府副秘书长、地级市市委常委、副市长、市委副书记、地级市纪委书记、省委常委、省纪委书记、国家级园区正职等，而升任市人大常委会副主任或市政协副主席不视作晋升；②前任调入市里，表示离任官员由贫困区县调入省内地级市政府、党委、人大、政协、事业单位、国企等的非一线领导岗位；③前任省内平调（within-province lateral transfer），表示离任官员由贫困县调入所在省份的其他县级行政区任职；④前任调入省里，意味着离任官员调入省政府、党委、人大、政协、事业单位、国企等的非一线领导岗位；⑤前任跨省平调（cross-province lateral transfer)，表示离任官员调入其他省份部门和机关单位任职但未担任上一级领导岗位；⑥前任被查，此处所谓的“被查”包含以下两种情况，一是县委书记在任时被宣布接受组织调查，二是县委书记离任后没有新的工作安排，经过一段时间后被宣布落马；⑦前任死亡，指前任官员死亡导致官员更迭；⑧前任退休，指前任官员退休导致官员更迭；⑨前任辞职，指前任官员辞去职务导致官员更迭。

对各分类的频数和频率统计结果如表 6.2 所示。(1)(2) 列为全样本，以 2016 年贫困县干部人事冻结制度实施为界，(3)(4) 两列为 2012~2015 年制度实施前的子样本，(5)(6) 两列为 2016~2018 年制度实施后的子样本。无论是全样本还是分段子样本，前任提拔始终是贫困县县委书记更迭的主要原因。尤其是在干部人事冻结制度实施后，由前任提拔为上一级主要领导造成的官员更迭比例上升至 33.54%。

表 6.2　贫困县县委书记更迭原因分类汇总

单位：人，%

更迭原因	(1)	(2)	(3)	(4)	(5)	(6)
	(2012~2018 年)		(2012~2015 年)		(2016~2018 年)	
	频数	频率	频数	频率	频数	频率
前任提拔	299	26.89	191	24.18	108	33.54
前任调入市里	194	17.45	118	14.94	76	23.60
前任省内平调	80	7.19	54	6.84	26	8.07
前任被查	67	6.03	31	3.92	36	11.18
前任调入省里	43	3.87	24	3.04	19	5.90
前任跨省平调	35	3.15	22	2.78	13	4.04
前任死亡	6	0.54	4	0.51	2	0.62
前任退休	1	0.09	1	0.13	—	—
前任辞职	1	0.09	—	—	1	0.31
未知	386	34.71	345	43.67	41	12.73
总计	1112	100	790	100	322	100

注：“—”表示无数据。

资料来源：根据收集的贫困县县委书记个人信息数据库制作。

从官员空间流动的角度来看，地方官员流动边界取决于上级人事机构的管辖范围，中国县（处）级官员的流动范围通常局限于所在地级市的不同部门或所属行政区域的其他区县（周雪光等，2018）。与周雪光的这一论断一致，前任官员调入市里是县委书记更迭的第二大原因，所占比重为17.45%。在干部人事冻结制度实施前，此类更迭占更迭总数的14.94%，制度实施后，此类更迭的比重上升至23.60%。前任省内平调、调入省里、跨省平调是较为次要的原因，在各样本时期内所占比重均在10%以下。

此外，2016~2018年，前任被查导致的县委书记更迭共发生36次，占该时期官员更迭总数的11.18%，这一比例高于2012~2015年的3.92%，该结果体现了脱贫攻坚时期中央对地方官员违纪违法行为的督察压力。相比之下，前任死亡、前任退休、前任辞职等"异常"原因（abnormal causes）导致的官员更迭仅属个例（Zuo，2015）。

（三）影响脱贫攻坚成效的因素

本书将个体层面、县级层面和省级层面可能影响脱贫攻坚成效的因素作为控制变量。

1. 内部经济因素

地方情境影响地方政府创新决策。经济发达、拥有更多财政资源的地方比经济落后和资源较少的地方更容易采纳新的政策和举措（Rogers，2010；Zhu and Zhang，2016）。这一思路同样适用于理解脱贫攻坚。尽管我国各级政府在扶贫中的配套资金投入逐年增加，但是由于庞大的贫困人口和有限的收入来源，基层政府的扶贫资金依然捉襟见肘，导致工资拖欠和项目中断（张全红、周强，2017；袁方成，2011）。一般而言，一个县的经济发展水平越高、财政状况越好，就越有能力提供稳定的生产性基础投资和配套项目资金来实现脱贫目标，退出"摘帽"的速度就越快。本书采用县人均地区生产总值、财政能力（地方财政收入/总人口）和人口密度（人口/土地面积）来衡量县经济、社会和政府财政状况。本书还采用省地区生产总值来衡量省域经济发展状况，使用省第一产业占GDP的比重来衡量地区产业结构和经济基础。

2. 横向扩散效应

同一层级的地方政府间存在相互学习、模仿的横向扩散效应（Berry and Berry，1990；Gilardi，2016；Zhu and Zhang，2019）。脱贫攻坚中，省级政府将扶贫考核任务落实为县和帮扶单位一把手的政治责任，一省内部尚未实现“摘帽”的贫困县由此展开横向竞争（王刚、白浩然，2018）。因此，本书采用同一省份中已退出贫困县的数量与全省贫困县总数的比值来测量横向扩散效应。

3. 情境因素

地理因素是影响地方经济和社会发展的重要因素。本书首先考虑贫困县的自然地理特征，主要包括两个方面：一是贫困县的平均海拔；二是贫困县地理坐标，使用县级行政区中心的经纬度测量。

本书所关心的中心城市距离不是空间直线距离，而是体现道路基础设施和交通便捷程度的交通距离。为更加准确地衡量贫困县到经济中心城市的距离，笔者在百度地图手动查询了机动车辆由县政府到省会城市政府的平均交通距离。百度地图基于机动车辆交通大数据智能化生成机动车交通时间最短的道路，能够更好地测度区域间的交通距离。

另外，在治理目标具有综合性、技术路径清晰度低、环境差异敏感度高的“复杂政策”领域，地方政府面临资源整合的困境和信息劣势，治理复杂性更高（吕方、梅琳，2017）。本书使用三个变量测量资源整合难度或治理复杂性。一是贫困村数量，采用纳入《扶贫开发整村推进“十二五”规划》的1.5万个贫困村在各贫困县的数量衡量；二是一个县是否同时属于扶贫开发重点县和连片特困地区县；三是县人口密度，相对于人口密集的县，地广人稀的县交通成本更高，贫困治理难度更大。

4. 官员特征变量

数据库中变量分为三类：一是县委书记个体特征，包括性别、年龄、学历、在任年数等；二是职业经历变量，描述官员在担任县委书记职务前的职业经历；三是官员去向变量，描述官员在离任县委书记后的履历信息。本书用到的官员特征变量如下。

第一，本土治理能力。本书使用县委书记是否由本县晋升来衡量官员的本土治理能力。本地提拔的县委书记成长在扶贫开发的第一线，与各乡镇、村庄以及一些农民建立了稳定的联系，对地方情况更为了解，从而能够提升本土治理能力。

第二，吸引外部资源的能力。官员所能调动的扶贫资源是影响脱贫攻坚绩效的关键因素。本书使用省市工作经历、外省调入、企业工作经历3个变量测量，分别反映官员任县委书记前是否曾在贫困县所在省市工作、是否曾在本县所在省份以外的地方工作，以及是否曾在企业任职。中国的地方领导干部在履行职责时常借助私人关系吸引外部资源。因此，有过企业工作经历的县委书记在筹措资金和为乡镇企业发展创造条件方面更具优势（Ang，2016）。同时，具有省市工作经历和由外省调入的县委书记更有能力调动原工作单位或部门的扶贫资源，投入贫困县扶贫工作。

第三，教育特征。研究表明，官员的个体教育经历影响辖区经济增长（文雁兵等，2020）。本书通过县委书记是否具有研究生学历测量其受教育水平，最高学历为研究生记为“1”，本科及以下记为“0”，学历情况不明则记为数据缺失。

第四，职业晋升压力。通过官员年龄、任期来测量。中国官员的晋升普遍面临“年龄天花板”问题，年龄一旦超过某一界限，晋升前景将受到极大限制（Li and Zhou，2005）。根据笔者对贫困县县委书记的访谈，一般来说，县委书记50岁以前仍有机会晋升为副厅实职（如地级市市委常委、副市长），但50岁以后，提拔后主要是在人大或政协担任副职。在年满50岁以前的最后一个任期，县级官员的晋升压力达到最大。因此，本书以50岁为界将官员年龄纳入控制。任期是影响地方官员激励和决策的重要因素。地方官员的治理经验随任期增加而积累，任职越久的官员经验越丰富，越熟悉本地情况。根据政治经济周期理论，在任官员的任期与地方经济社会运行和政府行为之间存在非线性关系（张军、高远，2007；Cao et al.，2019）。为此，本书纳入县委书记在任时间及其平方项变量。

由于样本中绝大多数县委书记为男性，女性仅有 84 名，占样本量的 5%，后续分析中均不纳入性别变量。表 6.3 中为主要变量描述性统计。

表 6.3 描述性统计

变量名	具体定义	观测值	均值
个人信息			
50 岁以上	县委书记年龄为 50 岁以上	5665	0.42
研究生学历	县委书记最高学历为研究生	5307	0.57
书记更迭	当年发生官员更迭	5655	0.20
累计更迭次数	2012 年至脱贫年份，县委书记更迭累计发生的次数	5665	0.90
书记任期	在贫困县担任县委书记的时间（年）	5620	3.15
书记任期的平方	在贫困县担任县委书记的时间的平方项（年）	5620	13.12
省市工作经历	任县委书记前有在省、市级单位工作的经历	5665	0.76
基层工作经历	任县委书记前有在县级及以下党政机关、企事业单位、村（社区）组织及其他经济组织、社会组织等工作的经历	5665	0.90
本地提拔	任县委书记前有过本区县县级及以下工作经历	5665	0.44
外省调入	任县委书记前有过在本区县所在省份外工作的经历	5665	0.05
企业工作经历	任县委书记前有过在中央或地方企业工作的经历	5665	0.14
县级变量			
居民人均存款余额	居民储蓄存款余额/县年末总人口（万元）	7894	1.52
贫困村数量	贫困县纳入《扶贫开发整村推进“十二五”规划》的贫困村数量	6537	30.99
重点县及连片特困区县	同时属于扶贫开发重点县和连片特困地区县	6537	0.53
县人均地区生产总值	县地区生产总值/县年末总人口（万元）	7781	2.36
县人口密度	县年末总人口/县行政区域土地面积（万人/公里^2）	8022	0.02
县财政能力	地方财政收入/县年末总人口（万元/人）	8084	0.15
横向扩散效应	省内已退出贫困县的数量/全省贫困县总数（个）	6537	0.08
省会城市距离	县距省会城市的交通距离（公里）	6537	398.61
海拔	县平均海拔（米）	8279	1163.07
经度	县中心经度	8685	107.03

续表

变量名	具体定义	观测值	均值
县级变量			
纬度	县中心纬度	8685	32.51
革命老区	县属于革命老区	8687	0.43
县财政支出增长率	县财政支出较前一年的增长率(%)	5641	0.17
省级变量			
省第一产业占比	省第一产业占 GDP 比重(%)	8687	12.09
省地区生产总值	省地区生产总值(亿元)	8687	15911.68

四　计量模型与贫困县脱贫的两步实证分析

在正式分析之前，运用 Kaplan-Meier 生存曲线估计初步考察贫困县的脱贫情况。Kaplan-Meier 生存分析法（简称“KM 生存分析法”）是一种主要的非参数事件史建模方法，能够直观地绘制出样本在生命周期各个阶段的生存状况。在生存分析中，一般将风险起始时间规定为 0 时刻。本书将 2011 年设定为风险起始时刻，以年为单位度量生存持续时间。在 KM 生存分析法中，生存函数指个体存活时间超过 t 期的可能性。将该方法运用于贫困县脱贫过程，在某一时间点，贫困县的贫困状态即为“存活”，贫困县的脱贫“摘帽”状态即为“死亡”。

图 6.2 是全样本的 Kaplan-Meier 生存曲线。该曲线基于 832 个国家级贫困县，分析时间从第 0 年（2011 年）至第 7 年（2018 年）。可以看到，2016 年以后全样本存活率逐年下降，其中，2016 年和 2017 年分别有 28 个和 125 个贫困县实现脱贫“摘帽”，2018 年，也就是 2011 年国家级贫困县第三次调整后的第 7 年，共有 436 个国家级贫困县退出贫困序列，占总样本的 52.4%。由于存在数据右删失，观测期结束时，依然有约半数贫困县尚未脱贫，此处估计的贫困持续时间为真实贫困县“戴帽”期的最小估计。

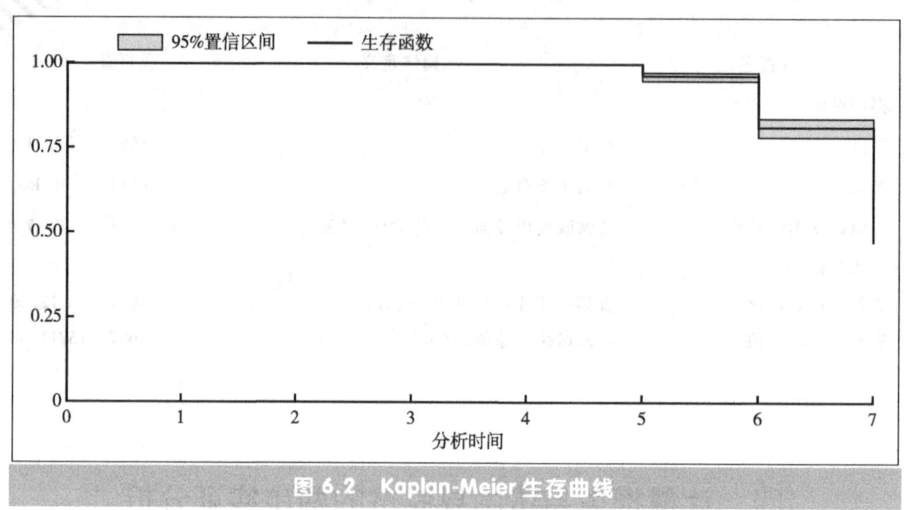

图 6.2 Kaplan-Meier 生存曲线

上文对贫困县贫困持续时间进行了初步分析，然而影响贫困县脱贫“摘帽”的因素众多，接下来运用 Cox 模型对贫困县脱贫“摘帽”进行更为严谨的计量分析，以检验本书第三章提出的理论假说。表 6.4 是基准实证结果，报告了回归估计系数、省级聚类稳健标准误和显著性水平。表中模型（1）是基于式（6.1）估计的国家级贫困县“戴帽”的回归结果。从回归结果来看，居民人均存款余额和县人口密度的估计系数为负，且在 1%的水平下显著，这表明居民人均存款余额高、人口密度大的县入选国家级贫困县的可能性较小。海拔和经度变量的估计系数为正，且分别在 1%和 5%的水平下显著，表明海拔高、地理位置偏东部的区县进入国家级贫困县的概率显著更高。县财政能力、县人均生产总值、革命老区、纬度、省地区生产总值变量的估计系数并不显著，表明在控制其他因素的前提下上述因素对是否入选国家级贫困县解释力较弱。通过模型（1）预测概率所算得的逆米尔斯率（Inverse Mills Ratio，IMR）被加入第二阶段模型中以控制样本选择偏误。

模型（2）~（4）是基于式（6.2）估计的国家级贫困县脱贫“摘

帽”影响因素的回归结果。Cox模型成立的重要前提是比例风险假设成立，即解释变量x与时间t不相关。此假设不成立，则Cox模型不成立。为此，本书运用舍恩菲尔德残差检验法（Schoenfeld residuals-based test）对比例风险设定进行检验（Park and Hendry，2015）。检验发现，部分协变量有违比例风险假设。在此基础上，本书参照Box-Steffensmeier和Zorn（2001）以及Golub（2008）的研究，在模型（3）和模型（4）进一步加入时间相依协变量，以缓解风险率成比例假设不成立的情形。与模型（3）相比，模型（4）中进一步控制了省地区生产总值。

综合比较表6.4中模型（2）~（4）的估计结果，书记更迭变量的回归估计系数分别为-0.482、-0.523、-0.548，且在5%的水平下显著，其具体含义可理解为，在县委书记发生更迭的县，贫困县脱贫的可能性显著降低。因此，在脱贫攻坚绩效实现的理论模型中，关于官员更迭抑制脱贫攻坚绩效的假设1是成立的。同时，在模型（3）和模型（4）控制时间相依协变量后，累计更迭次数的参数估计系数为负且在10%的水平下显著，这表明县委书记更迭会通过官员的短视性政策行为对县域贫困治理产生长期的负面影响，这进一步佐证了假设1的理论逻辑。

在第二阶段模型中，逆米尔斯率的估计系数为负但在统计水平下不显著，表明Cox模型不存在明显的样本选择问题，而本书采用两阶段模型设定进一步增强了我们对回归结果的信心。表6.4中模型（2）~（4）结果显示，县人均生产总值、县人口密度、近邻效应对贫困县脱贫有正向影响。海拔和经度对贫困县脱贫均有负向影响，其效应与第一阶段中的作用方向恰好相反，海拔越高、位置越偏东部的贫困县脱贫的可能性越小。两个政策情境变量——贫困村数量、重点县及连片特困区县对贫困县脱贫均产生显著的负向影响，说明辖区内贫困村数量较多，同时属于连片特困地区和国家扶贫工作重点县的地区脱贫“摘帽”时间相对较晚。我们还能够观察到，拥有研究生学历、具有省市工作经历的县委书记，能够促进贫困县更快实现脱贫“摘帽”。这表明地方官员的治理能力和上级政府工作经历对提升地方贫困治理效能具有促进作用。

表 6.4　Heckman 两步法回归结果

变量	(1)	(2)	(3)	(4)
	第一阶段（2012 年）	第二阶段（2016~2018 年）		
	“戴帽”	“摘帽”	“摘帽”	“摘帽”
	Probit	Cox	时间相依协变量 Cox	
书记更迭		-0.482** (0.242)	-0.523** (0.260)	-0.548** (0.267)
累计更迭次数		0.079 (0.085) (0.617)	-6.307* (3.749) (8.063)	-6.350* (3.757) (8.014)
居民人均存款余额	-0.688*** (0.107)			
县财政能力	-0.138 (0.776)			
县人均生产总值	-0.157 (0.117)	0.125*** (0.034)	0.131*** (0.030)	0.139*** (0.030)
革命老区	0.129 (0.178)	-0.066 (0.126)	-0.053 (0.103)	-0.021 (0.121)
县人口密度	-13.469*** (3.703)	5.367** (2.369)	5.757*** (2.199)	6.679*** (2.383)
海拔	0.001*** (0.000)	-0.000 (0.000)	-0.003*** (0.001)	-0.003*** (0.001)
经度	0.018** (0.009)	-0.019** (0.009)	-0.261*** (0.093)	-0.243*** (0.091)
纬度	-0.006 (0.013)	-0.009 (0.010)	-0.011 (0.010)	-0.012 (0.010)
省地区生产总值	0.000 (0.000)	-0.000* (0.000)		-0.000 (0.000)
50 岁以上		0.070 (0.092)	0.014 (0.087)	0.015 (0.088)
研究生学历		0.287*** (0.108)	0.249** (0.108)	0.238** (0.108)
书记任期		-0.137 (0.107)	-0.827 (2.600)	-0.892 (2.608)
书记任期的平方		0.015 (0.009)	-0.048 (0.264)	-0.037 (0.267)

续表

变量	(1)	(2)	(3)	(4)
	第一阶段（2012年）	第二阶段（2016～2018年）		
	"戴帽"	"摘帽"	"摘帽"	"摘帽"
	Probit	Cox	时间相依协变量 Cox	
省市工作经历		0.191*	0.206**	0.210**
		(0.110)	(0.105)	(0.104)
本地提拔		-0.095	-0.091	-0.077
		(0.108)	(0.109)	(0.111)
外省调入		-0.134	-0.030	0.282
		(0.216)	(3.665)	(3.743)
企业工作经历		0.100	0.122	0.116
		(0.093)	(0.085)	(0.083)
贫困村数量		-0.011**	-0.013***	-0.013***
		(0.005)	(0.004)	(0.004)
重点县及连片特困区县		-0.671***	-0.633***	-0.633***
		(0.156)	(0.149)	(0.152)
近邻效应		3.300***	72.485***	70.929***
		(0.617)	(8.063)	(8.014)
IMR		-0.004	-0.065	-0.160
		(0.106)	(1.347)	(1.398)
县数目	1541	745	745	745
观测值	1541	2041	2041	2041
R^2	0.309	0.036	0.044	0.045

注：括号内为聚类在省的稳健标准误；*** p<0.01，** p<0.05，* p<0.1。模型（1）因变量为"戴帽"虚拟变量，模型（2）是Cox比例风险模型，模型（3）和（4）是时间相依协变量Cox比例风险模型，因变量是"摘帽"虚拟变量。表格省略了模型（3）和（4）中时间相依协变量与时间的交互项。

五　官员更迭影响脱贫进程的机制分析

以上我们初步验证了官员更迭对脱贫攻坚绩效的影响。本部分接着探究官员更迭产生负面影响的具体作用机制，并进一步检验第三章提出的理论假说。

（一）不同区域经济情境下官员更迭对脱贫进程的影响

理论分析部分指出，中心城市距离和产业结构影响着政策不连续的影响大小及其发生的难易程度。为此，本书引入贫困县到省会城市的交通距离和省第一产业占 GDP 的比重，以考察官员更迭对不同自然禀赋和经济基础的县域的异质性影响。加入交互项后，需要解释的是解释变量与调节变量交互项的估计系数。若交互项估计系数显著为负，则表明调节变量对官员更迭与脱贫攻坚绩效的关系起增强调节作用，若交互项估计系数显著为正，则表明调节变量起抑制调节作用。

表 6.5 模型（1）和模型（3）中，书记更迭和省会城市距离的交互项的估计系数显著为负，表明县距离中心城市越远，脱贫攻坚绩效受到县级官员更迭带来的政策不连续的负面影响越大。模型（2）和模型（4）结果表明，书记更迭和省第一产业占比交互项的估计系数显著为负，说明第一产业比例越高的地区，官员更迭所带来的政策不连续对贫困治理的负向影响越大。上述研究结果与假设 2a 和假设 2b 中关于区域经济调节作用的描述是一致的。

表 6.5　影响机制分析：区域经济

变量	(1)	(2)	(3)	(4)
	Cox	时间相依协变量 Cox		
	脱贫"摘帽"			
书记更迭	0.172 (0.323)	1.281* (0.779)	0.185 (0.404)	0.353 (0.585)
累计更迭次数	0.080 (0.084)	0.072 (0.085)	-6.201* (3.718)	-6.185 (3.803)
省会城市距离	-0.000 (0.000)		-0.000 (0.000)	
书记更迭×省会城市距离	-0.002** (0.001)		-0.002** (0.001)	
书记更迭×省第一产业占比		-0.173** (0.077)		-0.088* (0.050)
省第一产业占比		-0.004 (0.017)		-0.002 (0.014)
个体控制变量	是	是	是	是

续表

变量	(1)	(2)	(3)	(4)
	Cox	时间相依协变量 Cox		
	脱贫"摘帽"			
县级控制变量	是	是	是	是
省级控制变量	是	是	是	是
县数目	745	745	745	745
观测值	2041	2041	2041	2041
R^2	0.037	0.037	0.046	0.045

注：括号内为聚类在省的稳健标准误；*** p<0.01，** p<0.05，* p<0.1。

（二）不同继任官员来源下官员更迭对脱贫进程的影响

继任官员的来源是否会调节地方官员更迭带来的政策变动？根据继任官员来源，本书将书记更迭分为外省调入和本地提拔两种情况，而后引入本地提拔和外省调入两类职业变量与书记更迭的交互项，分析结果如表 6.6 所示。从模型（1）和模型（3）中可以看出，无论使用哪种模型设定，书记更迭和外省调入交互项的估计系数均显著为负，表明当继任县委书记为从外省调入时，书记更迭对贫困县脱贫有显著的负面影响。由此我们证明了假设 3a 的理论逻辑，即外部调入县委书记会加剧官员更迭对贫困治理的负面效应。但当继任书记从本地提拔时，模型（2）和模型（4）中书记更迭和本地提拔的交互项的估计系数均不显著，说明未有证据表明由本地成长的继任官员有助于降低官员更迭对县域贫困治理的影响和冲击。因此，假设 3b 未得到实证数据的充分支持。

表 6.6 影响机制分析：继任官员来源

变量	(1)	(2)	(3)	(4)
	Cox	时间相依协变量 Cox		
	脱贫"摘帽"			
书记更迭	-0.480**	-0.373	-0.546**	-0.431
	(0.241)	(0.334)	(0.267)	(0.352)

续表

变量	(1)	(2)	(3)	(4)
	Cox	时间相依协变量 Cox		
	脱贫“摘帽”			
累计更迭次数	0.079 (0.085)	0.079 (0.084)	-6.345* (3.759)	-6.169 (3.780)
外省调入	-0.129 (0.213)		0.385 (3.825)	
书记更迭×外省调入	-29.802*** (0.833)		-25.740*** (1.249)	
书记更迭×本地提拔		-0.258 (0.426)		-0.294 (0.413)
本地提拔	-0.095 (0.108)	-0.156 (0.231)	-0.077 (0.111)	-0.126 (0.231)
个体控制变量	是	是	是	是
县级控制变量	是	是	是	是
省级控制变量	是	是	是	是
县数目	745	745	745	745
观测值	2041	2041	2041	2041
R^2	0.036	0.036	0.045	0.045

注：括号内为聚类在省的稳健标准误；*** p<0.01，** p<0.05，* p<0.1；将本地提拔替换为任职前任县长和任职前任本县乡镇一把手得到相似结果。

（三）离任官员不同去向下官员更迭对脱贫进程的影响

本书理论分析指出，离任官员的去向会影响官员更迭对贫困治理的作用，我们进一步区分不同类型官员更迭的影响。以离任官员是否获得提拔为依据，将“书记更迭”变量值为“1”的情况划分为两类，构造“离任官员获得晋升”与“离任官员未获得晋升”两个新变量，而后重新估计模型结果。① 对离任官员落马的讨论也类似，根据离任官员“落马”与“未落马”

① 本书使用较为严格的方式定义“晋升”，要求离任县委书记不仅要实现行政级别的提升，还需要占据一线领导岗位，包括省直部门副厅长、省政府副秘书长、地级市市委常委、市委副书记、副市长、市纪委书记、省委常委、省纪委书记、国家级园区正职等，而升任市人大常委会副主任或市政协副主席不视作晋升。

对“书记更迭”值为“1”的情况进行分类，构造“离任官员落马”与“离任官员未落马”两个新变量。[①] 在“书记更迭”取“1”的情况中，获得晋升的有 111 人（4.81%），未获得晋升的有 211 人（9.14%）；离任官员落马的有 37 人（1.60%），离任官员未落马的有 285 人（12.34%）。

回归结果如表 6.7 所示。从（1）（2）列中可以看出，“离任官员未获晋升”估计系数为负且分别在 10%和 5%的水平下显著，表示如果离任的书记未获得晋升，书记更迭对贫困县脱贫有负面影响；“离任官员获得晋升”的估计系数为负但在统计水平下不显著。因此，这一结果支持了假设 4a 的观点，即当离任官员未获得晋升时，官员更迭对贫困治理的负面影响更为显著。由（3）（4）列结果可知，“离任官员落马”的估计系数为负且均在 5%的水平下显著，表明如果由官员落马导致了官员更迭，这种变动对贫困县脱贫有着显著的负面效果，因此假设 4b 得到实证支持。

表 6.7 影响机制分析：离任官员去向

变量	(1)	(2)	(3)	(4)
	Cox	时间相依协变量 Cox	Cox	时间相依协变量 Cox
	离任官员晋升模型		离任官员落马模型	
离任官员获得晋升	-0.481 (0.489)	-0.479 (0.557)		
离任官员未获晋升	-0.479* (0.254)	-0.565** (0.238)		
离任官员落马			-0.940** (0.404)	-0.883** (0.358)
离任官员未落马			-0.363 (0.246)	-0.446 (0.307)

① “落马”包含三种情况：一是县委书记在任时被宣布接受组织调查；二是县委书记离任后没有新的工作安排，经过一段时间后被宣布落马；三是部分官员从县委书记岗位调离后可能转岗，甚至获得提拔，而上任同年即在新的工作岗位上被立案查处，且落马原因是担任贫困县县委书记时期的违法违纪行为。由于第三种情况的存在，此处的“官员落马”的数量多于官员更迭原因中的“官员被查”数量。

续表

变量	(1) Cox	(2) 时间相依协变量 Cox	(3) Cox	(4) 时间相依协变量 Cox
	离任官员晋升模型		离任官员落马模型	
累计更迭次数	0.078 (0.086)	-6.301* (3.712)	0.078 (0.086)	-6.341* (3.750)
个体控制变量	是	是	是	是
县级控制变量	是	是	是	是
省级控制变量	是	是	是	是
县数目	745	745	745	745
观测值	2042	2042	2042	2042
R^2	0.036	0.045	0.037	0.045

注：括号内为聚类在省的稳健标准误；*** p<0.01，** p<0.05，* p<0.1。

（四）官员更迭与县级政府财政扩张

既然精准扶贫时期县级官员更迭显著地延缓了贫困县脱贫“摘帽”，那么这种效应是如何产生的？接下来，从政府财政支出方面对理论机制进行解释。如上文所述，为了开拓新政绩，新任官员往往上任之初即奋力调动资源、筹措资金，并且有意识地将资源或要素投入差异化的或者新兴的产业（徐业坤、马光源，2019）。研究发现，省级和地级市官员更迭会在短期内导致政府财政支出和银行信贷发生扩张，而且扩张的财政资源主要投向经济建设领域（杨海生等，2015；姚东旻等，2020）。发展型政策目标的实施需要向重点工程和项目集中财政力量。尽管在县级层面还没有大样本的实证检验，但案例研究表明，履新的县委书记会通过绩效考核、经济激励等手段动员基层干部，在短期内集中调配资源，因此县级领导干部更迭同样会导致政府的财政收入和分配发生周期性变化（陶郁等，2020）。

地方政府财政是地方政府及官员实现政策意图的一个核心工具（Guo，2009）。因此，本书从县域财政资金投入的实践层面进一步解释官员更迭影响脱贫攻坚绩效背后的途径和机制。中国扶贫实践的一个显著特征是行政主导下的高财政投入（谢岳，2020）。有学者对中国 1980~2001 年减贫进程进行了分析，发现与中央政府支出相比，省级和地方政府支出在减贫中发挥着更大作用（Ravallion and Chen，2007）。尽管县级政府自 2016 年起一直牢牢掌握着扶贫项目的立项申请权力，但在不同年份，分配到某个地区的专项补助额度仍存在显著差异（陶郁等，2020）。在许多情况下，地方政府在承接中央扶贫专项转移支付的同时需要投入配套资金予以支持，或是通过本地财政支出争取上级更多的扶贫项目和专项资金份额，这些在县级财政层面体现为地方财政支出大幅增加。因此，相较于没有县委书记更迭的年份，县委书记更迭年份县级政府财政支出会显著增长，从而实现以财政资金带动各类扶贫资源和项目扩张。

结合以上论述，县委书记更迭导致地方治理政策的波动和不连续，继任官员倾向于采用与前任官员不同的政策手段实现县域脱贫的政策目标，实现该目标的政策手段通常是增加地方政府财政支出。为验证这一理论构想，本书分别采用固定效应模型和随机效应模型进行估计，因变量为县财政支出较上一年的增长率。考虑到本期的财政支出增长可能会受到上一期的影响，模型中除了上文提到的控制变量外，还包含了财政支出增长率的一阶滞后项。表 6.8 报告了估计结果。从表 6.8 中我们发现，书记更迭估计系数均为正，且分别在 5%和 1%的水平下显著，表明官员更迭当年，县级财政支出增长率显著上升。从官员激励的角度来看，离任官员在调离当年已经知晓工作调动的决定，不管去向如何，其仕途都不受所在辖区当年经济发展水平的影响，因而没有动机扩大财政支出。对于新上任的县委书记而言，则会在上任之初努力扩大财政支出来推行新的治理方略。这一结果间接说明官员更迭会导致政府扶贫项目不连续，佐证了本书主要理论解释。

表 6.8 官员更迭对县级财政支出变化的影响

变量	(1)	(2)
	财政支出增长率	
	固定效应	随机效应
书记更迭	0.028 **	0.023 ***
	(0.012)	(0.009)
累计更迭	-0.008	0.003
	(0.041)	(0.007)
L. 财政支出增长率	-0.706 ***	-0.152 ***
	(0.189)	(0.016)
个体控制变量	是	是
县级控制变量	是	是
省级控制变量	是	是
县数目	776	776
观测值	2273	2273
R^2	0.391	0.345

注：括号内为聚类在省的稳健标准误；*** p<0.01，** p<0.05，* p<0.1。

六 本章小结

脱贫攻坚政策绩效的实现不单单是一个经济问题，背后实际上蕴藏着深刻的政治因素。上级政府的政策在基层落实过程中经历了地方政府官员的选择，政策能否持久、稳定地执行在很大程度上取决于地方官员的偏好和意志。本书以脱贫攻坚时期制度设计为背景，对“官员更迭—扶贫政策连续性—脱贫攻坚绩效”的理论逻辑进行系统的实证检验，通过大样本定量研究揭示出贫困县官员更迭影响治理绩效的深层规律和内在机理。研究进一步分析区域经济、官僚政治和县政府财政行为，揭示了官员更迭通过政策连续性影响宏观贫困治理结果的机理与过程。

表 6.9 汇总了本章理论假设检验结果，主要实证发现归纳如下。

表 6.9　理论假说检验情况汇总

自变量/因变量	理论假设	是否支持理论假说
主效应		
官员更迭	假设 1：县级官员更迭会减缓脱贫进程，而这种负面效应的根源为扶贫政策不连续	支持
区域经济		
中心城市距离	假设 2a：距离中心城市近的县，县级官员更迭影响政策连续性的程度小，对贫困治理负面作用较弱	支持
农业经济占比	假设 2b：农业经济比重高的地区，县级官员更迭容易造成政策不连续，对贫困治理负面作用较强	支持
继任官员来源		
外省调入	假设 3a：当继任者为外省调任时，县级官员更迭容易造成政策不连续，对贫困治理负面作用较强	支持
本地提拔	假设 3b：当继任者为本县晋升时，县级官员更迭影响政策连续性的程度小，对贫困治理的负面作用较弱	未支持
离任官员去向		
离任官员提拔	假设 4a：当离任官员未得到提拔时，县级官员更迭影响政策连续性程度大，对贫困治理负面作用较强	支持
离任官员落马	假设 4b：当离任官员落马时，县级官员更迭容易造成政策不连续，对贫困治理负面作用较强	支持
机制分析		
财政支出增长	县委书记变更当年，县级财政支出增长率显著增加	支持

第一，在控制自然资源禀赋、经济社会特征、空间区位特征、近邻效应、官员个体特征等外部因素的情况下，贫困县脱贫“摘帽”过程呈现系统性差异，县级官员更迭是影响贫困县脱贫进程的关键解释因素。实证结果表明，县委书记更迭会对辖区贫困治理带来短期的负面影响，县委书记的频繁更迭会对辖区贫困治理带来长期的负面影响，因而官员更迭对地方政府治理存在短期和长期的负面影响。假设 1 得到了实证的有力支持。

第二，中心城市距离和产业结构影响着政策不连续的影响大小及其发生的难易程度，因此对官员更迭的影响具有显著的调节作用。分析发现，官员更迭对距离中心城市较近地区的贫困治理负面影响较弱，对农业经济比重高的地区的贫困治理负面影响较强，与假设 2a 和假设 2b 的预期一致。

第三，在官员发生更迭时，本地成长与异地调入的继任官员对贫困治理的影响并不相同。若继任官员由外省调任，则会放大官员更迭的负面效应；若继任官员由本地提拔，官员更迭和本地提拔交互项的估计系数未通过显著性检验，因而没有明确证据表明本土成长起来的干部出任县委书记能够减少官员更迭对脱贫攻坚绩效的负面影响。因此，假设 3a 得到了有力支持，假设 3b 未得到实证支持。

第四，官员晋升或落马导致的官员更迭对贫困治理的影响存在差异。若离任官员获得提拔，官员更迭的参数估计未通过显著性检验；若离任官员未获提拔，官员更迭的参数估计显著为负，支持假设 4a。进一步地，若离任官员落马，官员更迭对贫困治理产生显著的负向影响，支持假设 4b。

第五，机制分析表明，在县委书记变更当年，县级财政支出增长率显著提升。这一结果从县级财政决策层面佐证了本书的理论逻辑，揭示出地方官员换届影响地方脱贫攻坚绩效的内在机制，主要体现在政策连续性的维持或中断对治理效果的关键作用。

第七章

脱贫攻坚如何影响社会认知

——基于贫困县“摘帽”的自然实验分析

上一章系统分析了县级官员更迭塑造脱贫攻坚绩效的政治过程。脱贫攻坚作为近年来的一项重大公共政策，其执行既是一个行政过程，也是一个政府与社会互动的过程，其社会效应源于中国特定治理情境和社会环境，是我们理解当代中国公众认知和社会心态的关键切入点。然而，公共政策与社会认知之间的内在互动机制比较复杂。那么，脱贫攻坚相关中央政策在地方实施过程中展现的行政特征和政策绩效，究竟如何影响民众的社会认知？哪些群体和领域的社会认知受到脱贫攻坚政策影响更大？脱贫攻坚政策通过何种机制影响社会认知？对于这些问题的回答不应停留于直觉预判和理论推演，而是需要系统的理论建构和经验分析。为回答上述问题，本章基于长时段的个体追踪数据和科学评估方法，运用因果推断方法展开实证研究，探究政策社会效应的作用对象、作用结果和影响机制。研究旨在深入分析脱贫攻坚政策的社会认知效应及其形成机制，弥补现有理论在解释政策对公众主观认知塑造效应方面的不足，并为中国新阶段公共政策的有效重构提供科学依据和实证支撑。

一　研究方法

合理且科学地评估脱贫攻坚政策的社会效应是一项艰巨的挑战。本书的思路是将国家级贫困县在脱贫攻坚时期的脱贫“摘帽”视为一个政策冲击，借此检验脱贫攻坚对社会认知的影响。本书基于全国代表性城乡居民样本构建微观追踪数据，使用双重差分模型估计国家级贫困县脱贫“摘帽”对民众政府治理认知和主观社会经济地位的影响，并深入探讨其具体的影响机制。

自2016年起，全国22个有脱贫任务的省份开始实施脱贫攻坚政策，但各个省份脱贫攻坚的目标任务和推进速度有所不同。脱贫攻坚政策的实施方式导致了同一省份不同时间贫困状况的差异，同时在不同省份之间造成了同一时点上减贫成效的差异。这为我们识别公共政策社会效应提供了一个理想的“自然实验”。更为重要的是，对于省内广大民众而言，主要由地方政府推动、国务院审批的贫困县“摘帽”完全是一种“外生冲击”。这一设计思路有效地规避了政府政策的内生性问题，从而能够更加有效地识别公共政策对社会认知的影响。

在本书中，某省贫困县脱贫“摘帽”前后的民意数据与贫困县脱贫速度不同的省份的民意数据构成时间序列和横向单位的交叉数据。具体而言，第一重差异是时间差异：从2014年到2018年，受访者社会认知改变的程度。第二重差异是地区差异：受访者因暴露于各自省份不同数量的脱贫“摘帽”情况而改变其政治社会认知的程度。通过将两种效应产生的数据变动进行比对以及差分处理，我们可以估计2014~2018年不同省份贫困县脱贫“摘帽”对社会认知影响的实际效应。本书运用双重差分方法的设计如图7.1所示。

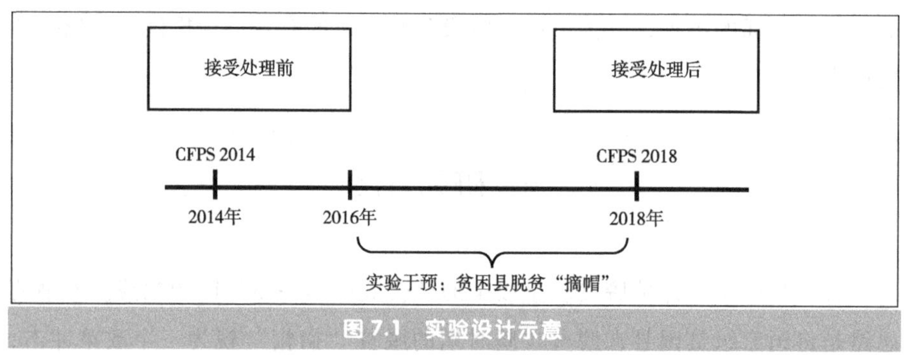

图7.1 实验设计示意

DiD模型基本形式为：

$$Y_{ipt} = \alpha + \beta_1 Year2018_t \times Number\ of\ NPC\ Removals_p + \beta_2 Year2018_t + \beta_3 Number\ of\ NPC\ Removals_p + \beta_4 X_{ift} + \beta_5 W_{pt} + \gamma_i + \varepsilon_{ipt} \tag{7.1}$$

其中，Y_{ipt}表示调查年份t时生活在p省的个体i的社会认知；$Year2018_t$代表受访者是否为CFPS 2018中的样本，是一个虚拟变量；$Number\ of\ NPC\ Removal_p$是2016年1月至2018年12月各省份脱贫“摘帽”的国家级贫困县数量；交互项系数β_1为本书关注的DiD估计量，它衡量了脱贫攻坚对于社会认知的影响。研究加入个体固定效应 γ_i 和调查年份固定效应 $Year2018_t$ 。在一些模型中，还加入了可观测的个体和家庭特征 X_{ift} ，以及随时间变化的省份特征 W_{pt} 。

二 数据来源

本书个体和家庭层面的数据来自“中国家庭追踪调查”（China Family Panel Studies Survey，CFPS）。该调查是北京大学中国社会科学调查中心设计并开展的一项全国性的综合社会追踪调查，从个体、家庭、社区三个层次追踪收集数据。研究团队采用内隐分层、多阶段、多层次、与人口规模成比例的概率抽样方式（probabilities proportional to size）进行选取。CFPS 对子样本框实施分层和分阶段抽样。第一阶段样本（PSU）为行政性区/县，第二阶段样本（SSU）为行政性村/居委会，第三阶段（末端）样本（TSU）为家庭户。通过上述抽样模式，CFPS 能够最大限度地反映中国城乡家庭户人口分布。

2010 年 CFPS 启动基线调查，共访问了 25 个省（自治区、直辖市）的 14960 户家庭的 57155 位基因成员。自 2012 年追踪调查开始，CFPS 每隔两年从上一轮调查界定出的家庭户开始展开家庭层面和个人层面的访问，不再进行住宅或住户过滤。调查在社区、家庭和个人三个层面进行，使研究对象不再是孤立的，在研究中个体、家庭、社会三者可以进行很好的关联。本书将使用 2012 年、2014 年和 2018 年三轮调查的共计 7 万多个全国代表性城乡居民追踪样本。

CFPS 以追踪调查的方式关注动态的现象与时间维度上的变异，是研究社会现象时间性的一个非常有效的途径（谢宇等，2014）。追踪调查可以通过对相同样本在不同时间的重复观测来了解不同个体在不同时间的情况，从而帮助研究者更好地判断随时间发展的因果关系以及推断总体的变化趋势，对于总体异质性、因果推论以及状态变化等社会科学领域的研究课题有着非常重要的价值。因而，本书通过分析脱贫攻坚不同时期、全国不同区域内受访者的认知变化，为理解脱贫攻坚时期的民意差异提供了有代表性的样本，为国家政策的制定提供更为科学、可靠的实证依据。

由于2012年部分变量数据缺失，分析主要使用CFPS在2014年和2018年两次调查所得数据。调查对象为除港澳台外的全国31个省（自治区、直辖市），覆盖了全国95%的人口，是一个全国代表性样本。本书以CFPS 2014为基础，匹配个人卷和家庭卷，接着对参与两次调查的个体进行匹配合并，仅保留参加了两次调查的受访者，形成两期个体平衡面板数据。其中，2014年调查覆盖全国29个省（自治区、直辖市）的10859户家庭的23307位受访者，样本期内所在省份有贫困县脱贫的6927个样本属于处理组，占当年家庭总数的29.72%，其余属于控制组，样本期内所在省份未有贫困县脱贫。为保证样本个体受到所匹配省份脱贫“摘帽”情况的影响，将样本限定在2014年和2018年居住在同一个省份的受访者。CFPS数据的基本情况见表7.1。

表7.1　研究使用微观数据库样本说明

	CFPS 2014	CFPS 2018
调查对象		
个人层面	基因成员及其家庭成员	
家庭层面	基因成员所在家庭	
社区层面	样本家庭所在村居	
样本量		
村居(个)	1976	大于3000
家庭(户)	14219	15000
成人(位)	37147	44000
调查时间	2014年7月~2015年5月	2018年6月~2019年5月
个人截面应答率(%)	—	67.4
个人跨轮追踪率(%)	—	80.8

注：“—”表示无数据。

资料来源：根据“中国家庭追踪调查”数据库介绍及数据清理技术报告总结。

三　变量测量和描述

（一）被解释变量

本书的被解释变量包括两组。第一组被解释变量为治理质量认知，即个体对中国国家治理中各个领域治理结果好坏的主观感受。Fukuyama（2013）提出，治理的测量主要有程序、能力、产出和官僚自主性四种方式。其中，绩效产出是以政府为核心的公共部门与外部环境、公民社会互动产生的结果，也是民众最为关心的维度。遵循这一思路，本研究从产出维度出发测量民众的治理质量评价。2014 年和 2018 年的 CFPS 居民问卷中有这样一道共有问题："您认为以下问题在我国的严重程度如何？0 代表这方面的问题在我国不严重，10 代表非常严重，请您选择一个数字表示您的态度。"受访者通过 0 与 10 之间的数字来描述其对教育、医疗、住房、环境保护、社会保障、就业、贫富差距及腐败治理等八个领域存在的问题的严重程度的主观感受。为了便于理解，本书对原始打分数值进行反向编码，得到政府治理质量认知的测量，得分越高则评价越正面。本书对 8 个题项使用主成分分析法提取出一个公因子，构成政府治理满意指数。8 个题项因子分析的 KMO 值为 0.9，Bartlett 球形检验显著，因子方差贡献率达 100%，表明治理质量变量效度较好。

同时，本书也将受访者对各事项治理质量的认知作为被解释变量，具体考察脱贫攻坚政策对人们对于不同领域治理质量认知的溢出效应。国家精准扶贫的直接目标是消除绝对贫困和缩小贫富差距，但具体工作内容涉及产业、就业、教育、医疗、住房（"两不愁三保障"），以及农村环境整治（环境保护），在 8 项政策领域中，腐败问题治理并非扶贫的直接政策目标。

第二组被解释变量是主观社会经济地位。主观社会经济地位是个体对于自己在社会中所处的社会位置或阶层是高还是低的判断。社会认知视角下的社会阶层理论尤其强调等级视角，个人通过与他人比较形成对自己在社会层级排名中的认识（Kraus et al.，2013）。在这一研究路径下，学者们常编制量表来衡量主观经济地位，其中应用最为广泛的是麦克阿瑟主观社会经济地位量表（MacArthur scale of subjective social status）（Navarro-Carrillo et al.，2020；Adler et al.，2000；Singh-Manoux et al.，2003）。该量表将个体所处的社会和社区环境分为10个等级，让个体评价自己在特定群体或社区中相对于其他人的位置。借鉴既有文献基于相对社会比较的测量思路，本书使用个体对自身社会地位的相对位置的感知来衡量主观经济社会地位。多期CFPS调查均采用同一量纲的麦克阿瑟量表收集受访者的主观经济社会定位。受访者被要求根据自己的情况，对个人社会地位和个人收入在本地的位置打分，分值为1~5，1表示“很低”，5表示“很高”。借鉴现有文献的研究思路（Gidron and Hall，2017；Oesch and Vigna，2022），本书将主观社会地位作为主要测量指标，并将主观经济地位作为检验稳健性的测量指标。

由于部分受访者未回答或回答“不知道”，本书因变量中有少量缺失值。由于无法知道受访者回答该问题的真实过程，本书在主要分析中使用通栏删除法（listwise deletion），含有缺失值的观测值被自动剔除（Pepinsky，2018）。

（二）解释变量

本书的关键解释变量是各省份脱贫攻坚政策的现实绩效强度，使用2014年12月至2018年12月各省份国家级贫困县的脱贫数量来测量。本书选择省份作为解释变量层次主要出于两点考虑。第一，省级政府是中央扶贫任务行政发包的基础，是在落实中央扶贫目标过程中负总责的行政单位。贫困县的退出体现了中央和省级政府间在扶贫工作上的权责分工。在脱贫攻坚的五年中，贫困县退出以省份为单位进行统筹规划和工作部署。第二，省级政府是贫困县退出审核和公开宣布的主体，通常以省份为单位向社会通报全省脱贫攻坚进展及工作情况。因此，以省份为研究单位能够清晰地划定贫困县脱贫的社会影响力的地理范围。此外，贫困县脱贫是脱贫攻坚取得成功的标志性指标，因此，更多的国家级贫困县实现“摘帽”代表了地方政府更强有力的贫困治理努力和更高的贫困治理成就。为检验估计的稳健性，本书还以地级市为单位构建了替代性解释变量，研究发现与使用省级变量时的结果基本一致。为保证样本个体受到其所在省份脱贫“摘帽”的影响，将样本限定在2014年和2018年居住在同一省份的受访者。

自2016年国务院印发《“十三五”脱贫攻坚规划》以来，多数省份以2020年为基准年，制定了分批次、分阶段脱贫“摘帽”的计划并予以践行。笔者通过国务院扶贫办公室官网下载832个国家级贫困县名单，在此基础上从中国减贫研究数据库中查找每个贫困县的退出时间，并通过北大法宝、地方政府网等来源搜索省政府公布的批准脱贫文件，从而确定各个贫困县正式宣布脱贫“摘帽”的时间。为了验证该数据库的准确性，笔者对每个贫困县进行了网络检索，以查找其原始出处并记录贫困县“摘帽”的申请日期、批准日期等退出关键时间节点。

（三）调节变量

政策为公民提供的资源，无论是以现金、商品还是以服务的形式，都会对个人的物质福利和生活机会产生显著的资源效应。政策设计的特点，包括行政规则和程序以及福利资格和覆盖范围，会激发阐释效应（Mettler，2002）。本书参考国际同行的做法（Jacobs and Mettler，2018；Jacobs et al.，2022），采用受访者在特定时间段内实际接受政府补助和社会捐助的情况测量脱贫攻坚政策受益经历。该测量虽不能衡量政策反馈机制的所有方面，但与脱贫攻坚通过资源效应和阐释效应而影响社会认知的作用是契合的。本书的理论逻辑涉及政策资源和政策程序双方面引致的公民政策学习，因而该测度还有助于揭示公民政策学习的影响效应。

政府补助变量使用是否收到政府补助和政府补助总额两种方式测量，问题表述如下。

“过去12个月，您家是否收到过政府以现金或实物形式发放的各类补助，如低保、退耕还林补助、农业补助（包括粮食直补、农机补助等）、五保户补助、特困户补助、工伤人员供养直系亲属抚恤金、救济金、赈灾款?”

“过去 12 个月，包括现金及实物折算，您家一共收到价值多少元的政府补助?”

精准扶贫中政府补助的主要来源是财政专项扶贫资金，而上述补助与政府财政资金的使用范围相吻合。

本书还将社会捐助作为调节变量。广泛动员社会力量共同参与扶贫开发是中国决战脱贫攻坚的重要成功经验（李怀瑞、邓国胜，2021）。国务院办公厅 2012 年发布的《关于进一步动员社会各方面力量参与扶贫开发的意见》明确，民营企业、社会组织、个人参与的各类扶贫项目和以定点帮扶为代表的社会性扶贫资源与政府财政资金互为支撑，为贫困地区和贫困户发展提供重要的帮扶资源。社会捐助变量同样使用是否收到社会捐助和社会捐助总额两种方式测量，问题表述如下。

“过去 12 个月，您家是否收到过现金或实物形式（如食品、衣服等）的社会捐助?”

“过去 12 个月，包括现金及实物折算，您家一共收到价值多少元的社会捐助?”

在编码两个政策受益经历变量时，将“是”赋值为“1”，将“否”赋值为“0”，其他回答视为数据缺失。本书将家庭实际收到的政府补助和社会捐助总额分别除以家庭总人口，得到家庭人均收到的政府补助额和社会捐助额。

（四）中介变量

本书的中介变量用于机制检验。根据上文设定，公共政策的阐释效应是脱贫攻坚影响民众认知的间接作用机制。考察阐释效应时，可以使用公民的政治效能感，也可以拓展至公民对于政府机构乃至政治社会的感知和评价（Jacobs et al.，2022）。本书关注的是后者，使用“您对去年本县/县级市/区政府工作的总体评价是什么?”这一问题来评估受访者对地方政府治理绩效的主观评价，并将其视为中介变量（刘元贺等，2020）。将受访者回答按照1~5分编码（“比之前更糟了”＝“1”，“没有成绩”＝“2”，“没有多大成绩”＝“3”，“有一定成绩”＝“4”，“有很大成绩”＝“5”）来衡量受访者对地方治理绩效的主观评价。受访者给出的分数越高，表示对地方政府治理绩效越满意。

（五）控制变量

本书纳入了个体、家庭和省级三个层次的控制变量。在个人层面，本书控制如下社会人口学变量。

（1）性别。将男女性别分别编码为“1”和“0”。

（2）年龄。使用调查当年受访者的实际年龄测量。

（3）受教育水平。使用个人问卷受访者已完成的受教育年限测量。研究表明，受教育程度是人们社会政治态度的重要影响因素（Rönnerstrand and Oskarson，2020）。

（4）户籍身份。农业户口记为“1”，非农业户口记为“0”。

（5）健康状况。使用个体对“您认为自己的健康状况如何?”问题的回答测量，“非常健康”记为“1”，“很健康”记为“2”，“比较健康”记为“3”，“一般”记为“4”，“不健康”记为“5”。

家庭层面，纳入家庭住房产权和家庭经济状况两个变量。

（1）家庭住房产权。问题为“您家现在住的房子归谁所有?”。将家庭成员拥有完全产权、家庭成员拥有部分产权记为“1”，表示拥有住房产权；公房、廉租房、公租房、市场上租的商品房、亲戚朋友的房子等其他来源记为“0”，表示不拥有家庭住房产权。

（2）家庭经济状况。采用家庭人均纯收入来测量（全部家庭纯收入/家庭规模）。全部家庭纯收入为工资性收入、经营性收入、财产性收入、转移性收入、其他收入的加总，加总所得的值与问卷中自带的“收入总和”取其中较大的值。

本书还纳入省级层面的宏观经济指标，以控制区域经济发展对公众感知的影响。本书选取农村贫困发生率、农村人均可支配收入作为地域贫困程度的测量指标，人均地方财政收入、人均地区生产总值作为地方财政和经济能力的测量指标。上述数据来自国家统计局住户与生活状况调查。

表 7.2 提供了主要变量的描述性统计结果。

表 7.2　变量描述性分析

变量	观测值	均值	标准差	最小值	最大值
贫困县脱贫数量	46614	15.148	13.221	0	48
2018	46614	0.5	0.5	0	1
个体层面变量					
治理质量评价指数	42777	0	1	-1.836	3.519
贫富差距	44420	7.121	2.413	0	10
社会保障	44238	6.033	2.711	0	10
环境保护	44469	6.775	2.712	0	10
就业	44049	6.531	2.448	0	10
教育	44272	6.39	2.736	0	10
医疗	44520	6.452	2.679	0	10
住房	44356	6.194	2.773	0	10
腐败治理	43757	6.927	2.753	0	10
主观社会地位	44631	3.054	1.043	1	5
主观经济地位	42433	2.746	1.054	1	5
年龄	46609	47.701	15.714	11	95
男性	46614	0.494	0.5	0	1
受教育水平	46601	7.085	4.925	0	22
健康状况	46608	2.972	1.23	1	5
农业户口	45978	0.739	0.439	0	1
电视新闻	44740	2.774	2.973	0	7
网络新闻	32587	2.119	2.877	0	7
政府工作评价	43432	3.407	0.946	1	5
先期自我期望	42822	4.055	1.005	1	5

续表

变量	观测值	均值	标准差	最小值	最大值
家庭层面变量					
家庭人均纯收入(元)	45133	20044.39	42672.92	0	3300000
家庭住房产权(参照类:无产权)	46614	0.89	0.313	0	1
政府补助经历(参照类:无)	46599	0.517	0.5	0	1
社会捐助经历(参照类:无)	46610	0.012	0.109	0	1
政府补助额(万元)	46614	0.027	0.109	0	5
社会捐助额(万元)	46614	0.001	0.017	0	1.667
省级社会经济变量					
农村贫困发生率(%)	46614	5.033	5.499	0	20.1
农村人均可支配收入(元)	46614	12748.87	4956.805	6277	30375
人均地方财政收入(元)	46614	6299.62	5328.335	2596.399	29324.04
人均地区生产总值(元)	46614	54181.79	26538.84	26432.92	153095

四　实证结果及分析

（一）基准模型估计结果

根据式（7.1）所示的基准模型，采用政府治理质量评价指数作为被解释变量，考察脱贫攻坚对政府治理质量总体评价的影响。在模型设定方面，始终采用个体和时间双向固定效应模型，以最大程度控制随个体而变和随调查时间而变的遗漏变量的影响。为避免加入受到实验处理影响的变量引发后处理偏差（posttreatment bias）（Montgomery et al.，2018），首先在未加入控制变量的情况下进行 DiD 估计，其次添加省级控制变量，最后加入可能受到脱贫攻坚影响的个体和家庭层面的控制变量。

表 7.3 汇报了基于 OLS 模型的估计结果。无论是否引入控制变量，交互项的回归估计系数均显著为正，表明脱贫的国家级贫困县数量越多，人们对政府治理质量的评价越高。相继加入控制变量后，模型（3）中交互项的

回归估计系数为 0.006，表示在其他因素不变的情况下，每增加 20 个脱贫贫困县（样本省区平均脱贫 15 个贫困县），政府治理质量评价将在 -1.836~3.519 的范围内提高 0.12。由此，脱贫攻坚的社会影响模型中的假设 A 得以证实。

表 7.3 贫困县脱贫对政府治理质量评价的影响

变量	(1)	(2)	(3)
	治理质量评价指数		
2018×贫困县脱贫数量	0.001** (0.001)	0.006*** (0.001)	0.006*** (0.001)
2018	0.044*** (0.012)	-0.211*** (0.054)	-0.197*** (0.073)
农村贫困发生率		0.006** (0.003)	0.007** (0.003)
农村人均可支配收入		0.000*** (0.000)	0.000** (0.000)
人均地方财政收入		-0.000*** (0.000)	-0.000** (0.000)
人均地区生产总值		0.000 (0.000)	-0.000 (0.000)
年龄			-0.004 (0.012)
男性			0.420* (0.255)
受教育水平			0.004 (0.005)
健康状况			-0.016** (0.007)
农业户口			-0.015 (0.042)
家庭人均纯收入			0.000* (0.000)
家庭住房产权			0.009 (0.025)

续表

变量	(1)	(2)	(3)
	治理质量评价指数		
政府补助			-0.007 (0.017)
社会捐助			-0.163 *** (0.059)
个体和家庭控制变量	否	否	是
省级控制变量	否	是	是
年份固定效应	是	是	是
个体固定效应	是	是	是
观测值	42777	42777	41812
R^2	0.001	0.008	0.009
个体 id 数量	23116	23116	23058

注：括号内数字为稳健标准误；p 值基于双尾检验，*** p<0.01，** p<0.05，* p<0.1。

在上述模型中，本书使用了治理质量评价指数作为因变量，那么地方政府贫困治理对具体社会事项的感知影响是否存在差异？本书接着采用受访者对贫富差距、就业、教育、医疗、住房、社会保障、环境保护、腐败治理的质量评分作为因变量，重新估计基准模型。如表 7.4 所示，脱贫攻坚显著提升了公众对这些领域政府治理质量的正面认知。诚然，脱贫攻坚政策并非影响公众治理认知的唯一因素，但它确实在各个重大的议题领域中呈现出显著而一致的影响力。这在个体层面为脱贫攻坚的社会影响模型中的假设 B 提供了有力的支持。

表 7.4　贫困县脱贫对各政策领域治理质量认知的影响

变量	(1)	(2)	(3)	(4)	(5)	(6)	(7)	(8)
	就业	教育	医疗	住房	社会保障	贫富差距	环境保护	腐败治理
2018×贫困县脱贫数量	0.015 *** (0.002)	0.014 *** (0.002)	0.008 *** (0.002)	0.007 *** (0.002)	0.009 *** (0.002)	0.008 *** (0.002)	0.011 *** (0.002)	0.018 *** (0.002)
个体和家庭控制变量	是	是	是	是	是	是	是	是

续表

变量	(1)	(2)	(3)	(4)	(5)	(6)	(7)	(8)
	就业	教育	医疗	住房	社会保障	贫富差距	环境保护	腐败治理
省级控制变量	是	是	是	是	是	是	是	是
年份固定效应	是	是	是	是	是	是	是	是
个体固定效应	是	是	是	是	是	是	是	是
观测值	43021	43228	43455	43301	43199	43365	43412	42720
R^2	0.005	0.011	0.018	0.004	0.008	0.006	0.008	0.028
个体 id 数量	23228	23257	23268	23258	23241	23261	23272	23176

注：括号内数字为稳健标准误；p 值基于双尾检验，*** p<0.01，** p<0.05，* p<0.1。

脱贫攻坚对民众的主观社会经济地位有何影响？为了回答这一问题，表7.5中，分别以主观社会地位和主观经济地位为因变量，并重复上述分析过程。回归结果表明，无论是否加入控制变量，2018×贫困县脱贫数量交互项回归估计系数始终显著为负，这意味着脱贫攻坚显著降低了民众的主观社会地位和主观经济地位。在模型（3）和模型（6）中，交互项回归估计系数分别为-0.003和-0.004，表示在其他因素不变的情况下，每脱贫20个贫困县（样本省区平均脱贫15个贫困县），主观社会地位在1~5的范围内降低0.06，主观经济地位在1~5的范围内降低0.08。

由此，脱贫攻坚社会影响的理论模型中假设D得到实证数据的支持，表明一个地区脱贫攻坚的成效越好，就越会促使个体产生主观社会经济地位压力。

表 7.5　贫困县脱贫对主观社会经济地位的影响

变量	(1)	(2)	(3)	(4)	(5)	(6)
	主观社会地位			主观经济地位		
2018×贫困县脱贫数量	-0.002*** (0.001)	-0.004*** (0.001)	-0.003*** (0.001)	-0.002*** (0.001)	-0.004*** (0.001)	-0.004*** (0.001)
2018	0.222*** (0.012)	0.317*** (0.056)	0.260*** (0.082)	0.424*** (0.013)	0.519*** (0.059)	0.515*** (0.088)

续表

变量	(1)	(2)	(3)	(4)	(5)	(6)
	主观社会地位			主观经济地位		
个体和家庭控制变量	否	否	是	否	否	是
省级控制变量	否	是	是	否	是	是
年份固定效应	是	是	是	是	是	是
个体固定效应	是	是	是	是	是	是
观测值	44631	44631	43551	42433	42433	41446
R^2	0.025	0.025	0.030	0.090	0.091	0.099
个体 id 数量	23292	23292	23276	22890	22890	22850

注：括号内数字为稳健标准误；p 值基于双尾检验，*** p<0.01，** p<0.05，* p<0.1。

（二）共同趋势检验

上述估计结果验证了本书理论假说。使用 DiD 识别因果效应最为关键的一个前提假定是“共同趋势假设”（common trends assumption）。在本书中，共同趋势假设意味着，如果没有脱贫攻坚，不同地区的受访者在认知和态度上应具有相同的变化趋势。因而，本书估计方法可能违反共同趋势假设的一个原因是，贫困县脱贫较多的省份与那些脱贫较少的省份存在某些系统性差异。如果模型中遗漏某些因素特别是地区层面的特征变量，导致不同地区的受访者在认知和态度方面呈现时间趋势差异，则本章的实证发现可能面临逆向因果和遗漏变量的威胁。

本书参照 Abadie 等（2023）对 DiD 共同趋势进行检验，整合 2012 年、2014 年、2018 年三轮 CFPS 数据，构建了多期面板数据集。在模型设定中，将 2012 年设定为政策实施前的基准年份，并假定 2014 年为政策实施后的时点，在经典 DID 模型基础上引入了 2014 年和脱贫数量的交互项。其思路是，如果先前发现的脱贫攻坚的效应是由系统性遗漏变量所导致的，且这些变量在脱贫攻坚前后持续发挥作用，那么我们运用上述 DiD 模型设定重新估计时应该能看到类似上文的结果；相应地，如果不存在这样的遗漏变量问题，那么在脱贫攻坚尚未开展的2012~2014年，脱贫攻坚时期贫困县脱贫数量便不会影响本地民众的社会认知。如表7.6所示，对所有的因变量而言，2014×贫困县脱贫数量的回归估计系数几乎为零且在统计水平下不显著，表明一省（区、市）脱贫攻坚时期的贫困县脱贫情况未对脱贫攻坚之前本地民众的社会认知产生影响，对于主观社会地位、主观经济地位这两个因变量而言，2018×贫困县脱贫数量的回归估计系数均依旧显著为负。这说明DiD的共同趋势假设成立。

表7.6 共同趋势检验

变量	(1)	(2)	(3)
	治理质量评价指数	主观社会地位	主观经济地位
2014×贫困县脱贫数量	0.000 (0.001)	-0.001 (0.001)	-0.001 (0.001)
2018×贫困县脱贫数量	0.005*** (0.001)	-0.005*** (0.001)	-0.005*** (0.001)
个体和家庭控制变量	是	是	是
省级控制变量	是	是	是
年份固定效应	是	是	是
个体固定效应	是	是	是
观测值	70861	74728	69829
R^2	0.086	0.070	0.137
个体id数量	31120	31527	30526

注：括号内数字为稳健标准误；p值基于双尾检验，*** p<0.01，** p<0.05，* p<0.1。

（三）稳健性检验

本部分将从多个角度进行稳健性检验，以确保研究结论的可靠性。

第一，在之前的基准模型中，核心解释变量是各省份脱贫攻坚时期贫困县脱贫数量。本书尝试采用了三个替代解释变量，即贫困县脱贫比例、人口加权的贫困县脱贫数量、二元哑变量，此外还纳入解释变量的二次项考察非线性影响。

首先，将解释变量替换为各省份贫困县脱贫数量占省内贫困县总数的比重，并重新估计式（7.1）。由表7.7可知，回归结果与基准回归发现高度一致。这初步说明本书的实证结论具有稳健性。

表7.7　稳健性检验1：替换解释变量（贫困县脱贫比例）

变量	(1)	(2)	(3)
	治理质量评价指数	主观社会地位	主观经济地位
2018×贫困县脱贫比例	0.002***	-0.001**	-0.001*
	(0.000)	(0.000)	(0.000)
个体和家庭控制变量	是	是	是
省级控制变量	是	是	是
年份固定效应	是	是	是
个体固定效应	是	是	是
观测值	41812	43551	41446
R^2	0.007	0.030	0.099
个体id数量	23058	23276	22850

注：括号内数字为稳健标准误；p值基于双尾检验，*** p<0.01，** p<0.05，* p<0.1。

其次，将贫困县脱贫数量与各省份人口数量之比进行加权后重新估计模型，结果如表7.8所示。与基准回归结果高度一致，当因变量为治理质量评价指数时，交互项回归估计系数在1%的水平下显著，当因变量为主观社会地位和主观经济地位时，交互项回归估计系数均在5%的水平下显著。因此，在考虑各省份人口因素之后，脱贫攻坚对于治理质量认知和主观地位认同的影响依然是显著存在的。

表7.8　稳健性检验2：替换解释变量（脱贫数量/人口）

变量	(1)	(2)	(3)
	治理质量评价指数	主观社会地位	主观经济地位
2018×贫困县脱贫数量/人口	0.416***	-0.153**	-0.163**
	(0.063)	(0.065)	(0.069)
个体和家庭控制变量	是	是	是
省级控制变量	是	是	是
年份固定效应	是	是	是
个体固定效应	是	是	是

续表

变量	(1)	(2)	(3)
	治理质量评价指数	主观社会地位	主观经济地位
观测值	41812	43551	41446
R^2	0.008	0.030	0.099
个体 id 数量	23058	23276	22850

注：括号内数字为稳健标准误；p 值基于双尾检验，*** p<0.01，** p<0.05，* p<0.1。

最后，本书将核心解释变量由连续变量转化为二元哑变量，将贫困县脱贫数量高于均值的省份（共 10 个）赋值为 1，将贫困县脱贫数量低于均值的省份（共 19 个）赋值为 0，并展开回归分析。由表 7.9 可以发现，2018×贫困县脱贫数量（高于均值）对因变量的影响与基准结果高度一致，表明相对于脱贫攻坚绩效较低的省份，高于平均水平的脱贫攻坚绩效会显著提升民众对治理质量的认知，同时降低其主观社会地位和主观经济地位。

表 7.9　稳健性检验 3：替换解释变量（二元解释变量）

变量	(1)	(2)	(3)
	治理质量评价指数	主观社会地位	主观经济地位
2018×贫困县脱贫数量	0.083***	-0.108***	-0.093***
（高于均值）	(0.023)	(0.024)	(0.025)
个体和家庭控制变量	是	是	是
省级控制变量	是	是	是
年份固定效应	是	是	是
个体固定效应	是	是	是
观测值	41812	43551	41446
R^2	0.006	0.031	0.099
个体 id 数量	23058	23276	22850

注：括号内数字为稳健标准误；p 值基于双尾检验，*** p<0.01，** p<0.05，* p<0.1。

脱贫攻坚对社会认知的影响是否存在非线性的特征？为了估计解释变量的非线性效应，本书将贫困县脱贫数量的二次项与时间的交互项加入回归方程，结果如表 7.10 所示。在加入贫困县脱贫数量的二次项及其与时间构成的交互项后，发现 2018×贫困县脱贫数量平方的估计系数接近 0 且并不显著，表明脱贫攻坚与社会认知之间不存在非线性关系。上述结果进一步说明本书的实证发现具有稳健性。

表 7.10　稳健性检验 4：考虑非线性影响（纳入二次项）

变量	(1)	(2)	(3)
	治理质量评价指数	主观社会地位	主观经济地位
2018×贫困县脱贫数量平方	0.000 (0.000)	0.000 (0.000)	-0.000 (0.000)
2018×贫困县脱贫数量	0.004* (0.002)	-0.006*** (0.002)	-0.001 (0.002)
个体和家庭控制变量	是	是	是
省级控制变量	是	是	是
年份固定效应	是	是	是
个体固定效应	是	是	是
观测值	41812	43551	41446
R^2	0.009	0.031	0.099
个体 id 数量	22850	23276	22850

注：括号内数字为聚类稳健标准误；p 值基于双尾检验，*** $p<0.01$，** $p<0.05$，* $p<0.1$；个体固定效应吸收了脱贫数量平方和脱贫数量。

第二，由于本书数据集结合了省份、家庭和个体层级的变量，具有典型的嵌套结构，在主模型中将标准误聚类在个体层面可能带来异方差问题（Moulton，1990）。因此，本书进一步使用多层线性模型（Hierarchical Linear Models，HLM）进行分析，同时估计民众个体层面（L1）和省份层面（L2）因素对个体认知的影响。模型分析结果如表 7.11 所示。在各模型中，2018×脱贫数量回归估计系数始终显著，该结果表明一个省（区、市）的贫困县脱贫数量对本地民众的治理质量认知、主观社会地位以及主观经济地位均具有显著影响，证实回归结果稳健可靠。

表 7.11 稳健性检验 5：多层线性模型（HLM）估计结果

变量	(1)	(2)	(3)
	治理质量评价指数	主观社会地位	主观经济地位
2018×脱贫数量	0.006 ***	-0.004 ***	-0.003 ***
	(0.001)	(0.001)	(0.001)
个体和家庭控制变量	是	是	是
省级控制变量	是	是	是
年份固定效应	是	是	是
个体固定效应	是	是	是
观测值	41812	43551	41446
省份数量	29	29	29

注：括号内数字为稳健标准误；p 值基于双尾检验，*** $p<0.01$，** $p<0.05$，* $p<0.1$。

第三，由于贫困县在空间分布上具有集聚（spatial clustering）的特征，贫困县脱贫可能对周围地区产生空间溢出效应。故而，一个省（区、市）的社会认知可能受到邻省（区、市）贫困县脱贫的影响。本书构造解释变量各省份贫困县脱贫数量的空间滞后项，并引入基本统计检验，从而考察地理上毗邻省份的贫困县脱贫对本地民众社会认知的影响。基于各省份的经纬度地理信息，本书参照新经济地理学的经典理论模型“市场潜能模型”（market potential model）构建空间权重矩阵（Harris，1954）。由表 7.12 空间自变量滞后模型（SLX）估计结果可知，引入空间滞后项不改变基准回归结果，2018×脱贫数量的回归估计系数依然显著。同时，2018×脱贫数量（空间滞后）的估计系数显著，表示存在空间溢出效应，即相邻省份的脱贫攻坚绩效会显著影响本地民众的认知。

表 7.12 稳健性检验 6：空间自变量滞后模型（SLX）估计结果

变量	(1)	(2)	(3)
	治理质量评价指数	主观社会地位	主观经济地位
2018×脱贫数量	0.006 ***	-0.003 ***	-0.003 ***
	(0.001)	(0.001)	(0.001)
2018×脱贫数量（空间滞后）	0.036 ***	-0.031 ***	-0.033 ***
	(0.005)	(0.006)	(0.006)

续表

变量	(1)	(2)	(3)
	治理质量评价指数	主观社会地位	主观经济地位
个体和家庭控制变量	是	是	是
省级控制变量	是	是	是
年份固定效应	是	是	是
个体固定效应	是	是	是
观测值	41812	43551	41446
R^2	0.011	0.032	0.101
个体 id 数量	23058	23276	22850

注：括号内数字为稳健标准误；p 值基于双尾检验，*** p<0.01，** p<0.05，* p<0.1。

（四）异质性分析：政策受益经历

上文分析报告了脱贫攻坚对社会认知影响的平均效应。那么，不同贫困程度、有着不同政策经历的群体所受到的影响是否一致？本部分使用政策受益经历作为分类依据，以考察脱贫攻坚通过个体经历这一直接渠道对认知的影响。三重差分和分组分析结果如表 7.13 所示。

首先，模型（1）和模型（2）以治理质量评价指数为因变量。其中，三次交互项的参数估计系数为正且在统计水平下显著，说明相较于未获得政府补助和社会捐助者，对于有政策受益经历的民众而言，脱贫攻坚对其政府治理质量认知的影响更大。

接着，按照受访者是否得到政府补助和社会捐助作为划分依据进行分组分析。表 7.13 中的模型（3）～（6）汇报了分组回归结果。如模型（3）所示，政府补助接受组中交互项回归估计系数显著为正，其绝对值 0.010 明显大于全样本回归估计系数绝对值 0.004，表明相对于未接受过政府补助者而言，脱贫攻坚对于治理质量认知的正向影响在接受政府补助经历的个体中更为明显；在模型（4）中，交互项回归估计系数为 0.001 且不显著，表明对于未接受过政府补助的受访者，脱贫攻坚并未对其治理质量认知产生影响；在模型（5）和模型（6）中，交互项回归估计系数均在1%的水平下显著，但社会捐助接受组中交互项估计系数远大于未接受社会捐助组。由此可见，与非政策受益者相比，脱贫攻坚的政策效应在更大程度上影响了政策受益群体的社会认知。综上所述，假设C得到支持，即在有政策受益经历的群体中，脱贫攻坚对其治理质量认知的正向影响更强。

表 7.13　影响机制分析 1-1：治理质量评价指数的三重差分和分组分析

变量	(1)	(2)	(3)	(4)	(5)	(6)
	全样本:三重差分分析		政府补助接受组	未接受政府补助组	社会捐助接受组	未接受社会捐助组
	治理质量评价指数					
DDD（政府补助经历）	0.004** (0.002)					
DDD（社会捐助经历）		0.015* (0.008)				
2018×贫困县脱贫数量	0.005*** (0.001)	0.006*** (0.001)	0.010*** (0.001)	0.001 (0.002)	0.011*** (0.005)	0.006*** (0.001)
个体和家庭控制变量	是	是	是	是	是	是
省级控制变量	是	是	是	是	是	是
年份固定效应	是	是	是	是	是	是
个体固定效应	是	是	是	是	是	是
观测值	41812	41812	21321	20491	492	41320
R^2	0.010	0.010	0.088	0.118	0.175	0.112
个体 id 数量	23058	23058	14332	13960	481	22983

注：括号内数字为稳健标准误；p 值基于双尾检验，*** p<0.01，** p<0.05，* p<0.1；模型中已加入构成三次交互项的各一次和二次项。

为深入探究在不同政府治理领域，脱贫攻坚对接受或未接受政府补助的社会群体有何差异化影响，本研究将构成治理质量评价指数的各题项设为因变量。根据表 7.14 上部数据，在教育、住房、社会保障和腐败治理领域，三次交互项的估计系数显著为正，表明相较于未得到政府补助者，得到政府补助的民众认为上述治理领域的治理质量较好。特别是在受访者对住房问题的看法上，三次交互项的回归估计系数为 0.003，且在 1% 的水平下显著，反映了脱贫攻坚政策有效地解决了政策受益群体的住房问题。然而，在就业、医疗、贫富差距和环境保护领域，是否接受政府补助并不会影响人们对政府治理质量的评价。

在不同政府治理领域，脱贫攻坚对接受或未接受社会捐助的群体有何差异化影响？如表 7.14 下部数据所示，三次交互项的估计系数在教育、贫富差距、环境保护、腐败治理领域显著为正，说明得到社会捐助的民众会受到脱贫攻坚更大程度的影响，认为上述领域的治理质量有所提升。此外，人们在评价就业、医疗、住房和社会保障等方面的治理质量时，脱贫攻坚政策对个体认知的影响并不取决于他们是否接受过社会捐助。

表 7.14　影响机制分析 1-2：治理质量评价分项的三重差分分析

变量	(1)	(2)	(3)	(4)	(5)	(6)	(7)	(8)
	就业	教育	医疗	住房	社会保障	贫富差距	环境保护	腐败治理
DDD	0.000	0.002**	0.001	0.003***	0.002*	0.002	0.001	0.002*
（政府补助）	(0.001)	(0.001)	(0.001)	(0.001)	(0.001)	(0.001)	(0.001)	(0.001)
2018×脱贫数量	0.016***	0.005	0.008**	0.006*	0.008**	0.012***	0.008**	0.013***
	(0.003)	(0.004)	(0.003)	(0.004)	(0.004)	(0.003)	(0.003)	(0.004)
观测值	43021	43228	43455	43301	43199	43365	43412	42720
R^2	0.006	0.012	0.018	0.005	0.009	0.007	0.010	0.029
个体 id 数量	23228	23257	23268	23258	23241	23261	23272	23176
变量	(1)	(2)	(3)	(4)	(5)	(6)	(7)	(8)
	就业	教育	医疗	住房	社会保障	贫富差距	环境保护	腐败治理
DDD	0.000	0.009*	0.002	0.007	0.003	0.009**	0.009*	0.010**
（社会捐助）	(0.004)	(0.005)	(0.005)	(0.005)	(0.005)	(0.004)	(0.005)	(0.005)
2018×脱贫数量	0.016***	0.005	0.008**	0.006*	0.008**	0.012***	0.008**	0.013***
	(0.003)	(0.004)	(0.003)	(0.004)	(0.004)	(0.003)	(0.003)	(0.004)
观测值	43021	43228	43455	43301	43199	43365	43412	42720
R^2	0.006	0.012	0.018	0.005	0.009	0.007	0.010	0.029
个体 id 数量	23228	23257	23268	23258	23241	23261	23272	23176

注：括号内数字为稳健标准误；p 值基于双尾检验，*** $p<0.01$，** $p<0.05$，* $p<0.1$；模型中已加入各层级控制变量以及构成三次交互项的各一次和二次项。

其次，使用主观社会地位作为因变量，分析一个省（区、市）脱贫攻坚成效对于政策直接受益者和非直接受益者的影响是否存在差异，结果见表 7.15 中模型（1）~（4）。在模型（1）和模型（2）中，三次交互项的参数估计系数为负且在统计水平下显著，说明与未得到政府补助者相比，脱贫攻坚会对得到政府补助民众的主观社会地位造成更大的压力。在模型（3）和模型（4）中，三次交互项的回归估计系数为负但在统计水平下不显著，说明接受社会捐助的经历并不会调节脱贫攻坚对人们主观社会地位的影响。

表 7.15　影响机制分析 2：主观社会经济地位的三重差分分析

变量	(1)	(2)	(3)	(4)	(5)	(6)	(7)	(8)
	主观社会地位				主观经济地位			
DDD（政府补助）	-0.005*** (0.002)	-0.004** (0.002)			-0.005*** (0.002)	-0.004** (0.002)		
DDD（社会捐助）			-0.011 (0.008)	-0.012 (0.008)			-0.002 (0.009)	-0.003 (0.009)
个体和家庭控制变量	否	是	否	是	否	是	否	是
省级控制变量	否	是	否	是	否	是	否	是
年份固定效应	是	是	是	是	是	是	是	是
个体固定效应	是	是	是	是	是	是	是	是
观测值	44617	43551	44627	43551	42420	41446	42430	41446
R^2	0.025	0.031	0.025	0.031	0.091	0.100	0.090	0.100
个体 id 数量	23292	23276	23292	23276	22890	22850	22890	22850

注：括号内数字为稳健标准误；p 值基于双尾检验，*** p<0.01，** p<0.05，* p<0.1；模型中已加入构成三次交互项的各一次和二次项。

表 7.15 中模型（5）~（8）展示了使用主观经济地位作为因变量的结果。在模型（5）和模型（6）中，三次交互项的参数估计系数为负，且分别在 1%和 5%的水平下显著，说明与未接受政府补助者相比，脱贫攻坚会对接受政府补助者的主观经济地位造成更大的压力。在模型（7）和模型（8）中，三次交互项的回归估计系数为负但在统计水平下不显著，表明接受社会捐助的经历并不会调节脱贫攻坚对人们主观经济地位的影响。综上所述，假

设 E 基本得到实证支持：脱贫攻坚对政府补助受益群体的主观社会经济地位的压力更大。

（五）影响机制分析：地方治理评价中介效应

本书理论分析指出，脱贫攻坚政策设计和执行中的资源分配、政民互动以及公平正义实现为公众提供了观察和体验政府治理的视窗。借助这一窗口，公众能够更深入地理解政府如何着力保障和改善民生并将心系群众贯穿政策执行过程，进而形成对政府治理的正面认知。为了检验这一理论机制，本书采用 Imai 等（2010）提出的因果中介分析方法（Causal Mediation Analysis，CMA）。该方法基于“反事实推论”原理，定义了平均直接效应和中介效应，并将平均总效应分解为中介效应和直接效应，以实现处理变量、中介变量、结果变量之间的因果推断，厘清不同因果机制的贡献。

表 7.16 为通过 1000 次准贝叶斯蒙特卡洛仿真所获得的 CMA 参数估计结果。结果显示，脱贫攻坚对于民众认知的直接影响和间接影响均在 1%的水平下显著。在总体因果效应中，约有 12%的贡献来自地方治理评价这一中介的传导。综上，上述理论逻辑得到了全国代表性数据的有力支持，表明地方政府的脱贫攻坚提升了人们对地方治理的满意度，而民众对地方治理的满意度可以转化为民众对国家治理质量的认可度。

表 7.16 影响机制分析 3：地方治理评价中介效应检验

变量	估计值	95%置信区间		P 值
		下界	上界	
平均中介效应	0.0005414	0.000401	0.0006866	0.000
直接效应	0.0039303	0.0027481	0.0051794	0.000
总效应	0.0044717	0.0032544	0.0057161	0.000
中介效应率(%)	0.1209758	0.0947219	0.1663695	—

注：中介变量为地方治理评价；通过 1000 次准贝叶斯蒙特卡洛仿真所获得的 CMA 参数估计结果；“—”表示无数据。

（六）影响机制分析：上升期望效应的证据

本书理论分析指出，脱贫攻坚对人们主观社会经济地位的影响取决于自我预期与现实能力的差距，两者差距越大，人们越容易产生负面情绪。如果上升期望逻辑成立，脱贫攻坚将使自我预期较高的个体产生更为强烈的社会地位焦虑。换言之，如果人们先前就对改善自身的生活怀有很高的期望和信心，那么脱贫攻坚会进一步拉大期望与现实之间的差距，更容易加剧人们在社会地位层面的心理压力，最终影响主观社会经济地位评价；相反，如果人们对未来的期望值本就不高，理想和现实之间的落差相对较小，那么脱贫攻坚对其社会地位的压力将相对较小。

为了检验上升期望效应的理论逻辑，本书使用 2014 年 CFPS 的一个问题“你对自己未来的信心程度”测量受访者对自身未来的信心（以 1~5 赋值，1 表示“很没信心”，5 表示“很有信心”），分析它对脱贫攻坚与主观社会地位间关系的调节作用。为了避免虚假条件因果关系，本书遵照国际前沿做法（Hainmueller et al.，2019），按照先期自我预期将个体分为三组（低、中、高）并运用分箱估计量（Binning Estimator）进行组内估计，并在此基础上绘制出调节变量的分布情况。

图 7.2 展示了在不同先期价值预期水平下脱贫攻坚的边际效应估计。对于期望值处于低（L）水平的受访者，脱贫攻坚的效果几乎为零；当先期预期处于中（M）、高（H）水平时，脱贫攻坚的边际效应变为负值，且在统计水平下显著。在中等先期预期水平下，脱贫攻坚的边际效应为-0.003（$p<0.001$），在高水平下为-0.006（$p<0.001$）。使用主观收入地位作为因变量时，我们得到了类似的结果，但由于缺失值造成的样本规模缩减，该估计的精确度偏低，但这并不影响本书的研究结论。总而言之，对本就持有较高预期的个体而言，脱贫攻坚会进一步拉大其自我预期和现实能力之间的差距，给其主观社会地位带来更大的冲击和压力，这揭示了脱贫攻坚对主观社会经济地位形成的影响机制。

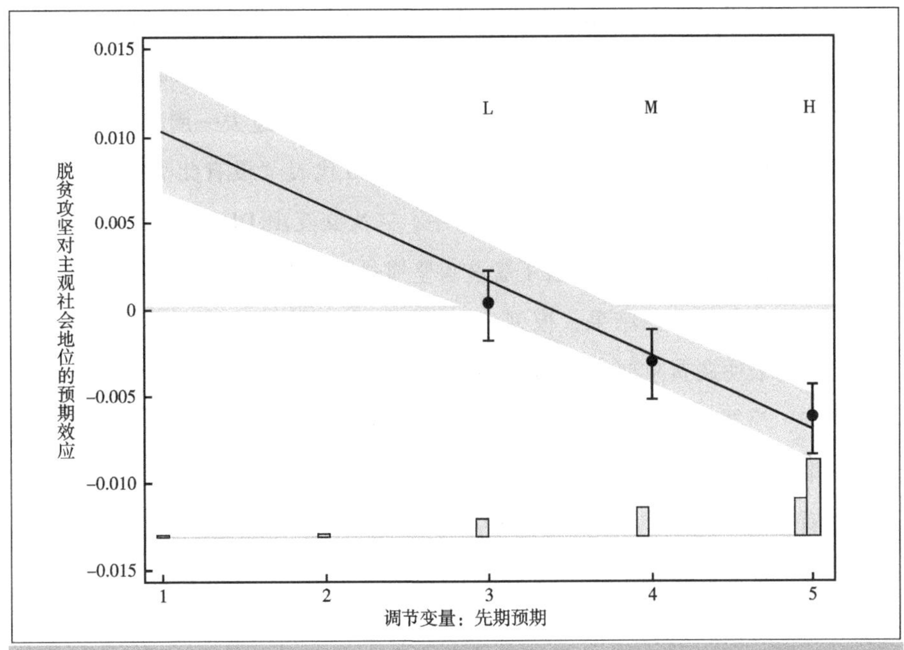

图 7.2 不同先期预期水平下脱贫攻坚的边际效应

注：该图展示了在三个不同的先期预期水平下，脱贫攻坚对主观社会地位的边际效应，阴影部分为 95% 的置信区间；L、M 和 H 分别代表调节变量的低、中、高三分位数；底部柱状图为调节变量先期预期的分布情况。

（七）影响机制分析：间接信息

上述分析已经发现，脱贫攻坚的政策效应与个体经历息息相关，那么它是否通过间接的信息渠道影响社会认知？研究表明，大众传媒是提升政策可见性的重要信息渠道，使得公共政策的影响超出了政策直接受益者的范畴（Jacobs and Mettler，2018；Rönnerstrand and Oskarson，2020；Soss and Schram，2007）。特别是对于太空计划等普通人很少直接接触的政策，媒体报道等二手信息对塑造政策绩效的公众评价至关重要（Steinberg，1987）。本书认为，在政府、政党、企业、社会团体全方位参与脱贫攻坚的战略下，许多人的生活与脱贫攻坚息息相关，脱贫攻坚更多的是通过个人经历而非新闻报道对公众认知产生影响。

为检验间接信息的影响机制，本书使用受访者通过网络新闻和电视新闻关注政治信息的频率作为依据进行三次交互分析。问卷询问受访者“您在过去一周有几天通过电视新闻了解政治信息?”和“您在过去一周有几天通过网络新闻了解政治信息?”变量取值范围为0~7，0代表“没有此类行为”，7代表“每日都关注政治信息”。在表7.17中，三次交互项DDD（网络）和DDD（电视）为重点观察对象，代表了脱贫攻坚通过不同新闻信息渠道对个体的影响。观察表中各列回归结果，模型（1）和模型（2）中三次交互项估计系数均不显著，表明脱贫攻坚未通过网络和电视新闻对个体关于治理质量的感知产生影响。模型（3）~（6）交互项估计系数同样不显著，表明脱贫攻坚未通过网络新闻和电视新闻对个体主观社会经济地位产生影响。以上机制分析表明，新闻媒体报道并非脱贫攻坚影响社会认知的渠道。

表 7.17　排除竞争性解释：新闻媒体报道

变量	(1)	(2)	(3)	(4)	(5)	(6)
	治理质量评价指数		主观社会地位		主观经济地位	
DDD(网络)	0.000 (0.000)		0.000 (0.000)		0.000 (0.000)	
DDD(电视)		0.000 (0.000)		-0.000 (0.000)		0.000 (0.000)
个体和家庭控制变量	是	是	是	是	是	是
省级控制变量	是	是	是	是	是	是
年份固定效应	是	是	是	是	是	是
个体固定效应	是	是	是	是	是	是
观测值	30305	41782	31456	43510	29643	41403
R^2	0.017	0.009	0.020	0.032	0.092	0.101
个体 id 数量	21135	23052	21997	23274	21250	22848

注：括号内数字为稳健标准误；p 值基于双尾检验，*** p<0.01，** p<0.05，* p<0.1；模型中已加入构成三次交互项的各一次和二次项。

（八）影响机制分析：政策福利资源

政策资源是社会政策影响民众态度和行为的重要因素（Campbell，2012；

Pierson，1993）。社会保障制度将资源取之于民，用之于民，通过收入再分配影响着社会利益格局。那么，得到政策资源慷慨程度不同的个体对政策产生的心理感受可能有所不同。实证研究发现，社会福利政策对民众态度和行为的影响与政策所提供的物质利益密切相关，社会福利扩张会增加政治投票，福利资源紧缩则会减少选民参与投票（Clinton and Sances，2018；Haselswerdt and Michener，2019）。在中国背景下，地方官员为了避免上级政府问责，有动机通过更为慷慨的政策资源减少辖区内民众的不满情绪（He et al.，2021）。那么，脱贫攻坚政策在多大程度上通过政策资源效应影响社会认知?

为检验政策福利资源的影响机制，本书使用过去12个月受访者家中接受的政府补助和社会捐助总额与家庭总人口数的比值构造个体政策收益变量，将其加入模型并与年份和脱贫数量一起构造三次交互项。如果政策福利资源本身是关键机制，那么可以预期，得到政策收益越多的民众，其认知受到脱贫攻坚绩效的影响越显著。表7.18为三重差分模型分析结果。由表7.18结果可知，模型（1）（3）（5）中三次交互项回归估计系数均不显著，表明脱贫攻坚对于接受政府补助金额不同的民众社会认知的影响没有显著差异，因而政府补助的受益程度并非脱贫攻坚政策影响社会认知的主要作用机制。在模型（2）中三次交互项估计系数显著为正，表明社会捐助资源的受益程度在一定程度上正向塑造了政策对象的治理质量认知，社会捐助额越多，脱贫攻坚对个体治理质量认知产生的作用越大。在模型（6）中，三次交互项估计系数显著为正，表示社会捐助额越多，脱贫攻坚对个体主观经济地位产生的影响越大。上述结果说明，政策受益者不仅重视脱贫攻坚政策的参与经历，同样在乎社会扶贫资源的受益程度。

表7.18　影响机制分析：政策福利资源

变量	(1)	(2)	(3)	(4)	(5)	(6)
	治理质量评价指数		主观社会地位		主观经济地位	
DDD （政府补助额）	0.005 (0.011)		-0.015 (0.012)		0.007 (0.013)	
DDD （社会捐助额）		0.186** (0.088)		0.033 (0.072)		0.170*** (0.054)

续表

变量	(1)	(2)	(3)	(4)	(5)	(6)
	治理质量评价指数		主观社会地位		主观经济地位	
个体和家庭控制变量	是	是	是	是	是	是
省级控制变量	是	是	是	是	是	是
年份固定效应	是	是	是	是	是	是
个体固定效应	是	是	是	是	是	是
观测值	41812	41812	43551	43551	41446	41446
R^2	0.009	0.009	0.031	0.031	0.099	0.100
个体 id 数量	23058	23058	23276	23276	22850	22850

注：括号内数字为稳健标准误；p 值基于双尾检验，*** p<0.01，** p<0.05，* p<0.1；模型中已加入构成三次交互项的各一次和二次项。

五　本章小结

尽管社会认知的形成是学界关注的重要议题，但学界对公共治理与公民认知之间的内在互动机制仍缺乏清晰解释。本研究理论探讨分析和实证识别了脱贫攻坚政策对政府治理质量认知和主观社会经济地位认知的影响及其作用机制。本书通过整合具有全国代表性的个体追踪面板数据、中观家庭数据和宏观省级政治经济数据，克服了既有研究在数据结构和研究设计上的不足。整体而言，脱贫攻坚时期，公众的社会心态呈现“积极中蕴含焦虑”的特点（严飞，2021）。政府的贫困治理提高了公众对政府治理工作的评价，但降低了他们对自身社会经济地位的评价。关于第三章中贫困治理的社会影响模型的理论假设，其检验结果见图 7.3 和图 7.4。本章研究结论如下。

第一，在宏观社会认知层面，脱贫攻坚对民众对于政府治理的认知产生了广泛的正向溢出效应。这种影响并未局限于贫富差距治理，还扩展至环境保护、就业、教育、医疗、住房、社会保障和腐败治理等多个领域，提升了民众对这些领域政府治理质量的评价（假设 A 和假设 B）。异质性分析表明，脱贫攻坚时期的政府治理模式和治理绩效对于那些有着直接政策受益经历的个体影响尤其明显（假设 C）。

第二，在微观社会地位认知层面，脱贫攻坚对民众对自己所处的经济社会地位的主观认知和评价产生了负向的溢出效应，导致个体主观地位认同下降（假设 D）；异质性分析显示，这种负面影响对于直接受益于政策的个体尤其显著（假设 E）。

第三，影响机制分析表明，脱贫攻坚的政策过程和成效通过资源效应和阐释效应，增强了民众对政府良好治理的认知。同时，脱贫攻坚激发了人们对于自身发展的期待，而自我期许和能力之间的差距导致了经济社会地位压力，进而影响主观地位认同。政策福利资源效应和新闻媒介的间接信息渠道效应并非主要政策传导机制。

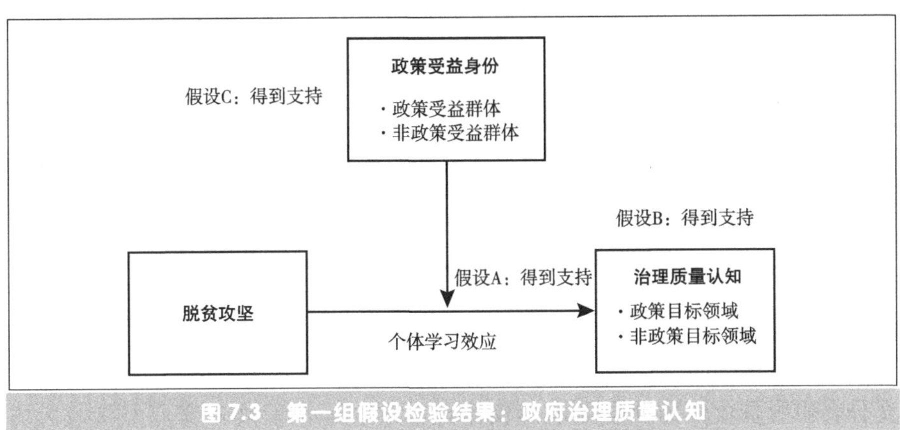

图 7.3　第一组假设检验结果：政府治理质量认知

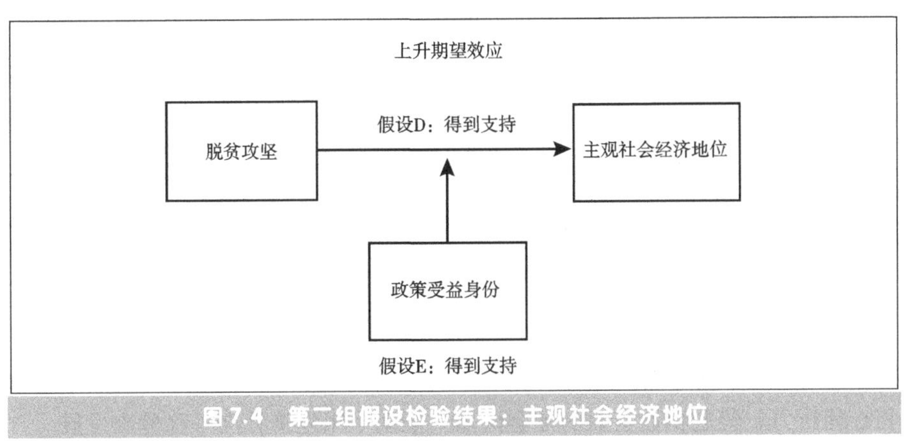

图 7.4　第二组假设检验结果：主观社会经济地位

本研究理论贡献在于以下方面。第一，引入政策反馈理论，以政策反馈的资源效应、反馈效应为理论基础，构建出宏观脱贫攻坚政策设计和政策执行促进公众个体政策学习，进而对个体认知产生正向效应的微观机制。总之，实证结果表明，社会政策设计及其运行已经成为塑造中国公众社会认知的重要因素。第二，本研究将社会认知的形成因素追溯至社会政策和治理模式层面，对话了社会学研究中关于结构决定论和相对比较论的争议，以全新维度呼应了相对比较论的观点。近年来，一些学者发现，中国公众的主观地位认同并没有随着收入和财富的增加而同步提高（邹宇春，2023；张文宏等，2023），而现有研究大多从个体在制度结构中的客观社会经济地位的角度去解释该群体主观阶层认同的形成，遵循韦伯社会分层研究的思路；或是从相对地位角度进行分析，遵循社会群体比较的思路。本研究重新从自我比较的动态视角来分析社会政策对社会地位认同的影响，借助社会认知心理学视角下的上升期望理论，提出一个新的分析框架，解释了脱贫攻坚对主观经济社会地位的塑造过程。第三，本研究运用自然实验方法进行因果推断，细致地探讨和检验了具体的影响机制，有助于评估中国脱贫攻坚阶段的政策效果和社会影响，也为发展中国扶贫政策过程的一般性理论提供经验证据。实证发现将脱贫攻坚政策的效应拓展至微观个体的心理感知和自我评价层面，充分表明脱贫攻坚的社会影响不仅体现在宏观经济发展和家庭经济收入方面，也体现在民众的日常生活中。

本研究亦具有一定的政策意义。随着现行标准下绝对贫困的消除，党的十九届五中全会提出了实现全体人民共同富裕的目标，这标志着解决相对贫困问题成为新时期中国贫困治理工作重点。党的二十大报告进一步强调要巩固提升脱贫攻坚成果，坚持运用好中国特色反贫困理论及其制度体系。相对贫困治理不仅涉及物质层面的收入差距缩小，还要求政府在执政过程中坚持以人民为中心的发展思想和治理理念；在福利分配中，政府应在增加低收入群体收入、优化社会福利、防止返贫的同时，提高城乡居民的抗风险能力，加强弱势群体的能力建设，激发外在帮扶的内生效应，减轻社会弱势群体的相对剥夺感和心理压力。塑造积极正面的社会认知，推动中国经济社会平稳健康发展。

第八章

结论与讨论

我国政治经济体制，有三大必要组件：掌握大量资源并可以自主行动的地方政府，协调和控制能力强的中央政府，以及人力资本雄厚和组织完善的官僚体系。

——兰小欢：《置身事内》

从2012年11月党的十八大召开至2020年11月最后一个国家级贫困县“摘帽”，历经8年艰苦卓绝的努力，中国脱贫攻坚战取得全面胜利。回顾本书开篇提出的两个核心研究问题。

中国国土辽阔，各地区地理禀赋、社会文化、经济发展、历史背景千差万别，中国如何克服地方差异以确保政策在不同地区都能取得预期成效？

公共政策的执行与成效能否转化为民众对政府治理的满意感和自身的获得感？具体机制是什么？

对第一个问题的回答需审视“中央-地方”研究视角下科层官僚体系内部的政府行为，即在特定的制度安排和资源条件下，地方政府官员如何决定本地扶贫政策。正如上文所强调的，中国辉煌的减贫成就得以实现，离不开中央和地方积极性的发挥，特别是与中央政府的制度设计及其对地方官员的激励机制紧密相关。尽管如此，中国国家治理中深层次的问题并未完全解决。地方政策之所以在长时间内稳定而持续地发挥作用，依赖中央对地方官员的“责任到人”和“人事冻结”机制。然而，一旦官员发生调动，地方扶贫政策的连续性和效果就可能受到影响。

对第二个问题的回答涉及“国家-社会”关系的理论议题。本书指出，中国实现减贫奇迹不仅是国家层面的努力成果，而且是地方干部和人民密切互动的结果。这种互动不仅改善了弱势群体的民生福利，还对普通社会大众的认知和心态产生了显著而微妙的影响。脱贫攻坚时期的减贫成效、治理投入和治理理念向社会彰显了政府强大的现代治理能力，提升了人们对政府治理水平的满意度。同时，脱贫攻坚政策激发了人们对自身发展的期许，而自我期许和能力之间的差距引发了主观社会地位压力，造成了公众社会地位认同的下滑，并且导致了中国公众主观社会阶层分化。

一 主要结论

在中国，政治集权和经济分权激励着地方政府采取治理行动并展开激烈竞争。地方政府既是上级政府的代理人，负责执行中央的政治决定，又是上级分配资源的承接者，运用这些治理资源实现国家和社会的互动。本书认为，脱贫攻坚时期，集权与分权的结合为地方政府贫困治理创造了强大的激励。一方面，地方政府及其领导人继续享有相当程度的下放权力，对区域的经济社会发展负责。另一方面，县级政府拥有了更多对地方发展至关重要的资源和自主权，从而增加了地方治理的灵活性。因此，地方政府在既定制度下的行为选择对治理绩效实现以及民众社会认知有着重要的影响。

本书立足于对定性和定量资料的系统分析，深入剖析了中国地方脱贫攻坚绩效的成因及其社会影响。实证部分由三个相互联系、逻辑相继的实证工作构成。首先，本书选择了包含丰富细节的单案例，通过过程追踪刻画了一个贫困县在 20 年间政府治理实践的动态发展过程，描述和阐明了地方政府行为的逻辑和地方治理绩效实现的机制。其次，在地方治理现实的启发下，本书开展了系统性的数据收集工作，构建了贫困县脱贫时间数据库、县委书记信息数据库两个原创性数据库，采用科学严谨的统计方法，详细地分析了涵盖全国县级行政区的定量数据，揭示出深层次影响中国地方治理实践的内在机理。最后，通过一项自然实验设计分析了地方政府脱贫攻坚对民众社会认知的影响，以探讨民众满意的治理根源，并进一步理解民众在经历政府治理实践和治理成效时的认知变化。

在梳理实证发现的基础上，本书得出了如下结论。

研究结论一：中央政府的制度设计及其所引发的地方官员激励机制是塑造地方政府贫困治理行为的关键因素。

通过对现有文献的综述和对国家政策与制度背景的梳理，以及对某国家级贫困县的地方治理历程的单案例分析，本书发现，脱贫攻坚时期中央的多项制度安排强化了县级党政领导的自主决策权和资源调配能力，增加了地方政府治理的灵活性；同时，脱贫攻坚目标责任制将脱贫压力自上而下层层传导，结合各类监督和激励机制设计确保地方按时完成政策目标。本书从中国特色的治理体制下政府官员的行为模式出发，尝试以一个典型案例来解释地方政府的行为逻辑，研究地方政府贫困治理的动态性以及扶贫政策在官员更迭前后是如何被实施的，从而揭示中国在贫困治理领域实现公共政策绩效的独特过程。

研究结论二：地方官员稳定带来的政策连续性对于政策绩效具有显著的正向促进作用。

本书通过深入分析国家级贫困县“戴帽”和“摘帽”两个阶段，揭示了地方官员单次更迭对脱贫攻坚绩效产生的短期负面影响，以及频繁更迭带来的长期负面影响。同时，官员更迭效应又受到区域经济情境和官僚政治因素的调节。具体而言，官员更迭对距离中心城市较近的县区脱贫的负面影响较弱，而对高农业经济占比地区的县区脱贫的负面影响较强。若继任官员由外省调任而来，则会进一步放大官员更迭的负面效应；若继任官员由本地提拔而来，官员更迭对贫困治理的负面影响尚不确定；此外，当离任官员落马时，官员更迭对贫困治理具有显著的负向影响；当离任官员获得提拔时，官员更迭的参数估计未通过显著性检验，表明离任官员获得晋升可以缓解官员更迭对贫困治理的负面影响。实证发现与第三章提出的理论假设颇为吻合。最后，机制分析表明，在县委书记变更当年，县级财政支出较上一年显著增加，这反映了本书的主要理论逻辑，即新上任官员为了取得显著政绩，通过扩大财政支出来推行新政，导致扶贫政策不连续，进而造成治理水平下降。

总而言之，在县委书记更迭的情况下，地方政府虽积极执行中央脱贫攻坚目标任务，却在强激励下做出更换扶贫项目的决策，导致治理绩效低下。

研究结论三：地方政府脱贫攻坚过程及其成效在社会认知领域具有显著的溢出效应，影响着公众对宏观治理质量和个体相对社会地位的判断。

本书运用自然实验设计，实证分析发现脱贫攻坚通过“个体学习效应”让民众对政府治理感受更加正面，感到各领域治理结果更加良好。同时，该政策通过“上升期望效应”激发了人们对自身发展的期望，而当这种不断攀升的期望在与现实中个体自我实现能力的局限性相对照时，便催生出一种关于社会经济地位的压力感。异质性分析表明，脱贫攻坚的政策效应取决于人们的政策经历，政策受益民众对政府治理实践有着直接的亲身经历，脱贫攻坚对其政府治理评价的提升效应和主观社会经济地位的压力效应尤其显著。此外，对政策受益者和原本自我预期较高者，这种主观社会经济地位的压力效应尤其显著。机制分析还发现，政策福利资源效应和新闻媒介的间接信息渠道效应并非脱贫攻坚影响社会认知的主要政策传导机制。上述发现印证了本书关于个体学习效应和上升期望效应的基本逻辑是有说服力的。这两种效应的共同作用可能激发公众的内在动力，促使他们在更为健康的社会环境中更加努力地提升自身的社会地位。

二　研究贡献与理论讨论

（一）理论贡献

在反思学术界对相关问题的理论讨论的基础上，本书所呈现的内容能在三个领域进一步延展关于中国政府治理的理论前沿。接下来，将对相关的理论意涵进行讨论。

第一，本书解构了国家治理的研究思路，将“中央-地方”和“国家-社会”两大国家治理核心主题同时纳入考量，并以科学的定性和定量方法为本书理论假设提供实证支持。首先，本书以中国特色的央地关系为制度背景，深入分析政府官员的行为模式和治理过程，提炼了政策绩效形成的理论框架。探索性案例研究通过“制度引导—官员行为—治理结果”的分析思路，着重探讨了制度情境变化下地方官员如何在治理实践中展现能动性，并促进治理绩效持续生成。其次，研究以政策连续性为视角，揭示出地方官员更迭影响地方治理绩效的规律和内在机理。最后，围绕中国治理转型过程中的政民互动实践，本书探究了脱贫攻坚与公民认知之间的内在互动机制，从而为理解公共政策的社会效应提供了重要的理论借鉴。

第二，本书构建了一个揭示地方官员如何影响经济社会发展的理论模型，丰富了官员与政府治理互动的相关文献。借鉴官员行为和激励理论，本书以县级主政官员更迭为研究切入点，提出官员更迭将会导致扶贫政策不连续，进而降低脱贫攻坚绩效的理论机制。因此，本书扩展了中国地方官员行为和激励理论的应用范畴，将其扩展到扶贫领域，也进一步澄清了反贫困问题不完全是一个技术问题，而是会受到政治因素的影响。地方官员的行为一直是理解中国经济社会发展的重要切入点。本书表明，地方官员在贫困治理领域的行为表现和决策模式影响着治理结果。本书为理解中国在扶贫等社会政策领域的地方政府行为和治理绩效差异拓展出了一个新的理论路径。

第三，本书在理论层面对公共政策的社会效应进行了深入拓展和创新，将互动、体验、期望和社会比较等认知因素纳入了理论框架。从认知基础层面出发，本书揭示了脱贫攻坚这一重大公共政策对社会认知的影响机制与路径，并为探究中国在经济社会快速转型背景下公众认知的形成提供了新的理论视角。具体而言，一方面，本书深入挖掘了社会学经典理论中的“结构决定论与社会比较论之争”，指出个体会被公共政策激发信心，个体也会因“纵向自我比较”而产生地位认同偏差，从而揭示了公共政策与个体社会地位认同之间的复杂关系，以及社会比较心理在其中的作用机制。另一方面，本书紧跟公共政策研究的前沿动态，引入了“政策反馈效应的形成机制”，探讨政策设计及其执行如何通过多重机制影响公众认知，并通过反馈循环影响后续的政策制定与执行。政策反馈理论的应用为本书带来新的维度，表明政策会通过资源分配和政民互动影响社会认知，提示学界关注政策可能带来的意外政治影响。上述分析为国家治理和公共政策研究提供了有益的借鉴，提出了一般性概念、理论假设和研究框架，对构建具有中国特色的公共管理与公共政策的中层理论（middle-range theory）具有参考意义。在中国特色国家治理进入新时代之际，本书在公共政策社会效应方面的理论创新为构建人民满意、民意支持的政府治理体系提供了科学思路，并有助于进一步理解国家与社会、政府与民众之间正向互动和良性循环的机制。

（二）实证贡献

第一，本书对县级层面脱贫攻坚绩效形成机制的实证研究对地方治理研究具有重要意义。现有研究大多通过案例研究探究地方官员的行为逻辑，或定量分析省市一级领导干部职业变动情况对地方治理绩效的影响。但是，限于县级党政领导干部资料的可获得性，目前系统定量考察作为脱贫攻坚“一线总指挥”的县委领导如何影响县域贫困治理的研究仍不多见。笔者广泛访谈并系统搜集县级层面脱贫时间和县级官员的履历数据，以县级行政区为分析单位，首次在脱贫攻坚背景下对“先戴帽，再脱贫摘帽”的两阶段治理过程进行了定量评估，系统考察了县级领导更迭对其辖区贫困治理的影响及其作用机制。研究的实证创新包括三个方面：①实证考察了经济、社会、政治因素对贫困区县“戴帽”的影响，并在借鉴相关文献的基础上，使用工具变量方法以尽量缓解可能的内生性问题；②在控制可能的选择性偏误和贫困县“摘帽”的影响因素后，实证分析脱贫攻坚时期官员更迭对县域贫困治理的影响。本书进一步通过分析地方经济情境、继任官员来源、离任官员去向和县级政府财政增长，印证了政策连续性的理论解释；③就数据基础而言，已有文献大多使用省份和城市样本考察地方政府行为的经济社会效应，难以较全面地刻画中国基层治理的差异和特征。本书使用中国县级样本，能够减小省份和城市经济社会发展程度差异的影响，以细粒度数据更全面地描绘了中国公共政策运行的特征和整体图景。

第二，本书利用中国各省份脱贫攻坚推进速度的差异设计自然实验，运用双重差分法评估不同贫困治理强度与社会认知的关系。实证创新主要有以下几方面。①本书将具有全国代表性的个体追踪面板数据、中观家庭数据和宏观省级社会经济数据连接起来，克服了既有研究在数据结构和研究设计上的不足，同时结合政策反馈等文献加以讨论，使得机制解释更为细致与严谨。②考虑到民众在脱贫攻坚实践中所得到的政策收益的差异，本书进一步检验了政府补助和社会捐助资源的受益群体及其获得资源的多寡是否调节脱贫攻坚的影响。③溢出效应是诸多政策评估研究可能忽视的问题。本书引入政策溢出效应视角，检验中国脱贫攻坚对公众政府治理水平认知和主观地位认同的影响。研究发现，脱贫攻坚绩效水平能够对减贫以外的领域和对象产生溢出效应。同时，本书通过空间分析较为精确地估计出各省份对邻近省份的空间溢出效应和脱贫攻坚的真实效果，为后续研究提供了实证思路。④本书运用脱贫攻坚事前时点的调查数据和脱贫攻坚时期的调查数据构造新面板以检验平行趋势假设。此外，对脱贫攻坚能够影响社会认知这一基本结论的内在机制展开实证分析，通过三重差分、因果效应异质性分析、空间分析等方法验证理论机制并排除竞争性解释，从而更加全面细致地刻画宏观政策对民意的影响机理。研究结论为探究在中国的政治体制和政策环境背景下特定政策如何塑造公众认知提供了更直接、更丰富的实证证据。

（三）理论适用范围

本书的理论框架基于中国脱贫攻坚时期的政策设计特征和地方治理实践，不仅展现了中国举国体制相对于西方的制度优势，还体现了中国治理体制的新特点。因此，有必要探讨研究结论的适用范围。本书的理论框架适用于“三农”政策及经济社会发展相关领域，尤其是在转型时期的治理体制变迁阶段。首先，鉴于“三农”工作的系统性和周期长的特点，产业落地后的发展平稳性和可持续性对产业绩效至关重要。在国家治理体系和治理能力现代化的背景下，我们应进一步拓展对官员治理的研究深度，通过优化治理机制确保政策绩效的可持续性。其次，中国的减贫政策设计兼具中央统筹的“顶层设计”与地方灵活施策的“因地制宜”双重特征。地方政府作为国家意志的载体和扶贫资金的责任主体，其组织动员机制是完成贫困治理目标的重要条件，其控制权、干预方式和行为选择决定了公共政策执行的效果。本书的研究结论同样适用于分析其他社会政策的设计与执行，尤其是探讨如何将制度优势转化为治理效能，以实现区域协调发展与共同富裕目标。最后，不同于改革开放前的政治控制社会模式，随着中国社会的日益活跃和分化，科层官僚体制需要在与社会和市场的互动中进行调整，政府决策必须更加反映社会诉求，以推行更为有效的治理。通过探讨中国特定政治体制和社会环境下公共政策与公众认知及政治心理的互动，本书的理论为社会心理学和行为政治学相关研究提供了更契合中国实际情况的方向。

公共政策绩效的可持续性将是未来中国高质量发展新时期公共管理和公共政策的主要挑战和重要命题，但中央大一统与地方自主性、经济发展与民生福祉的权衡将依然存在。在转型期的治理体制变迁阶段，各级政府在社会建设过程中依然会发挥主导作用，科层体制动员和行政资源都为政府官员的自由裁量提供制度空间。因此，巩固拓展脱贫攻坚成果、衔接乡村振兴、实现共同富裕等诸多领域都将涉及同样的问题。脱贫攻坚作为一种社会再分配手段，推动了中国发展与分配、公平与效率的平衡。如何继续将制度优势转化为可持续的治理效能，在经济发展与社会福祉中寻求平衡，并有效提升本国民众的发展权益，将始终是中国政府的重要使命。综上所述，本书构建的相关命题和理论解释反映了党的十八大以来中国国家治理的整体格局，不仅为未来公共政策绩效研究提供了具有学术价值的分析路径，还为公共管理和公共政策学界研究中国治理体制改革与重大公共政策设计提供了科学支撑。

三　政策意涵

针对本书实证发现，现为中国乡村振兴和高质量发展新时期优化地方官员治理、提升中国政府治理质量提出四个方面的政策建议。

第一，完善地方政绩考核体系。政策绩效的实现需要中央大一统和地方灵活性的有效衔接，从而确保公共政策得到稳定而持续的执行。本书表明，脱贫攻坚时期，中国贫困治理的各项制度有助于地方领导干部发挥自主性来实现有效治理，同时增强了贫困县党政领导干部执行脱贫任务的长期导向，对于提升经济落后地区的政府治理效能具有重要意义。然而，绩效考核的强激励和压力可能诱发地方官员的短期行为，为扶贫绩效的可持续带来一定隐患。特别是在脱贫攻坚任务完成之后，扶贫项目的短期性成为维持扶贫绩效可持续性的最大障碍。既有政策是否能够持续而稳定地执行成为防止返贫的关键。为了更好地平缓官员更迭引发的政策不连续对地方经济社会发展的负面影响，应改进官员考核评价体系，纳入政策长期效应、社会正义等短期内难以观察的隐性指标，并且要注意调控地方政府财政支出的短期扩张。

第二，设计机制合理安排地方党政领导更迭。我们都希望好的制度安排会带来好的政策绩效，但在现实中，制度的微观运行机制往往才是政策绩效的决定因素。脱贫攻坚时期，中央先后下派大量挂职干部参与基层扶贫工作，这些第一书记和驻村干部作为执行脱贫攻坚政策的关键行政主体，成为理解中国国家治理实践的重要线索。研究发现，外省调入的领导干部更可能执行不适合本地的新政策，本县提拔的领导干部在治理实践中更可能尊重地方具体情况，延续地方的优势产业。同时，挂职干部在制度运行中面临各种问题，如地方需求不匹配、派出单位资源支持不足等。因而，在地方党政官员需要调整时，上级政府应更多考虑前后任官员的背景，充分认识到不同来源官员的治理优势和劣势，避免官员更迭带来的政策衔接不畅和治理效能衰退。针对高质量发展阶段对公共政策的新需求，地方政府应积极鼓励领导干部主动探索创新性的治理方案，同时倡导以公共性为核心的工作理念和全心全意为人民服务的价值观，以全面提升公共政策的质量与效能。

第三，采取渐进式的长期持续治理模式。贫困治理不是一蹴而就的，而是渐进持续的过程。中国农村基础设施与农业产业的投入具有数量大、周期长的特点，又嵌入在当地生态环境、知识传统和社会网络中，需要长期规划和因地制宜才能稳定收益。脱贫攻坚时期推行的贫困治理政策具有较强的时效性和可变性，依赖政府主观能动的调适，从而能够在较短的时间范围内发挥作用（左才等，2020）。打赢脱贫攻坚战、全面建成小康社会后，这种集中政治动员式的治理体制不再适应治理现代化的要求。本书实证发现表明，在支持脱贫地区巩固拓展特色产业的同时，应当更加注重延续脱贫攻坚期间的人才支持政策，改善脱贫地区交通基础设施条件，进一步优化脱贫地区的产业结构。

第四，推动政策目标朝着满足人民对美好生活的向往和自我实现的追求转变。在精准扶贫、脱贫攻坚时期，政府运用举国体制强大的动员能力和资源整合能力，促使各级地方政府积极参与扶贫开发，极大地改善了贫困人口的生活水平。尽管实现了良好的整体绩效，但政策面向的公众群体却是非常差异化的，人们对政府治理的感知和理解各有不同。当前公众认知已不再局限于经济因素，而是对地方政府的治理质量提出更高期望。只有公众在政策过程中感知到公共政策的设计逻辑和运行状态符合期待和价值规范，才能促进国家与社会之间的良性互动。因而，政府应高度关注人民基本需求的变化和提升，并在政策沟通、政策实施、政策解释等行政过程中予以重视。此外，决策者还需要充分考虑公共政策的社会效应在政策领域和政策群体间的溢出效应，统筹推进国家治理体系和治理能力现代化。在不断完善社会保障的同时，政府应持续优化治理体系，以确保社会整体的政治支持和政治认同水平稳步提升。

另外，政策制定者应该重视“预料之外”的政策效应，特别是预料之外的负面影响，尽可能减少不良的社会后果。本书针对地方政府行为、政策绩效、社会认知及其之间的逻辑联系展开了科学系统的分析。研究结论及其含义能够帮助我们理解地方政府行为及其对政策绩效的作用机制，进而为新时期国家政策执行的全面推进提供参考。然而，研究依旧存在一些力所未及之处，需要在以下几方面进一步深化。罗必良（2020）提出多维贫困治理的“机会—能力—保障”逻辑线索，其核心是通过包容性增长模式促进机会公平，通过人力资源投资提升贫困群体的行为能力，以及通过心理干预提升贫困群体的心理幸福感。实现多维贫困的治理需要理解贫困群体的心理特征，调整贫困群体的认知模式，提升贫困群体的行为能力，这与本书实证发现不谋而合。随着我国进入高质量发展新阶段，政府应思考如何提升全体公民的获得感、幸福感以及政府满意度，在完善社会保障援助的同时促进社会平等，不断完善政府治理体系，不断提升低收入人口提高生活质量的能力，从而减少公共政策的社会成本。

四 不足与展望

习近平总书记在党的二十大报告中强调，“中国式现代化是全体人民共同富裕的现代化”。随着中国绝对贫困的消除和中国式现代化的推进，人民对社会不平等的反应将更加敏感，人民的自我认同和对政府治理的认可，对于形成广泛的政治认同和政治支持、确保国家长治久安将变得愈发重要。

第一，相对于复杂的政府治理现实，本书的理论模型必然是简化的，因此研究的理论视角和研究深度还有待进一步完善。首先，地方官员对地方经济社会的影响途径是多方面的。地方官员不仅会影响地方政府的治理绩效产出，还有可能影响程序正义、社会资本、福利分配等。本书只是分析了县级官员对县域整体脱贫快慢的影响，没有量化官员对地方经济、社会、乡村文化建设等其他方面的影响。在未来的研究中，可以更为细致地划分我国政府治理结果，并全面刻画政府行为对各类治理结果的影响。其次，影响地方官员行为的因素是多方面的，本书只分析了县级官员在干部人事体制内部的晋升动机，未考虑其他可能的激励因素，如地方官员个人能力的高低、派出单位帮扶资源的多寡、权力结构等正式因素，以及乡村非正式组织、宗教信仰、宗族文化、社会代表性等非正式因素对地方政府行为和治理绩效的影响。最后，在影响渠道方面，本书考察了政府官员通过财政支出手段影响治理绩效的传导机制，未来的研究可从财政支出结构、财政效率、政府债务等更多角度出发，更加系统地分析官员更迭对政府行为和经济社会绩效的影响渠道。

第二，本书的测量和实证分析还有较大改进空间。首先，本书从县级官员更迭的视角切入，提出了地方脱贫攻坚绩效实现的理论模型，并且通过全面详细的数据收集工作建立了贫困县脱贫时间数据库和县委书记个人信息数据库，这是本书在数据收集和原创性数据库建设方面的初步尝试。但是，地方政府治理队伍不仅包括党政一把手，乡镇干部、驻村第一书记、驻村工作队、各部门负责人乃至村“两委”干部的合力支持是政府完成上级政策目标的根本组织保障。受资料可得性限制，本书未涉及占人事队伍大多数的政府其他干部的人事变更问题。未来的研究可以在本书的基础上考察其他人事流动和往来渠道，改进研究设计、测量方法，继续丰富和推进政府人事管理领域的研究工作。其次，在政策社会效应的评估中，本书主要使用省、市一级政府脱贫攻坚的数据，对于研究发现在更低层级上是否成立，无法提供直接的经验证据。未来的研究需要进一步探讨和揭示在更低行政层级（县、乡镇、村）上政府治理行为和政策绩效对社会认知的影响。

第三，中国减贫模式对推进全球减贫，特别是发展中国家减贫的参考价值依然有待提炼。改革开放以来，中国突破欧美国家指导转型国家实现经济发展的“华盛顿共识”，凭借独立自主的发展模式取得了巨大的经济发展成就。中国的脱贫攻坚成就是这条中国道路可行的又一例证：中央与地方充分发挥积极性，协同攻克政策难点，有效形成实现政策目标的强大合力，显著提升了复杂政策领域的治理效能。在中央顶层设计和以人民为中心的发展思想指导下，中国地方政府在保持政策连续性的同时，富有自主性和创造性，取得了良好的治理成效，赢得了人民的支持。这为广大发展中国家探索适宜本国的减贫模式提供了一些基础性的解决方案，如具有强大动员能力的中央政府、掌握资源并可因地制宜加以运用的地方政府、组织完善的官僚体制以及高质素的干部队伍。

中国几千年以来首次解决绝对贫困问题，这不光是新中国成立以来一次重大的经济社会变迁，也是对世界产生深远影响的历史性胜利。中国发展所面临的许多问题，与其他国家特别是广大发展中国家存在共性。事实上，就任何一个国家的贫困治理而言，能否建立可持续的绩效实现机制，关系到治理成果能否维续；政府是否将增进人民福祉作为政治奋斗目标，关系到政府治理能否转化为公众支持。同时，我们也需要注意到中国政治和治理体制具有一定的独特性。随着中国和全球贫困治理实践的深入，未来我们可以继续考察中国高质量发展时期更高水平的现代化治理制度设计和运行模式，通过科学的实证研究提炼和总结中国的治国理政经验，为其他低收入国家和中等收入国家的高效治理提供借鉴。

参考文献

边燕杰、卢汉龙：《改革与社会经济不平等：上海市民地位观》，载边燕杰主编《市场转型与社会分层——美国社会学者分析中国》，生活·读书·新知三联书店，2002。

边燕杰主编《市场转型与社会分层——美国社会学者分析中国》，生活·读书·新知三联书店，2002。

财政部农村司扶贫处：《从“四到省”到“四到县”——扶贫开发工作责任制的探索及完善》，《农村财政与财务》2008 年第 7 期。

曹春方：《政治权力转移与公司投资：中国的逻辑》，《管理世界》2013 年第 1 期。

曹光宇、周黎安、翁翕：《官员更替对经济增长的影响及其作用机制——来自地级行政区的经验证据》，《经济学报》2019 年第 4 期。

曹正汉：《中国上下分治的治理体制及其稳定机制》，《社会学研究》2011 年第 1 期。

陈辉：《县域治理中的领导注意力分配》，《求索》2021 年第 1 期。

陈济冬、曹玉瑾、张也驰：《在持续稳定增长中减贫：我国的减贫历程与经验启示》，《改革》2020 年第 6 期。

陈济冬、徐慧：《地方政府政策回应能否提高流动人口定居意愿?》，《公共行政评论》2020 年第 5 期。

陈家建、巩阅瑄：《项目制的“双重效应”研究——基于城乡社区项目的数据分析》，《社会学研究》2021 年第 2 期。

陈家建、张琼文：《政策执行波动与基层治理问题》，《社会学研究》2015 年第 3 期。

陈家喜：《地方官员政绩激励的制度分析》，《政治学研究》2018 年第 3 期。

陈那波、李伟：《把“管理”带回政治——任务、资源与街道办网格化政策推行的案例比较》，《社会学研究》2020 年第 4 期。

陈前恒：《农户动员与贫困村内部发展性扶贫项目分配——来自西北地区 H 村的实证研究》，《中国农村经济》2008 年第 3 期。

陈少威、贾开：《数字化转型背景下中国环境治理研究：理论基础的反思与创新》，《电子政务》2020年第10期。

陈硕：《分税制改革、地方财政自主权与公共品供给》，《经济学（季刊）》2010年第4期。

陈思丞、孟庆国：《领导人注意力变动机制探究——基于毛泽东年谱中2614段批示的研究》，《公共行政评论》2016年第3期。

陈锡文、韩俊：《农村全面小康与实施乡村振兴战略研究》，中国发展出版社，2021。

陈云松、张翼、贺光烨：《中国公众的获得感——指标构建、时空变迁和宏观机制》，《中国浦东干部学院学报》2020年第2期。

戴亦一、潘越、冯舒：《中国企业的慈善捐赠是一种"政治献金"吗？——来自市委书记更替的证据》，《经济研究》2014年第2期。

邓燕华、王颖异、刘伟：《扶贫新机制：驻村帮扶工作队的组织、运作与功能》，《社会学研究》2020年第6期。

杜娟、朱旭峰：《地方领导性别与民众清廉感知：基于中国城市的实证研究》，《公共管理与政策评论》2021年第1期。

段哲哲、陈家喜：《新时代地方干部担当作为激励机制分析》，《政治学研究》2021年第1期。

范晓光、陈云松：《中国城乡居民的阶层地位认同偏差》，《社会学研究》2015年第4期。

冯猛：《基层政府与地方产业选择——基于四东县的调查》，《社会学研究》2014年第2期。

冯猛：《目标权衡与过程控制：地方政府创新的行为逻辑》，《社会学研究》2020年第2期。

符平：《市场体制与产业优势——农业产业化地区差异形成的社会学研究》，《社会学研究》2018年第1期。

符平、卢飞：《制度优势与治理效能：脱贫攻坚的组织动员》，《社会学研究》2021年第3期。

高翔：《最优绩效、满意绩效与显著绩效：地方干部应对干部人事制度的行为策略》，《经济社会体制比较》2017年第3期。

古学斌、张和清、杨锡聪：《地方国家、经济干预和农村贫困：一个中国西南村落的个案分析》，《社会学研究》2004年第2期。

郭峰、石庆玲：《官员更替、合谋震慑与空气质量的临时性改善》，《经济研究》2017年第7期。

郭君平、荆林波、张斌：《国家级贫困县“帽子”的“棘轮效应”——基于全国2073个区县的实证研究》，《中国农业大学学报（社会科学版）》2016年第4期。

郭平、林晓飞：《地方官员特征与民生财政支出——来自中国省长省委书记的证据》，《地方财政研究》2018年第3期。

贺东航、孔繁斌：《公共政策执行的中国经验》，《中国社会科学》2011年第5期。

侯麟科、刘明兴、陶郁：《双重约束视角下的基层治理结构与效能：经验与反思》，《管理世界》2020年第5期。

胡联、汪三贵：《我国建档立卡面临精英俘获的挑战吗?》，《管理世界》2017年第1期。

胡永和：《中国城镇新贫困问题研究》，中国经济出版社，2011。

怀默霆：《中国民众如何看待当前的社会不平等》，《社会学研究》2009年第1期。

黄超：《收入、资产与当代城乡居民的地位认同》，《社会学研究》2020年第2期。

黄冬娅：《压力传递与政策执行波动——以A省X产业政策执行为例》，《政治学研究》2020年第6期。

黄健、邓燕华：《制度的力量——中国社会保障制度建设与收入分配公平感的演化》，《中国社会科学》2021年第11期。

黄晓春、周黎安：《“结对竞赛”：城市基层治理创新的一种新机制》，《社会》2019年第5期。

黄祖辉、王雨祥、刘炎周、胡伟斌：《消费替代还是信任补偿？——转移支付收入对农民公共品供给意愿的影响研究》，《管理世界》2020 年第 9 期。

季程远、胡悦：《经济发展与纵向获得感——基于全球面板数据的分析》，《公共行政评论》2022 年第 2 期。

巨源远、左停：《农民所在县区属性对其获得惠农直接补贴影响的研究——基于西部 3 省县级数据的分析》，《国家行政学院学报》2017 年第 1 期。

兰小欢：《置身事内》，上海人民出版社，2021。

李芳华、张阳阳、郑新业：《精准扶贫政策效果评估——基于贫困人口微观追踪数据》，《经济研究》2020 年第 8 期。

李怀瑞、邓国胜：《社会力量参与乡村振兴的新内源发展路径研究——基于四个个案的比较》，《中国行政管理》2021 年第 5 期。

李骏、吴晓刚：《收入不平等与公平分配：对转型时期中国城镇居民公平观的一项实证分析》，《中国社会科学》2012 年第 3 期。

李骏：《从收入到资产：中国城市居民的阶层认同及其变迁——以 1991—2013 年的上海为例》，《社会学研究》2021 年第 3 期。

李路路、石磊：《经济增长与幸福感——解析伊斯特林悖论的形成机制》，《社会学研究》2017 年第 3 期。

李敏、符平：《绿色农业产业创新实践的持续之道——“外部环境-基层策略”视角下的案例研究》，《公共行政评论》2023 年第 5 期。

李棉管、岳经纶：《相对贫困与治理的长效机制：从理论到政策》，《社会学研究》2020 年第 6 期。

李棉管：《自保式低保执行——精准扶贫背景下石村的低保实践》，《社会学研究》2019 年第 6 期。

李培林、李炜：《农民工在中国转型中的经济地位和社会态度》，《社会学研究》2007 年第 3 期。

李培林：《社会学视角下的中国现代化新征程》，《社会学研究》2021

年第2期。

李小云：《贫困的终结》，中信出版集团，2021。

李小云：《政府统合的多元竞争：安徽省高沟镇产业发展奇迹研究》，《政治经济学季刊》2019年第3期。

李小云、马洁文、唐丽霞、徐秀丽：《关于中国减贫经验国际化的讨论》，《中国农业大学学报（社会科学版）》2016年第5期。

李小云、徐进：《消除贫困：中国扶贫新实践的社会学研究》，《社会学研究》2020年第6期。

李小云、徐进、于乐荣：《中国减贫四十年：基于历史与社会学的尝试性解释》，《社会学研究》2018年第6期。

李小云、张雪梅、唐丽霞：《我国中央财政扶贫资金的瞄准分析》，《中国农业大学学报（社会科学版）》2005年第3期。

李晓梅、白浩然：《双重政府权力运作：农村脱贫场景的治理逻辑——基于国家级贫困县村庄减贫实践的调研》，《公共管理学报》2019年第4期。

李学术：《论反贫困中的逆向激励与政策纠偏》，《农业经济问题》2007年第2期。

李永友、张子楠：《转移支付提高了政府社会性公共品供给激励吗?》，《经济研究》2017年第1期。

练宏：《注意力竞争——基于参与观察与多案例的组织学分析》，《社会学研究》2016年第4期。

梁平汉、高楠：《人事变更、法制环境和地方环境污染》，《管理世界》2014年第6期。

梁平汉、周润桦：《相对绩效考核、地方领导社会关系与地方政府行为》，《经济学报》2020年第1期。

林雪霏：《扶贫场域内科层组织的制度弹性——基于广西L县扶贫实践的研究》，《公共管理学报》2014年第1期。

林毅夫、蔡昉、李周：《中国的奇迹：发展战略与经济改革》，上海三联书店，1994。

刘军强、鲁宇、李振：《积极的惰性——基层政府产业结构调整的运作机制分析》，《社会学研究》2017年第5期。

刘蓝予、周黎安：《县域特色产业崛起中的“官场+市场”互动——以洛川苹果产业为例》，《公共管理学报》2020年第2期。

刘松瑞、王赫、席天扬：《行政竞标制、治理绩效和官员激励——基于国家卫生城市评比的研究》，《公共管理学报》2020年第4期。

刘玉海、赵鹏：《地方官员治理与城市绿色增长》，《经济学报》2018年第4期。

刘元贺、肖唐镖、孟威：《媒介接触如何影响民众地方治理评价？——基于民众政府观的中介效应分析》，《新闻界》2020年第9期。

卢圣华、汪晖：《政企网络关系、企业资源获取与经济效率——来自本地晋升官员离任的经验证据》，《经济管理》2020年第10期。

罗必良：《相对贫困治理：性质、策略与长效机制》，《求索》2020年第6期。

吕冰洋：《官员行为与财政行为》，《财政研究》2018年第11期。

吕冰洋：《央地关系：寓秩序于活力》，商务印书馆，2022。

吕方、梅琳：《“复杂政策”与国家治理——基于国家连片开发扶贫项目的讨论》，《社会学研究》2017年第3期。

吕捷：《“央-县”治理：脱贫攻坚中的一种新型中央与地方关系》，《行政管理改革》2020年第12期。

马得勇：《政治传播中的框架效应——国外研究现状及其对中国的启示》，《政治学研究》2016年第4期。

马磊、刘欣：《中国城市居民的分配公平感研究》，《社会学研究》2010年第5期。

马良灿：《项目制背景下农村扶贫工作及其限度》，《社会科学战线》2013年第4期。

蒙克、李朔严：《公共管理研究中的案例方法：一个误区和两种传承》，《中国行政管理》2019年第9期。

孟天广：《过程导向的国家治理：政府质量的生成、效应与机制?》，商务印书馆，2022。

孟天广、李锋：《政府质量与政治信任：绩效合法性与制度合法性的假说》，《江苏行政学院学报》2017 年第 6 期。

孟天广、杨明：《转型期中国县级政府的客观治理绩效与政治信任——从“经济增长合法性”到“公共产品合法性”》，《经济社会体制比较》2012 年第 4 期。

孟天广、杨平、苏政：《转型中国的公民意见与地方财政决策——基于对地方政府的调查实验》，《公共管理学报》2015 年第 3 期。

倪大钊、徐志毅、钟超、宫钰：《“先锋”与“后盾”：个体资本、单位层级与第一书记贫困治理绩效——基于陕甘宁深度贫困地区 72 个贫困村的实证分析》，《公共管理学报》2020 年第 4 期。

倪星、王锐：《权责分立与基层避责：一种理论解释》，《中国社会科学》2018 年第 5 期。

潘则泉：《转型与发展：当代中国农村贫困问题研究》，中国社会科学出版社，2019。

庞保庆、朱颖、王芳：《市长更替能否影响地方财政资金审计力度？——基于全国地市数据的实证分析》，《公共行政评论》2020 年第 5 期。

渠敬东：《项目制：一种新的国家治理体制》，《中国社会科学》2012 年第 5 期。

任剑涛、朱丹：《意识形态与国家治理绩效》，《学海》2018 年第 2 期。

荣敬本：《从压力型体制向民主合作体制的转变：县乡两级政治体制改革》，中央编译出版社，1998。

史普原：《科层为体、项目为用：一个中央项目运作的组织探讨》，《社会》2015 年第 5 期。

史普原：《项目制治理的边界变迁与异质性——四个农业农村项目的多案例比较》，《社会学研究》2019 年第 5 期。

舒全峰、苏毅清、张明慧、王亚华：《第一书记、公共领导力与村庄集体行动——基于 CIRS“百村调查”数据的实证分析》，《公共管理学报》2018 年第 3 期。

宋洪远：《中国农村改革三十年》，中国农业出版社，2008。

宋庆宇、乔天宇：《中国民众主观社会地位的地域差异 基于对 CFPS 2012 成人问卷数据的“虚拟情境锚定法”分析》，《社会》2017 年第 6 期。

孙伯驰、段志民：《农村低保制度的减贫效果——基于贫困脆弱性视角的实证分析》，《财政研究》2020 年第 2 期。

孙婧婧、和经纬：《作为溯因推理研究方法的因果过程追踪及其在公共政策研究中的应用》，《公共管理评论》2020 年第 4 期。

孙璐：《扶贫项目绩效评估研究：基于精准扶贫的视角》，社会科学文献出版社，2018。

孙宗锋、孙悦：《组织分析视角下基层政策执行多重逻辑探析——以精准扶贫中的“表海”现象为例》，《公共管理学报》2019 年第 3 期。

陶鹏、初春：《府际结构下领导注意力的议题分配与优先：基于公开批示的分析》，《公共行政评论》2020 年第 1 期。

陶郁、侯麟科、刘明兴：《张弛有别：上级控制力、下级自主性和农村基层政令执行》，《社会》2016 年第 5 期。

陶郁、刘明兴、侯麟科：《地方治理实践：结构与效能》，社会科学文献出版社，2020。

汪崇金、杨亿、谷军健：《第一书记驻村帮扶能提升乡村社会资本吗？——一项田野实验研究》，《财经研究》2021 年第 3 期。

汪三贵：《中国 40 年大规模减贫：推动力量与制度基础》，《中国人民大学学报》2018 年第 6 期。

王刚、白浩然：《脱贫锦标赛：地方贫困治理的一个分析框架》，《公共管理学报》2018 年第 1 期。

王鸿儒、陈思丞：《官员更替、中央环保督察与地方环境监管实施——基于南方 A 省 18945 家企业样本的实证研究》，《经济社会体制比较》2023 第 4 期。

王剑程、李丁、马双：《宽带建设对农户创业的影响研究——基于“宽带乡村”建设的准自然实验》，《经济学（季刊）》2020 年第 1 期。

王俊秀：《社会心态：转型社会的社会心理研究》，《社会学研究》2014 年第 1 期。

王培杰、彭雨馨、张友浪：《政策设计、政策认同和生育偏好——基于“独生子女”政策的反馈效应分析》，《公共行政评论》2022 年第 5 期。

王浦劬、季程远：《我国经济发展不平衡与社会稳定之间矛盾的化解机制分析——基于人民纵向获得感的诠释》，《政治学研究》2019 年第 1 期。

王浦劬、孙响：《公众的政府满意向政府信任的转化分析》，《政治学研究》2020 年第 3 期。

王贤彬、黄亮雄：《官员更替、政策不确定性及其经济效应——中国情景 10 年研究回顾与展望》，《公共管理与政策评论》2020 年第 2 期。

王贤彬、张莉、徐现祥：《什么决定了地方财政的支出偏向——基于地方官员的视角》，《经济社会体制比较》2013 年第 6 期。

王亚华、舒全峰：《中国精准扶贫的政策过程与实践经验》，《清华大学学报（哲学社会科学版）》2021a 年第 1 期。

王亚华、舒全峰：《中国精准扶贫实践的溢出效应》，《中共中央党校（国家行政学院）学报》2021b 年第 2 期。

王宇、李海洋：《管理学研究中的内生性问题及修正方法》，《管理学季刊》2017 年第 3 期。

魏程琳、赵晓峰：《常规治理、运动式治理与中国扶贫实践》，《中国农业大学学报（社会科学版）》2018 年第 5 期。

魏钦恭：《收入差距、不平等感知与公众容忍度》，《社会》2020 年第 2 期。

温涛、朱炯、王小华：《中国农贷的“精英俘获”机制：贫困县与非贫困县的分层比较》，《经济研究》2016 年第 2 期。

文雁兵、郭瑞、史晋川：《用贤则理：治理能力与经济增长——来自中国百强县和贫困县的经验证据》，《经济研究》2020 年第 3 期。

吴建南、马亮：《政府绩效与官员晋升研究综述》，《公共行政评论》2009年第2期。

吴建南、阎波：《政府绩效：理论诠释、实践分析与行动策略》，《西安交通大学学报（社会科学版）》2004年第3期。

吴愈晓、王鹏、黄超：《家庭庇护、体制庇护与工作家庭冲突——中国城镇女性的就业状态与主观幸福感》，《社会学研究》2015年第6期。

伍骏骞、阮建青、徐广彤：《经济集聚、经济距离与农民增收：直接影响与空间溢出效应》，《经济学（季刊）》2017年第1期。

谢小芹：《"接点治理"：贫困研究中的一个新视野——基于广西圆村"第一书记"扶贫制度的基层实践》，《公共管理学报》2016年第3期。

谢宇：《认识中国的不平等》，《社会》2010年第3期。

谢宇、胡婧炜、张春泥：《中国家庭追踪调查：理念与实践》，《社会》2014年第2期。

谢岳：《中国贫困治理的政治逻辑——兼论对西方福利国家理论的超越》，《中国社会科学》2020年第10期。

邢成举：《压力型体制下的"扶贫军令状"与贫困治理中的政府失灵》，《南京农业大学学报（社会科学版）》2016年第5期。

邢成举、李小云：《精英俘获与财政扶贫项目目标偏离的研究》，《中国行政管理》2013年第9期。

邢成举、吴春来：《领导注意力、项目分配与政策投入的资源陷阱——示范村经验何以难示范》，《公共管理学报》2023年第4期。

徐陈晰、焦长权：《悬浮的项目包：中国农村基本公共卫生服务的制度演进与实践逻辑》，《管理世界》2023年第11期。

徐业坤、马光源：《地方官员变更与企业产能过剩》，《经济研究》2019年第5期。

徐业坤、钱先航、李维安：《政治不确定性、政治关联与民营企业投资——来自市委书记更替的证据》，《管理世界》2013年第5期。

许汉泽：《行政主导型扶贫治理研究——以武陵山区茶乡精准扶贫实践

为例》，博士学位论文，中国农业大学，2018。

许琪：《“混合型”主观阶层认同：关于中国民众阶层认同的新解释》，《社会学研究》2018年第6期。

严飞：《分化与流动：我国社会结构与社会心态变迁（1978—2020）》，《求索》2021年第6期。

燕继荣：《反贫困与国家治理——中国“脱贫攻坚”的创新意义》，《管理世界》2020年第4期。

杨骅骝、周绍杰、胡鞍钢：《中国式扶贫：实践、成就、经验与展望》，《国家行政学院学报》2018年第6期。

杨开峰、储梦然：《改革的非意图后果：概念、诱因与调适》，《中国行政管理》2023年第1期。

杨宜音：《个体与宏观社会的心理关系：社会心态概念的界定》，《社会学研究》2006年第4期。

姚东旻、朱泳奕、余凯：《制度惯性、地方领导人更替与财政支出结构变动》，《社会学研究》2020年第2期。

姚洋、席天扬、李力行、王赫、万凤、张倩、刘松瑞、张舜栋：《选拔、培养和激励——来自CCER官员数据库的证据》，《经济学（季刊）》2020年第3期。

杨海生、才国伟、李泽槟：《政策不连续性与财政效率损失——来自地方官员变更的经验证据》，《管理世界》2015年第12期。

杨文辉、赵静：《政府回应、政策收益与公众政策评价：基于清洁取暖改造执行的联合实验研究》，《公共行政评论》2024年第4期。

叶敬忠、贺聪志：《基于小农户生产的扶贫实践与理论探索——以“巢状市场小农扶贫试验”为例》，《中国社会科学》2019年第2期。

叶志鹏、李朔严：《制度化的政商关系何以形成？——基于M市的历史性分析》，《社会学研究》2023年第5期。

游宇、王正绪、余莎：《互联网使用对政治机构信任的影响研究：民主政治的环境因素》，《经济社会体制比较》2017年第1期。

俞可平：《中国的治理改革（1978—2018）》，《武汉大学学报（哲学社会科学版）》2018年第3期。

袁方成：《“蹲点”手记：一份来自乡土中国的改革观察》，中国社会科学出版社，2011。

袁明宝：《压力型体制、生计模式与产业扶贫中的目标失灵——以黔西南L村为例》，《北京工业大学学报（社会科学版）》2018年第4期。

岳磊、刘乾：《患寡更患不均：不公平感如何影响公众的政治信任——基于对亚洲和拉丁美洲舆情表的多层分析》，《经济社会体制比较》2020年第6期。

张军、高远：《官员任期、异地交流与经济增长——来自省级经验的证据》，《经济研究》2007年第11期。

张鹏飞、李国强、侯麟科、刘明兴：《区域经济增长差异的再反思：历史起因与演化逻辑》，《经济学（季刊）》2019年第1期。

张平、赵国昌、罗知：《中央官员来源与地方经济增长》，《经济学（季刊）》2012年第2期。

张琦、史志乐：《我国农村贫困退出机制研究》，《中国科学院院刊》2016年第3期。

张全红、周强：《中国农村多维贫困的测度与反贫困政策研究》，华中科技大学出版社，2017。

张书维、申翊人、周洁：《行为公共管理学视角下公共决策的社会许可机制：“一提两抑”》，《心理学报》2020年第2期。

张文宏、刘飞、项军：《共同富裕背景下中国公众主观地位认同研究》，《社会学研究》2023年第4期。

张友浪、朱旭峰：《公民接触与政府服务评价：基于“一站式”行政服务中心的证据》，《甘肃行政学院学报》2020年第5期。

邹宇春：《时代之力：我国中等收入群体地位认同偏差的趋势分析》，《社会学研究》2023年第3期。

章奇、刘明兴：《权力结构、政治激励和经济增长》，格致出版社，2016。

章文光：《精准扶贫政策的“外部性”》，《人民论坛》2019年第15期。

章文光、刘丽莉：《精准扶贫背景下国家权力与村民自治的“共栖”》，《政治学研究》2020年第3期。

章文光、刘志鹏：《注意力视角下政策冲突中地方政府的行为逻辑——基于精准扶贫的案例分析》，《公共管理学报》2020年第4期。

赵静：《执行协商的政策效果：基于政策裁量与反馈模型的解释》，《管理世界》2022年第4期。

赵静、薛澜：《探究政策机制的类型匹配与运用》，《中国社会科学》2021年第10期。

折晓叶、陈婴婴：《项目制的分级运作机制和治理逻辑——对“项目进村”案例的社会学分析》，《中国社会科学》2011年第4期。

郑建君：《政治信任、社会公正与政治参与的关系——一项基于625名中国被试的实证分析》，《政治学研究》2013年第6期。

郑宇：《贫困治理的渐进平衡模式：基于中国经验的理论建构与检验》，《中国社会科学》2022年第2期。

周飞舟：《财政资金的专项化及其问题 兼论“项目治国”》，《社会》2012a年第1期。

周飞舟：《从脱贫攻坚到乡村振兴：迈向“家国一体”的国家与农民关系》，《社会学研究》2021年第6期。

周飞舟：《以利为利：财政关系与地方政府行为》，上海三联书店，2012b。

周飞舟、谭明智：《“责任到人”的治理机制及其作用——以脱贫攻坚战为例》，《学海》2020年第3期。

周广肃、张牧扬、樊纲：《地方官员任职经历、公共转移支付与居民消费不平等》，《经济学（季刊）》2020年第1期。

周黎安：《“官场+市场”与中国增长故事》，《社会》2018年第2期。

周黎安：《行政发包制》，《社会》2014年第6期。

周黎安：《行政发包制与中国特色的国家能力》，《开放时代》2022年第4期。

周黎安：《中国地方官员的晋升锦标赛模式研究》，《经济研究》2007年第7期。

周黎安：《转型中的地方政府：官员激励与治理（第二版）》，格致出版社，2017。

周琳娜、郑豪、丁宇刚、李渊琦：《贫困村与政府的距离对其脱贫的影响——基于脱贫攻坚的背景》，《经济经纬》2021年第2期。

周绍杰、杨骅骝、张君忆：《中国2020年后扶贫新战略——扶贫成就、主要目标、总体思路与政策建议》，《中国行政管理》2019年第11期。

周晓虹：《转型时代的社会心态与中国体验——兼与〈社会心态：转型社会的社会心理研究〉一文商榷》，《社会学研究》2014年第4期。

周雪光：《项目制：一个"控制权"理论视角》，《开放时代》2015年第2期。

周雪光：《中国国家治理的制度逻辑——一个组织学研究》，生活·读书·新知三联书店，2017。

周雪光、艾云、葛建华、顾慧君、李兰、卢清莲、赵伟、朱灵：《中国地方政府官员的空间流动：层级分流模式与经验证据》，《社会》2018年第3期。

周雪光、练宏：《中国政府的治理模式：一个"控制权"理论》，《社会学研究》2012年第5期。

朱旭峰、张友浪：《创新与扩散：新型行政审批制度在中国城市的兴起》，《管理世界》2015年第10期。

左才：《社会绩效、一票否决与官员晋升——来自中国城市的证据》，《公共管理与政策评论》2017年第3期。

左才、曾庆捷、王中原：《告别贫困：精准扶贫的制度密码》，复旦大学出版社，2020。

Abadie, A., "Semiparametric Difference-in-Differences Estimators", *The Review of Economic Studies*, 2005, 72 (1): 1-19.

Abadie, A., Athey, S., Imbens, G. W., and Wooldridge, J. M., "When

Should You Adjust Standard Errors for Clustering?", *The Quarterly Journal of Economics*, 2023, 138 (1): 1-35.

Adler, N. E., Epel, E. S., Castellazzo, G., and Ickovics, J. R., "Relationship of Subjective and Objective Social Status With Psychological and Physiological Functioning: Preliminary Data in Healthy, White Women", *Health Psychology*, 2000, 19 (6): 586-592.

Ang, Y. Y., *How China Escaped the Poverty Trap* (New York: Cornell University Press, 2016).

Baekgaard, M., Larsen, S. K., and Mortensen, P. B., "Negative Feedback, Political Attention, and Public Policy", *Public Administration*, 2019, 97 (1): 210-225.

Bardhan, P., "Decentralization of Governance and Development", *Journal of Economic Perspectives*, 2002, 16 (4): 185-205.

Barnes, T. D., Beaulieu, E., and Saxton, G. W., "Restoring Trust in the Police: Why Female Officers Reduce Suspicions of Corruption", *Governance*, 2018, 31 (1): 143-161.

Baumgartner, F. R., and Jones, B. D., *Agendas and Instability in American Politics* (Chicago: University of Chicago Press, 1993).

Beach, D., and Pedersen, R. B., *Process Tracing Methods: Foundation and Guidelines* (Ann Arbor: The University of Michigan Press, 2019).

Bell, D. A., *The China Model: Political Meritocracy and the Limits of Democracy* (Princeton: Princeton University Press, 2015).

Berdegué, J. A., Carriazo, F., Jara, B., Modrego, F., and Soloaga, I., "Cities, Territories, and Inclusive Growth: Unraveling Urban-Rural Linkages in Chile, Colombia, and Mexico", *World Development*, 2015, 73: 56-71.

Berkhout, J., "The Politics of Attention: How Government Prioritizes Problems", *Acta Politica*, 2008, 43 (4): 504-507.

Berry, F. S., and Berry, W. D., "State Lottery Adoptions as Policy

Innovations: An Event History Analysis", *American Political Science Review*, 1990, 84 (2): 395-415.

Bertram, I., Bouwman, R., and Tummers, L., "Socioeconomic Status and Public Sector Worker Stereotypes: Results from a Representative Survey", *Public Administration Review*, 2022, 82 (2): 237-255.

Bertrand, M., Bombardini, M., and Trebbi, F., "Is It Whom You Know or What You Know? An Empirical Assessment of the Lobbying Process", *American Economic Review*, 2014, 104 (12): 3885-3920.

Blau, P. M., and Duncan, O. D., *The American Occupational Structure* (New York: John Wiley and Sons, 1967).

Box-Steffensmeier, J. M., and Zorn, C. J., "Duration Models and Proportional Hazards in Political Science", *American Journal of Political Science*, 2001, 45 (4): 972-988.

Boyne, G. A., James, O., John, P., and Petrovsky, N., "Top Management Turnover and Organizational Performance: A Test of a Contingency Model", *Public Administration Review*, 2011, 71 (4): 572-581.

Buntaine, M. T., Zhang, B., and Hunnicutt, P., "Citizen Monitoring of Waterways Decreases Pollution in China by Supporting Government and Oversight", *Proceedings of the National Academy of Sciences*, 2021, 118 (29): e2015175118.

Cai, H., and Treisman, D., "Did Government Decentralization Cause China's Economic Miracle?", *World Politics*, 2006, 58 (4): 505-535.

Campbell, A. L., "Policy Makes Mass Politics", *Annual Review of Political Science*, 2012, 15: 333-351.

Cantoni, D., Chen, Y., Yang, D. Y., Yuchtman, N., and Zhang, Y. J., "Curriculum and Ideology", *Journal of Political Economy*, 2017, 125 (2): 338-392.

Cao, X., Kostka, G., and Xu, X., "Environmental Political Business

Cycles: The Case of PM2.5 Air Pollution in Chinese Prefectures", *Environmental Science & Policy*, 2019, 93: 92-100.

Capano, G., Howlett, M., Ramesh, M., and Virani, A., *Making Policies Work: First-and Second-Order Mechanisms in Policy Design* (Cheltenham: Edward Elgar Publishing, 2019).

Carlston, D., "On the Nature of Social Cognition: My Defining Moment", *The Oxford Handbook of Social Cognition*, ed. Carlston, D. (Oxford: Oxford University Press, 2013).

Centeno, M. A., Kohli, A., Yashar, D. J., and Mistree, D., *States in the Developing World* (Cambridge: Cambridge University Press, 2017).

Chan, H. S., and Gao, J., "Death Versus GDP! Decoding the Fatality Indicators on Work Safety Regulation in Post-Deng China", *The China Quarterly*, 2012, 210: 355-377.

Chan, H. S., and Suizhou, E. L., "Civil Service Law in the People's Republic of China: A Return to Cadre Personnel Management", *Public Administration Review*, 2007, 67 (3): 383-398.

Chandra, S., and Foster, A. W., "The 'Revolution of Rising Expectations,' Relative Deprivation, and the Urban Social Disorders of the 1960s: Evidence from State-level Data", *Social Science History*, 2005, 29 (2): 299-332.

Chen, J., Pan, J., and Xu, Y., "Sources of Authoritarian Responsiveness: A Field Experiment in China", *American Journal of Political Science*, 2016, 60 (2): 383-400.

Chubb, J. E., "The Political Economy of Federalism", *American Political Science Review*, 1985, 79 (4): 994-1015.

Clinton, J. D., and Sances, M. W., "The Politics of Policy: The Initial Mass Political Effects of Medicaid Expansion in the States", *American Political Science Review*, 2018, 112 (1): 167-185.

Collins, P. D., "Governance and the Eradication of Poverty: An Introduction to the Special Issue", *Public Administration and Development*, 2012, 32 (4-5): 337-344.

Couture, V., Faber, B., Gu, Y., and Liu, L., "Connecting the Countryside via E-Commerce: Evidence from China", *American Economic Review: Insights*, 2021, 3 (1): 35-50.

Cox, D. R., "Regression Models and Life-Tables", *Journal of the Royal Statistical Society: Series B (Methodological)*, 1972, 34 (2): 187-202.

Cruces, G., Perez-Truglia, R., and Tetaz, M., "Biased Perceptions of Income Distribution and Preferences for Redistribution: Evidence from a Survey Experiment", *Journal of Public Economics*, 2013, 98: 100-112.

Ding, I., "Performative Governance", *World Politics*, 2020, 72 (4): 525-556.

Distelhorst, G., and Hou, Y., "Constituency Service under Nondemocratic Rule: Evidence from China", *The Journal of Politics*, 2017, 79 (3): 1024-1040.

Druckman, J. N., and Bolsen, T., "Framing, Motivated Reasoning, and Opinions about Emergent Technologies", *Journal of Communication*, 2011, 61 (4): 659-688.

Du, J., and Yi, H., "Target-setting, Political Incentives, and the Tricky Trade-off between Economic Development and Environmental Protection", *Public Administration*, 2022, 100 (4): 923-941.

Dye, T. R., *Understanding Public Policy* (New Jersey: Pearson Prentice Hall, 2012).

Egan, M., Matvos, G., and Seru, A., "The Market for Financial Adviser Misconduct", *Journal of Political Economy*, 2019, 127 (1): 233-295.

Fernández-i-Marín, X., Hinterleitner, M., Knill, C., and Steinebach, Y., "Policy Growth, Implementation Capacities, and the Effect on Policy Performance", *Governance*, 2023, 1-19.

Fiske, S. T., and Taylor, S. E., *Social Cognition: From Brains to Culture*

(London: Sage, 2013).

Fisman, R., "Estimating the Value of Political Connections", *American Economic Review*, 2001, 91 (4): 1095-1102.

Fisman, R., and Wang, Y., "The Mortality Cost of Political Connections", *The Review of Economic Studies*, 2015, 82 (4): 1346-1382.

Fleming, D. J., "Learning from Schools: School Choice, Political Learning, and Policy Feedback", *Policy Studies Journal*, 2014, 42 (1): 55-78.

Fukuyama, F., "Governance: What Do We Know, and How Do We Know It?", *Annual Review of Political Science*, 2016, 19: 89-105.

Fukuyama, F., "What is Governance?", *Governance*, 2013, 26 (3): 347-368.

Gao, J., "Pernicious Manipulation of Performance Measures in China's Cadre Evaluation System", *The China Quarterly*, 2015a, 223: 618-637.

Gao, J., "Political Rationality vs. Technical Rationality in China's Target-Based Performance Measurement System: The Case of Social Stability Maintenance", *Policy and Society*, 2015b, 34 (1): 37-48.

George, A. L., and Bennett, A., *Case Studies and Theory Development in the Social Sciences* (Cambridge: MIT Press, 2005).

Gerring, J., *Case Study Research: Principles and Practices* (Cambridge: Cambridge University Press, 2007).

Geschwender, J. A., "Social Structure and the Negro Revolt: An Examination of Some Hypotheses", *Social Forces*, 1964, 43 (2): 248-256.

Gidron, N., and Hall, P. A., "The Politics of Social Status: Economic and Cultural Roots of the Populist Right", *The British Journal of Sociology*, 2017, 68: 57-84.

Gilardi, F., "Four Ways We Can Improve Policy Diffusion Research", *State Politics & Policy Quarterly*, 2016, 16 (1): 8-21.

Golub, J., "Survival Analysis", *The Oxford Handbook of Political*

Methodology, ed. Box-Steffensmeier, J. M., Brady, H. E., and Collier, D. (Oxford: Oxford University Press, 2008), 530-546.

Grimmelikhuijsen, S., Herkes, F., Leistikow, I., Verkroost, J., de Vries, F., and Zijlstra, W. G., "Can Decision Transparency Increase Citizen Trust in Regulatory Agencies? Evidence from a Representative Survey Experiment", *Regulation & Governance*, 2021, 15 (1): 17-31.

Guo, G., "China's Local Political Budget Cycles", *American Journal of Political Science*, 2009, 53 (3): 621-632.

Gurr, T. R., *Why Men Rebel* (Princeton, NJ: Princeton University Press, 1970).

Hainmueller, J., Mummolo, J., and Yiqing, X., "How Much Should We Trust Estimates from Multiplicative Interaction Models? Simple Tools to Improve Empirical Practice", *Political Analysis*, 2019, 27 (2): 163-192.

Han, R., Du, J., and Shao, L., "Opportunistic Bargaining: Negotiating Distribution in China", *The China Quarterly*, 2023, 253: 141-157.

Hansen, E. R., and Jansa, J. M., "Complexity, Resources, and Text Borrowing in State Legislatures", *Journal of Public Policy*, 2021, 41 (4): 752-775.

Harris, C. D., "The Market as a Factor in the Localization of Industry in the United States", *Annals of the Association of American Geographers*, 1954, 44 (4): 315-348.

Haselswerdt, J., and Michener, J., "Disenrolled: Retrenchment and Voting in Health Policy", *Journal of Health Politics, Policy and Law*, 2019, 44 (3): 423-454.

He, A. J., Ratigan, K., and Qian, J., "Attitudinal Feedback Towards Sub-national Social Policy: A Comparison of Popular Support for Social Health Insurance in Urban China", *Journal of Comparative Policy Analysis: Research and Practice*, 2021, 23 (3): 350-371.

He, G., and Wang, S., "Do College Graduates Serving as Village Officials Help Rural China?", *American Economic Journal: Applied Economics*, 2017, 9 (4): 186-215.

Heckman, J. J., "Sample Selection Bias as a Specification Error", *Econometrica*, 1979, 47 (1): 153-161.

Heckman, J. J., "The Common Structure of Statistical Models of Truncation, Sample Selection, and Limited Dependent Variables and a Simple Estimator for Such Models", *Annals of Economic and Social Measurement*, 1976, 5 (4): 475-492.

Heilmann, S., *Red Swan: How Unorthodox Policy-Making Facilitated China's Rise* (Hong Kong: Chinese University Press, 2018).

Helliwell, J. F., and Huang, H., "How's Your Government? International Evidence Linking Good Government and Well-Being", *British Journal of Political Science*, 2008, 38 (4): 595-619.

Hinkle, R. K., "Into the Words: Using Statutory Text to Explore the Impact of Federal Courts on State Policy Diffusion", *American Journal of Political Science*, 2015, 59 (4): 1002-1021.

Hou, L., Liu, M., Yang, D. L., and Xue, J., "Of Time, Leadership, and Governance: Elite Incentives and Stability Maintenance in China", *Governance*, 2018, 31 (2): 239-257.

Howlett, M., and Rayner, J., "Design Principles for Policy Mixes: Cohesion and Coherence in 'New Governance Arrangements'", *Policy and Society*, 2007, 26 (4): 1-18.

Huang, S., Hou, J., Sun, L., Dou, D., Liu, X., and Zhang, H., "The Effects of Objective and Subjective Socioeconomic Status on Subjective Well-Being Among Rural-to-Urban Migrants in China: The Moderating Role of Subjective Social Mobility", *Frontiers in Psychology*, 2017, 8: 819.

Hupe, P., and Hill, M., *Implementing Public Policy: An Introduction to the Study of Operational Governance* (London: Sage, 2014).

Im, D. K., and Meng, T., "The Policy-Opinion Nexus: The Impact of Social Protection Programs on Welfare Policy Preferences in China", *International Journal of Public Opinion Research*, 2016, 28 (2): 241-268.

Imai, K., Keele, L., and Yamamoto, T., "Identification, Inference, and Sensitivity Analysis for Causal Mediation Effects", *Statistical Science*, 2010, 25 (1): 51-71.

Jacobs, L. R., and Mettler, S., "When and How New Policy Creates New Politics: Examining the Feedback Effects of the Affordable Care Act on Public Opinion", *Perspectives on Politics*, 2018, 16 (2): 345-363.

Jacobs, L. R., Mettler, S., and Zhu, L., "The Pathways of Policy Feedback: How Health Reform Influences Political Efficacy and Participation", *Policy Studies Journal*, 2022, 50 (3): 483-506.

Jensen, C., and Petersen, M. B., "The Deservingness Heuristic and the Politics of Health Care", *American Journal of Political Science*, 2017, 61 (1): 68-83.

Jia, K., and Chen, S., "Could Campaign-Style Enforcement Improve Environmental Performance? Evidence from China's Central Environmental Protection Inspection", *Journal of Environmental Management*, 2019, 245: 282-290.

Jiang, J., Meng, T., and Zhang, Q., "From Internet to Social Safety Net: The Policy Consequences of Online Participation in China", *Governance*, 2019, 32 (3): 531-546.

Jiang, J., Shao, Z., and Zhang, Z., "The Price of Probity: Anticorruption and Adverse Selection in the Chinese Bureaucracy", *British Journal of Political Science*, 2022, 52 (1): 41-64.

Jiang, J., and Zeng, Y., "Countering Capture: Elite Networks and Government Responsiveness in China's Land Market Reform", *Journal of Politics*, 2020, 82 (1): 13-28.

Jin, H., Qian, Y., and Weingast, B. R., "Regional Decentralization and Fiscal Incentives: Federalism, Chinese Style", *Journal of Public Economics*, 2005, 89 (9-10): 1719-1742.

Jindra, C., and Vaz, A., "Good Governance and Multidimensional Poverty: A Comparative Analysis of 71 Countries", *Governance*, 2019, 32 (4): 657-675.

Jordan, G., and Halpin, D., "The Political Costs of Policy Coherence: Constructing a Rural Policy for Scotland", *Journal of Public Policy*, 2006, 26 (1): 21-41.

Jones, B. D., and Baumgartner, F. R., "From There to Here: Punctuated Equilibrium to the General Punctuation Thesis to a Theory of Government Information Processing", *Policy Studies Journal*, 2012, 40 (1): 1-20.

Jones, B. F., and Olken, B. A., "Do Leaders Matter? National Leadership and Growth Since World War II", *The Quarterly Journal of Economics*, 2005, 120 (3): 835-864.

Kahsay, G. A., and Medhin, H., "Leader Turnover and Forest Management Outcomes: Micro-Level Evidence from Ethiopia", *World Development*, 2020, 127: 104765.

Kaufmann, D., Kraay, A., and Mastruzzi, M., "The Worldwide Governance Indicators: Methodology and Analytical Issues", *Hague Journal on the Rule of Law*, 2011, 3 (2): 220-246.

Kay, A., and Baker, P., "What Can Causal Process Tracing Offer to Policy Studies? A Review of the Literature", *Policy Studies Journal*, 2015, 43 (1): 1-21.

Kraus, M. W., Tan, J. J., and Tannenbaum, M. B., "The Social Ladder: A Rank-based Perspective on Social Class", *Psychological Inquiry*, 2013, 24 (2): 81-96.

Kou, C. W., and Tsai, W. H., " 'Sprinting with Small Steps' Towards Promotion: Solutions for the Age Dilemma in the CCP Cadre Appointment

System", *The China Journal*, 2014, 71 (1): 153-171.

Kurer, T., and Van Staalduinen, B., "Disappointed Expectations: Downward Mobility and Electoral Change", *American Political Science Review*, 2022, 116 (4): 1340-1356.

Kumlin, S., *The Personal and the Political: How Personal Welfare State Experiences Affect Political Trust and Ideology* (New York: Palgrave/Macmillan, 2004).

Kumlin, S., and Stadelmann-Steffen, I., "Studying How Policies Affect the People: Grappling with Measurement, Causality, and the Macro-Micro Divide", *Handbook of Research Methods and Applications in Political Science*, ed. Keman, H., and Woldendorp, J. J. (Cheltenham: Edward Elgar Publishing, 2016), 343-358.

Kunda, Z., *Social Cognition: Making Sense of People* (Cambridge: MIT Press, 1999).

Kung, J. K. S., and Chen, S., "The Tragedy of the Nomenklatura: Career Incentives and Political Radicalism During China's Great Leap Famine", *American Political Science Review*, 2011, 105 (1): 27-45.

Landry, P. F., *Decentralized Authoritarianism in China: The Communist Party's Control of Local Elites in the Post-Mao Era* (Cambridge: Cambridge University Press, 2008).

Landry, P. F., Lü, X., and Duan, H., "Does Performance Matter? Evaluating Political Selection Along the Chinese Administrative Ladder", *Comparative Political Studies*, 2018, 51 (8): 1074-1105.

Larsen, E. G., "Policy Feedback Effects on Mass Publics: A Quantitative Review", *Policy Studies Journal*, 2019, 47 (2): 372-394.

Lee, D. S., and Schuler, P., "Testing the 'China Model' of Meritocratic Promotions: Do Democracies Reward Less Competent Ministers Than Autocracies?", *Comparative Political Studies*, 2020, 53 (3-4): 531-566.

Leutert, W., "Innovation Through Iteration: Policy Feedback Loops in China's Economic Reform", *World Development*, 2021, 138: 105173.

Li, H., and Zhou, L. A., "Political Turnover and Economic Performance: The Incentive Role of Personnel Control in China", *Journal of Public Economics*, 2005, 89 (9-10): 1743-1762.

Li, M., and Walker, R., "Need, Justice, and Central-Local Relations: The Case of Social Assistance in China", *Public Administration*, 2021, 99 (1): 87-102.

Liao, C., Fei, D., Huang, Q., Jiang, L., and Shi, P., "Targeted Poverty Alleviation Through Photovoltaic-Based Intervention: Rhetoric and Reality in Qinghai, China", *World Development*, 2021, 137: 105117.

Lieberthal, K., *Governing China: From Revolution Through Reform* (New York: W. W. Norton, 2004).

Lieberthal, K., and Oksenberg, M., *Policy Making in China: Leaders, Structures, and Processes* (Princeton: Princeton University Press, 1988).

Liu, D., "Punish the Dissidents: The Selective Implementation of Stability Preservation in China", *Journal of Contemporary China*, 2019, 28 (119): 795-812.

Liu, N. N., Lo, C. W. H., Zhan, X., and Wang, W., "Campaign-Style Enforcement and Regulatory Compliance", *Public Administration Review*, 2015, 75 (1): 85-95.

Lu, M., Xia, L., and Xiao, J., "Pro-Social Leadership Under Authoritarianism: Provincial Leaders' Educational Backgrounds and Fiscal Expenditure Structure in China", *Economics of Transition and Institutional Change*, 2019, 27 (1): 5-30.

Lü, X., "Intergovernmental Transfers and Local Education Provision: Evaluating China's 8-7 National Plan for Poverty Reduction", *China Economic Review*, 2015, 33: 200-211.

Lü, X., "Social Policy and Regime Legitimacy: The Effects of Education Reform in China", *American Political Science Review*, 2014, 108 (2): 423-437.

Lü, X., and Liu, M., "The Logic of De Facto Power and Local Education Spending: Evidence from China", *Publius: The Journal of Federalism*, 2019, 49 (2): 325-351.

Luna, J. P., and Soifer, H. D., "Capturing Sub-national Variation in State Capacity: A Survey-Based Approach", *American Behavioral Scientist*, 2017, 61 (8): 887-907.

Lundberg, J., and Kristenson, M., "Is Subjective Status Influenced by Psychosocial Factors?", *Social Indicators Research*, 2008, 89 (3): 375-390.

Mann, C. B., Arceneaux, K., and Nickerson, D. W., "Do Negatively Framed Messages Motivate Political Participation? Evidence from Four Field Experiments", *American Politics Research*, 2020, 48 (1): 3-21.

Mathieu, E., "Policy Coherence Versus Regulatory Governance: Electricity Reforms in Algeria and Morocco", *Regulation & Governance*, 2023, 17 (3): 694-708.

May, P. J., Sapotichne, J., and Workman, S., "Policy Coherence and Policy Domains", *Policy Studies Journal*, 2006, 34 (3): 381-403.

Mei, C., and Pearson, M. M., "Killing a Chicken to Scare the Monkeys? Deterrence Failure and Local Defiance in China", *The China Journal*, 2014, 72 (1): 75-97.

Mettler, S., "Bringing the State Back in to Civic Engagement: Policy Feedback Effects of the G. I. Bill for World War II Veterans", *The American Political Science Review*, 2002, 96 (2): 351-365.

Meng, K., "Promotion Tournament, Labor Market Tightening, and Pension Generosity: A Comparative Public Policy Analysis of Pension System for Urban Workers in China (1997 - 2013)", *Journal of Comparative Policy*

Analysis: Research and Practice, 2020, 22 (4): 383-404.

Meng, L., "Evaluating China's Poverty Alleviation Program: A Regression Discontinuity Approach", *Journal of Public Economics*, 2013, 101: 1-11.

Mertha, A., "Fragmented Authoritarianism 2.0': Political Pluralization in the Chinese Policy Process", *The China Quarterly*, 2009, 200: 995-1012.

Mettler, S., and Soss, J., "The Consequences of Public Policy for Democratic Citizenship: Bridging Policy Studies and Mass Politics", *Perspectives on Politics*, 2004, 2 (1): 55-73.

Meyerrose, A. M., "The Unintended Consequences of Democracy Promotion: International Organizations and Democratic Backsliding", *Comparative Political Studies*, 2020, 53 (10-11): 1547-1581.

Miao, Q., Schwarz, S., and Schwarz, G., "Responding to COVID-19: Community Volunteerism and Coproduction in China", *World Development*, 2021, 137: 105128.

Mills, C. W., *The Sociological Imagination* (Oxford: Oxford University Press, 1959).

Montgomery, J. M., Nyhan, B., and Torres, M., "How Conditioning on Posttreatment Variables Can Ruin Your Experiment and What to Do About It", *American Journal of Political Science*, 2018, 62 (3): 760-775.

Moulton, B. R., "An Illustration of a Pitfall in Estimating the Effects of Aggregate Variables on Micro Units", *The Review of Economics and Statistics*, 1990: 334-338.

Navarro-Carrillo, G., Alonso-Ferres, M., Moya, M., and Valor-Segura, I., "Socioeconomic Status and Psychological Well-Being: Revisiting the Role of Subjective Socioeconomic Status", *Frontiers in Psychology*, 2020, 11: 1303.

Newman, B. J., "Breaking the Glass Ceiling: Local Gender-Based Earnings Inequality and Women's Belief in the American Dream", *American Journal of Political Science*, 2016, 60 (4): 1006-1025.

Nilsson, M., Zamparutti, T., Petersen, J. E., Nykvist, B., Rudberg, P., and McGuinn, J., "Understanding Policy Coherence: Analytical Framework and Examples of Sector-Environment Policy Interactions in the EU", *Environmental Policy and Governance*, 2012, 22 (6): 395-423.

Nørgaard, A. S., "Political Science: Witchcraft or Craftsmanship? Standards for Good Research", *World Political Science*, 2008, 4 (1): 1-28.

Nunn, N., and Qian, N., "The Potato's Contribution to Population and Urbanization: Evidence From A Historical Experiment", *The Quarterly Journal of Economics*, 2011, 126 (2): 593-650.

O'Brien, K. J., and Han, R., "Path to Democracy? Assessing Village Elections in China", *Journal of Contemporary China*, 2009, 18 (60): 359-378.

O'Brien, K. J., and Li, L., *Rightful Resistance in Rural China* (New York: Cambridge University Press, 2006).

O'Brien, K. J., and Li, L., "Selective Policy Implementation in Rural China", *Comparative Politics*, 1999, 31 (2): 167-186.

Oesch, D., and Vigna, N., "A Decline in the Social Status of the Working Class? Conflicting Evidence for 8 Western Countries, 1987-2017", *Comparative Political Studies*, 2022, 55 (7): 1130-1157.

Olson, M., "Dictatorship, Democracy, and Development", *American Political Science Review*, 1993, 87 (3): 567-576.

Ostrove, J. M., Adler, N. E., Kuppermann, M., and Washington, A. E., "Objective and Subjective Assessments of Socioeconomic Status and Their Relationship to Self-Rated Health in an Ethnically Diverse Sample of Pregnant Women", *Health Psychology*, 2000, 19 (6): 613.

Parinandi, S. C., Langehennig, S., and Trautmann, M., "Which Legislators Pay Attention to Other States' Policies? Comparing Cosponsorship to Floor Voting in the Diffusion of Renewable Portfolio Policy", *Policy Studies*

Journal, 2021, 49 (2): 408–430.

Park, A., and Wang, S., "Community-Based Development and Poverty Alleviation: An Evaluation of China's Poor Village Investment Program", *Journal of Public Economics*, 2010, 94 (9–10): 790–799.

Park, A., Wang, S., and Wu, G., "Regional Poverty Targeting in China", *Journal of Public Economics*, 2002, 86 (1): 123–153.

Park, S., and Hendry, D. J., "Reassessing Schoenfeld Residual Tests of Proportional Hazards in Political Science Event History Analyses", *American Journal of Political Science*, 2015, 59 (4): 1072–1087.

Patashnik, E., "After the Public Interest Prevails: The Political Sustainability of Policy Reform", *Governance*, 2003, 16 (2): 203–234.

Patashnik, E. M., and Weaver, R. K., "Policy Analysis and Political Sustainability", *Policy Studies Journal*, 2021, 49 (4): 1110–1134.

Pepinsky, T. B., "A Note on Listwise Deletion versus Multiple Imputation", *Political Analysis*, 2018, 26 (4): 480–488.

Persson, P., and Zhuravskaya, E., "The Limits of Career Concerns in Federalism: Evidence from China", *Journal of the European Economic Association*, 2016, 14 (2): 338–374.

Peters, B. G., "Can We Be Casual about Being Causal?", *Journal of Comparative Policy Analysis: Research and Practice*, 2022, 24 (1): 73–86.

Pierson, P., "When Effect Becomes Cause: Policy Feedback and Political Change", *World Politics*, 1993, 45 (4): 595–628.

Qian, N., "Missing Women and the Price of Tea in China: The Effect of Sex-Specific Earnings on Sex Imbalance", *The Quarterly Journal of Economics*, 2008, 123 (3): 1251–1285.

Qian, Y., Roland, G., and Xu, C., "Coordination and Experimentation in M-Form and U-Form Organizations", *Journal of Political Economy*, 2006, 114 (2): 366–402.

Qian, Y., and Weingast, B. R., "Federalism as a Commitment to Reserving Market Incentives", *Journal of Economic Perspectives*, 1997, 11 (4): 83-92.

Qian, Y., and Xu, C. G., "Why China's Economic Reforms Differ: The M-Form Hierarchy and Entry/Expansion of the Non-State Sector", *Economics of Transition*, 1993, 1 (2): 135-170.

Ravallion, M., and Chen, S., "China's (Uneven) Progress Against Poverty", *Journal of Development Economics*, 2007, 82 (1): 1-42.

Roberts, A., and Kim, B. Y., "Policy Responsiveness in Post-communist Europe: Public Preferences and Economic Reforms", *British Journal of Political Science*, 2011, 41 (4): 819-839.

Rogers, E. M., *Diffusion of Innovations* (New York: The Free Press, 2010).

Rönnerstrand, B., and Oskarson, M., "Standing in Line When Queues Are on the Decline: Services Satisfaction Following the Swedish Health Care Waiting Time Guarantee", *Policy Studies Journal*, 2020, 48 (2): 469-493.

Rotberg, R. I., "Good Governance Means Performance and Results", *Governance*, 2014, 27 (3): 511-518.

Sabatier, P. A., "The Advocacy Coalition Framework: Revisions and Relevance for Europe", *Journal of European Public Policy*, 1998, 5 (1): 98-130.

Schattschneider, E. E., *Politics, Pressures, and the Tariff* (New York: Prentice Hall, 1974).

Scheepers, P., and Grotenhuis, M. T., "Who Cares for the Poor in Europe? Micro and Macro Determinants for Alleviating Poverty in 15 European Countries", *European Sociological Review*, 2005, 21 (5): 453-465.

Sen, A., *Poverty and Famines: An Essay on Entitlement and Deprivation* (Oxford: Oxford University Press, 1982).

Shah, P. P., "Who Are Employees' Social Referents? Using a Network Perspective to Determine Referent Others", *Academy of Management Journal*, 1998, 41 (3): 249-268.

Shen, Y., Wu, J., and Wu, S., "City-Chief Turnover and Place-Based Policy Change: Evidence from China", *Journal of Regional Science*, 2022, 62 (5): 1296-1328.

Singh-Manoux, A., Adler, N. E., and Marmot, M. G., "Subjective Social Status: Its Determinants and Its Association with Measures of Ill-Health in the Whitehall II Study", *Social Science & Medicine*, 2003, 56 (6): 1321-1333.

Sorsa, V. P., and Van der Zwan, N., "Sustaining the Unsustainable? The Political Sustainability of Pensions in Finland and the Netherlands", *Journal of European Social Policy*, 2022, 32 (1): 91-104.

Soss, J., and Schram, S. F., "A Public Transformed? Welfare Reform as Policy Feedback", *American Political Science Review*, 2007, 101 (1): 111-127.

Steinberg, G. M., "Large-Scale National Projects as Political Symbols: The Case of Israel", *Comparative Politics*, 1987, 19 (3): 331-346.

Stipak, B., "Citizen Satisfaction with Urban Services: Potential Misuse as a Performance Indicator", *Public Administration Review*, 1979: 46-52.

Stock, J. H., and Watson, M. W., *Introduction to Econometrics* (New York: Prentice Hall, 2003).

Stouffer, S. A., *The American Soldier* (Princeton: Princeton University Press, 1949).

Tang, X., Liu, Z., and Yi, H., "Performance Ranking and Environmental Governance: An Empirical Study of the Mandatory Target System", *Review of Policy Research*, 2018, 35 (5): 750-772.

Taylor, M. C., "Improved Conditions, Rising Expectations, and

Dissatisfaction: A Test of the Past/Present Relative Deprivation Hypothesis", *Social Psychology Quarterly*, 1982, 45 (1): 24-33.

Treisman, D., "Income, Democracy, and Leader Turnover", *American Journal of Political Science*, 2015, 59 (4): 927-942.

Treisman, D., *The Architecture of Government: Rethinking Political Decentralization* (New York: Cambridge University Press, 2007).

Truex, R., "Consultative Authoritarianism and Its Limits", *Comparative Political Studies*, 2017, 50 (3): 329-361.

Tsai, K. S., and Wang, Q., "Charitable Crowdfunding in China: An Emergent Channel for Setting Policy Agendas?", *The China Quarterly*, 2019, 240: 936-966.

Tsai, L. L., "Cadres, Temple and Lineage Institutions, and Governance in Rural China", *The China Journal*, 2002, (48): 1-27.

Tsai, L. L., "Solidary Groups, Informal Accountability, and Local Public Goods Provision in Rural China", *American Political Science Review*, 2007, 101 (2): 355-372.

Tsai, L. L., "Constructive Noncompliance", *Comparative Politics*, 2015, 47 (3): 253-279.

Tsai, L. L., and Xu, Y., "Outspoken Insiders: Political Connections and Citizen Participation in Authoritarian China", *Political Behavior*, 2018, 40: 629-657.

Van der Kamp, D. S., "Blunt Force Regulation and Bureaucratic Control: Understanding China's War on Pollution", *Governance*, 2021, 34 (1): 191-209.

Van Engen, N., Steijn, B., and Tummers, L., "Do Consistent Government Policies Lead to Greater Meaningfulness and Legitimacy on the Front Line?", *Public Administration*, 2019, 97 (1): 97-115.

Wang, K., "Does Poverty Relief Breed Corruption? An Evaluation of

China's Poverty Alleviation Program", *Journal of Chinese Political Science*, 2022, 27 (2), 341-374.

Wang, Y., Chen, S., and Araral, E., "The Mediated Effects of Urban Proximity on Collective Action in the Commons: Theory and Evidence from China", *World Development*, 2021, 142: 105444.

Wang, Y., and Dickson, B. J., "How Corruption Investigations Undermine Regime Support: Evidence from China", *Political Science Research and Methods*, 2022, 10 (1): 33-48.

Wong, S. W., Tang, B. S., and Liu, J., "Village Elections, Grassroots Governance and the Restructuring of State Power: An Empirical Study in Southern Peri-urban China", *The China Quarterly*, 2020, 241: 22-42.

Wu, X., "Income Inequality and Distributive Justice: A Comparative Analysis of Mainland China and Hong Kong", *The China Quarterly*, 2009, 200: 1033-1052.

Xie, Y., Dong, H., Zhou, X., and Song, X., "Trends in Social Mobility in Postrevolution China", *Proceedings of the National Academy of Sciences of the United States of America*, 2022, 119 (7): e2117471119.

Xu, C., "The Fundamental Institutions of China's Reforms and Development", *Journal of Economic Literature*, 2011, 49 (4): 1076-1151.

Yang, W., and Shen, X., "Can Social Welfare Buy Mass Loyalty?", *Governance*, 2021, 34 (4): 1213-1233.

Yi, H., Berry, F. S., and Chen, W., "Management Innovation and Policy Diffusion through Leadership Transfer Networks: An Agent Network Diffusion Model", *Journal of Public Administration Research and Theory*, 2018, 28 (4): 457-474.

Yin, R. K., *Case Study Research: Design and Methods* (Los Angeles: Sage, 2018).

Zeng, Q., "Managed Campaign and Bureaucratic Institutions in China: Evidence from the Targeted Poverty Alleviation Program", *Journal of*

Contemporary China, 2020, 29 (123): 400-415.

Zhang, P., "Target Interactions and Target Aspiration Level Adaptation: How Do Government Leaders Tackle the 'Environment-Economy' Nexus?", *Public Administration Review*, 2021, 81 (2): 220-230.

Zhang, X., Fan, S., Zhang, L., and Huang, J., "Local Governance and Public Goods Provision in Rural China", *Journal of Public Economics*, 2004, 88 (12): 2857-2871.

Zhang, Y., " 'Promotion Tournament 2.0': Why Local Cadres Expand Health-Care Provision in China", *Governance*, 2020, 33 (4): 897-914.

Zhang, Y., and Zhu, X., "Career Cohorts and Inter-Jurisdictional Innovation Diffusion: An Empirical Exploration in China", *International Public Management Journal*, 2020, 23 (3): 421-441.

Zhou, X., and Xie, Y., "Market Transition, Industrialization, and Social Mobility Trends in Postrevolution China", *American Journal of Sociology*, 2019, 124 (6): 1810 -1847.

Zhu, J., Liu, S., and Li, Y, "Removing the 'Hats of Poverty': Effects of Ending the National Poverty County Program on Fiscal Expenditures", *China Economic Review*, 2021, 69: 101673.

Zhu, X., "Executive Entrepreneurship, Career Mobility and the Transfer of Policy Paradigms", *Journal of Comparative Policy Analysis: Research and Practice*, 2018, 20 (4): 354-369.

Zhu, X., and Meng, T., "Geographical Leadership Mobility and Policy Isomorphism: Narrowing the Regional Inequality of Social Spending in China", *Policy Studies Journal*, 2020, 48 (3): 806-832.

Zhu, X., and Zhang, Y., "Diffusion of Marketization Innovation with Administrative Centralization in a Multilevel System: Evidence from China", *Journal of Public Administration Research and Theory*, 2019, 29 (1): 133-150.

Zhu, X., and Zhang, Y., "Political Mobility and Dynamic Diffusion of

Innovation: The Spread of Municipal Pro-Business Administrative Reform in China", *Journal of Public Administration Research and Theory*, 2016, 26 (3): 535-551.

Zuo, C. V., "Promoting City Leaders: The Structure of Political Incentives in China", *The China Quarterly*, 2015, 224: 955-984.

Zuo, C., Wang, Z., and Zeng, Q., "From Poverty to Trust: Political Implications of the Anti-Poverty Campaign in China", *International Political Science Review*, 2023, 44 (2): 277-298.

附　录

附录A 访谈提纲——黄田县基层干部

您好！非常感谢您参加本次访谈。清华大学公共管理学院课题组希望了解地方干部多年来政策执行和扶贫开发的实践经验，理解地方扶贫政策持续性和脱贫长效机制的构建。希望您结合自身经验体会，从地方干部的视角出发回答下列问题，欢迎您畅所欲言，也期待您提出新问题和新看法。我们将遵照法律规定和学术规范严格保密，对您的个人信息采取完全匿名处理。您的回答仅用作学术研究之用，且不以任何形式对第三人公开。感谢您的支持和帮助！

1. 请您描述过去这些年来黄田县扶贫开发的工作重点是如何变化和发展的？对于不同时期扶贫工作的变化，您的乡镇基层工作面临哪些挑战？

2. 哪些因素决定了在一段时间内黄田县主要的扶贫工作方针？

3. 县主要领导换届前后，扶贫工作思路和相关政策有什么样的变化？对黄田县贫困治理绩效有什么样的影响？

4. 县领导重视对于基层扶贫工作有怎样的影响？县领导重视体现在哪些方面？您在扶贫工作中得到了来自本县主要领导的哪些支持？

5. 在脱贫攻坚时期，除在本土成长起来的干部外，越来越多的县级主要领导干部从中央或省级下派、跨市或者跨省任职，或有企业工作经历。请您结合工作实际，谈谈这些干部有哪些不同之处，以及他们在扶贫工作思路和政策安排方面的特点。

6. 2016年以来，中央推出了县级领导班子“不脱贫不能走”的政策，一些地方不光是区县一级，在乡镇也实施了这个政策。黄田县乡镇层面是否也实施了呢？对您的工作有什么影响？

7. 黄田县是中国芒果之乡，我了解到黄田县的芒果产业发展得特别好。黄田县的芒果产业能在过去20年间一步步发展壮大，您认为主要原因是什么？

8. 黄田县是本省（区）规划2016年脱贫的唯一一个国家级贫困县。您是否了解这一规划是如何确立的？

9. 县级脱帽的评估验收流程是怎样的？哪些因素影响黄田县顺利通过评估验收，实现县级脱贫“摘帽”？

10. 能否从您在黄田的工作经验出发，谈谈国家级贫困县何时“摘帽”取决于哪些因素？脱贫时间早晚在多大程度上反映地方贫困治理水平的高低？

11. 中央转移支付、省级统筹规划、县级抓落实、基层扶贫干部辛勤工作……种种内外部因素共同影响着贫困区县扶贫的效果。在您心目中，影响黄田县扶贫工作最重要的因素是什么？

12. 回顾过去这些年来您的工作经历，您认为应该设计怎样的干部制度，充分调动地方干部的积极性，确保基层治理成效的稳定性和扶贫政策的连续性？

13. 我们之前的调研发现，一些县更加注重脱贫速度，希望快速脱贫“摘帽”，而另一些县则选择主动推迟“摘帽”时间，成为全省最后一批“摘帽”的贫困县。您认为县政府选择快速脱贫或稳定脱贫背后的原因是什么？

14. 在脱贫攻坚时期，县级政府面对怎样的监督压力？是否有干部因脱贫相关问题受到惩罚？

附录 B　黄田县政府工作报告分析（2008~2021年）

年份	书记	县长	工作业绩	工作规划
2008	钱书记	A 县长	(1)广场大道、芒果大道的规划设计及征地拆迁工作顺利推进;(2)成功举办了第二届黄田芒果文化节;(3)黄田芒果获准出口日本、英国、加拿大等国家	继续办好黄田芒果文化节等具有黄田鲜明特色的旅游节庆活动，以特色节庆吸引人流、提升人气
2009	钱书记	A 县长	(1)芒果产量达 2.3 万吨;(2)油茶、香米、无公害蔬菜、芒果、香蕉种植稳中有升	继续举办 2009 年河边·黄田芒果文化节，力争在节会招商、形象展示、扩大宣传等方面取得新突破
2010	钱书记	孙书记	(1)芒果大道、华瑞大道等 10 个城建重大项目;(2)成功举办 2009 年河边·黄田芒果文化节	—
2011	钱书记	孙书记	(1)芒果等特色农业基地建设取得突破，芒果成功出口日本、加拿大等国家;"黄田香芒"成功获得国家地理标志产品保护认定，部分品种打开了海外市场;(2)开办了香蕉、甘蔗、芒果惠农保险;(3)连续成功举办了河边·黄田芒果文化节，黄田知名度和美誉度明显提升	—
2012	周书记	孙书记	(1)芒果、香蕉等水果种植 25 万亩，总产量达 11.8 万吨;(2)品牌农业打造成效显著，"黄田香芒"获得国家地理标志产品保护认证，黄田桂七芒果等农产品被评为省级名牌产品;(3)黄田芒果文化节被评为 A 省"十大名节"	(1)推进芒果等优势果蔬生产基地建设;(2)加强芒果文化包装提升，推出一批具有黄田特色的文化品牌
2013	孙书记	B 县长	(1)建成蔬菜、芒果、香蕉标准化生产基地 1.8 万亩;(2)借助河边·黄田芒果文化节等平台，扩大对外合作	包装提升芒果文化，推出一批具有黄田特色的文化品牌

续表

年份	书记	县长	工作业绩	工作规划
2014	孙书记	B县长	(1)农业保险覆盖甘蔗、香蕉、芒果、林下养鸡等特色农业产业;芒果种植和留守儿童保险成为全国首创保险产品;(2)成功举办了2013年河边·黄田芒果文化活动月系列活动	继续举办2014年河边·黄田芒果文化活动月
2015	孙书记	B县长	(1)新种芒果3万亩;(2)电子商务平台建设初显成效,销售"黄田芒果"等名、特、优产品的电子店铺近2000个;(3)成功举办2014年河边·黄田芒果文化活动月,原创歌曲《芒果的故事》获得广西"五个一工程"奖	新增水果面积5.5万亩,完成5万亩芒果扩种和1万亩芒果标准园建设
2016	周书记	C县长	(1)新种芒果、火龙果等特色水果7.65万亩,贫困村新种芒果、柑桔、火龙果、桑树等1.1万亩;(2)成功举办2015年河边·黄田芒果文化活动月	(1)新种芒果4万亩;(2)积极筹建第十二届世界芒果大会;(3)保护和提升黄田芒果等特色农业品牌
2017	周书记	C县长	(1)全县芒果、甘蔗、蔬菜、竹子等种植面积分别为30.05万亩、23.3万亩、26万亩、17万亩;林逢镇东养村获批全国"一村一品"芒果村;第十二届世界芒果大会筹备工作有序开展;(2)以2016年河边·黄田芒果文化活动月等重大节会为契机,与有实力的集团公司签约意向合作项目10个,总投资58.3亿元;(3)举办2016年河边·黄田芒果文化活动月	(1)继续实施贫困户产业"以奖代补"政策,扶持3000户以上贫困户发展芒果种植等扶贫产业;(2)力争芒果、香蕉、葡萄、火龙果、柑橘等新种5万亩以上,水果总产量40万吨以上;加快特色品牌化进程;全力办好2017年第十二届世界芒果大会;深入开展芒果果品质量整治活动,创建芒果果品质量安全追溯体系,培育1~2家专业芒果品牌示范基地;(3)依托"中国芒果之乡"品牌优势,通过电商平台,争取将一部分有特色的农产品打造成全国品牌;(4)利用第十二届世界芒果大会等重大节会契机,年内组织招商引资项目对接洽谈活动3次以上

续表

年份	书记	县长	工作业绩	工作规划
2018	周书记	C县长	(1)黄田芒果入选首批中国特色农产品优势区;(2)区部共建工作取得突破,农业部下发《关于支持A省芒果产业发展有关意见的函》,明确支持以河边黄田为代表的芒果产业发展,六大方面23项具体工作正逐项推进;国家芒果种质资源圃项目获批;成功举办第十二届世界芒果大会;建成区级现代特色农业(核心)示范区1个、芒果示范基地5个;全县芒果种植面积达32.15万亩,产量达19万吨;(3)开展电商协会芒果线上营销"一件代发"活动,芒果线上销售额达1.3亿元	(1)紧紧抓住国家支持A省芒果产业发展的政策机遇,全力推进国家级芒果产业创新示范园创建工作,大力推进芒果标准化建设、机械化生产、现代化管理、集团化经营,不断提升黄田芒果的核心竞争力;建成芒果种质资源圃一期,挂牌成立芒果研究中心,争取创办首届芒果博览会;全年芒果新种面积1万亩以上,产量达20万吨以上;创建国家级现代农业芒果产业园1个、区级核心特色农业示范区2个、市级2个、县级5个、乡级10个;(2)办好2018年芒果文化活动月
2019	周书记	C县长	(1)新建芒果示范基地5个,新增无公害认证产品6个;获河边芒果特色农产品优势区认证,桂七芒获A省第一个气候好产品认证,"大山牌"芒果干获全国旅游商品大赛A省赛区金奖;争取到国家绿色优质高效农业促进项目;国家芒果种质资源圃项目开工建设,碧桂园苗木产业扶贫基地基本建成,巨人园生物科技集团芒果产业深加工等项目稳步推进;(2)成功举办2018年芒果文化月活动;芒果与文化形象推广微电影《芒果之恋》公映	(1)提升优势特色产业,新增芒果种植面积0.5万亩以上,做大做强中国特色农产品(黄田芒果)优势区;推进部区共建芒果创新示范园、国家芒果种质资源圃建设,建成农产品加工与物流产业园,延伸芒果产业链,补齐农产品深加工产业短板;(2)充分利用国际芒果博览会等重大节会契机,重点围绕石油化工、氯碱化工、矿产深加工、农副产品加工、休闲旅游等产业开展专题招商;(3)筹办首届国际芒果博览会,办好芒果活动月系列活动
2021	周书记	C县长	(1)中国芒果小镇建设进展顺利,完成芒果交易中心改扩建,芒果种质资源圃一期竣工验收、二期现代农业创新区及展示区开工建设;(2)成功举办芒果文化活动月	(1)深化区部共建做优芒果产业,积极申办中国芒果产业发展大会;(2)加快推进农产品加工与物流产业园、芒果种质资源圃;(3)稳步推进芒果小镇项目建设

注:"—"表示无数据。

资料来源:根据历年黄田县(化名)"政府工作报告"内容制作。该县未公开发布2020年政府工作报告。

附录 C　县委书记变量编码表

编码	含义
省份	具体填写
地级市	具体填写
区县	具体填写
个人信息	
性别	男/女
起始日期	YYYY-MM-DD
终止日期	YYYY-MM-DD
任期	任期
官员更迭	当年是否发生了地方官员更迭,填入是或否
性别	具体填写
民族	具体填写
出生地	具体填写
籍贯省	具体填写
籍贯市	具体填写
籍贯区县	具体填写
出生日期	YYYY-MM-DD
入党日期	YYYY-MM-DD
参加工作时间	YYYY-MM-DD
第一学历/学位	具体填写
第一学历毕业学校	具体填写
第一学历专业	具体填写
最高学历	具体填写
最高学历毕业院校	具体填写
最高学历专业	具体填写
行政级别	填写低于副处、副处、正处、副厅、正厅
任职后工作经历	
下一个职位	有了新兼任也算,具体填写
现状	具体填写(后归纳为在职、退休、死亡、立案查处、降/辞/撤职、不详等)
查处/罢黜原因	具体的原始信息
落马	1=在职时被查,2=非在职期间被查

续表

编码	含义
提拔	提拔至省直部门副厅长、省政府副秘书长、地级市市委常委、副市长、地级市纪委书记、省纪委常委、国家级园区正职标配副厅级
发生更迭的原因	前任提拔、前任调入省里、前任调入市里、前任跨省平调、前任省内平调、前任辞职、前任死亡、前任退休、未知
任职前工作经历	
任职前一份职位	任县委书记前一份职位信息
中央工作经历	任县委书记前有中央工作经历
省市工作经历	有在省、市级单位工作的经历
基层工作经历	有在县级及以下党政机关、国有企事业单位、村(社区)组织及其他经济组织、社会组织等工作的经历
本地提拔	任县委书记前有过本区县县级及以下工作经历
外省调入	任县委书记前有过本区县所在省份外工作的经历
企业工作经历	任县委书记前有过中央企业、地方企业工作的经历
重要部门/重要职位	任县委书记前有过重要部门(办公室、组织处、团委等)或重要职位(市长助理、副市长、市委办公室主任、市委办公厅秘书,上述职位换成省成立)的工作经历
企事业单位一把手	任县委书记前有过担任企事业单位一把手的经历
乡镇党委一把手	任县委书记前有过担任乡镇党委一把手的经历
县长	任县委书记前为该县县长
军队	有过从军的经历

后 记

这本书是2023年度教育部哲学社会科学研究重大课题攻关项目“实现联合国可持续发展目标的国家治理体系研究”（23JZD042）的阶段性研究成果。当前世界面临诸多可持续发展挑战，消除贫困是联合国2030年可持续发展议程的首要目标。中国脱贫攻坚为全球减贫事业提供了“中国方案”，为实现全球可持续发展目标提供了宝贵的中国经验。该项目由朱旭峰教授担任首席专家。课题组在充分把握相关理论基础和研究领域动态基础上，从理论构建、实证分析、政策优化和经验推广四个方面展开研究。作为子课题成员，我先后在全国十多个贫困区县进行调研，提炼并总结了中国实现联合国可持续发展目标的国家治理体系和治理经验。本书的研究成果已在多个国内和国际会议上宣读，并获得优秀会议论文奖。部分章节曾以单篇论文的形式发表于《公共行政评论》“国家治理体系中的央地关系研究”专栏。本书出版时对相关内容进行了扩充和调整。本书的出版也得到清华大学文科建设“双高”计划项目（2021TSG08101）的支持。

在过去两年里，我参与了清华大学全球可持续发展研究院与巴基斯坦俾路支省政府规划与发展部的合作项目。该项目获得了联合国开发计划署的支持，目的是借鉴中国在贫困治理方面的经验，帮助巴基斯坦政府和人民制订因地制宜的发展方案。作为中国技术专家的一员，我与联合国开发署驻奎达代表处及巴基斯坦当地学者和项目团队保持了持续的交流与合作。这一经历不仅加深了我对中央和地方在政策执行中互动关系的认识，也促使我不断反思如何建设一个更加公平、包容和有韧性的社会。制度的运行包含诸多不确定性因素。在这种不确定性之下，研究者不仅需要作为科学家，通过理论框架分析问题，更要充当观察家，随时观察和反思制度的运行，以确保政策设计不仅在理论上完善，而且在实践中行得通。此外，公共政策学者还要扮演沟通者和协调者的角色，确保人民的声音被决策层听到，同时提升公众对政策过程的理解。

在我的学术旅途中，我的博士导师朱旭峰教授给了我最悉心的教导。他是那股不断推动我前行的力量，激励我走出舒适区，迎难而上。同时，他的宽容和耐心也为我的学术探索创造了无限空间。朱老师对事物本质的深刻理解和开放审慎的科学态度为我树立了一生的学习榜样。博士毕业至今，朱老师仍然是那位解答我疑问、启迪我心智的良师，我们的对话总能激发我新的思考。

感恩清华大学，在清华园度过的学习时光塑造了我的思维。感谢各位教授的谆谆教导，令我有幸接受中国乃至全球最顶尖的博士培养和学术训练。我将以我的老师们为楷模，努力成为一个在学术、事业和品德上都能够给予学生启示和引导的人民教师。同时，尽我所能，让欠发达地区的儿童有机会接受优质的教育。

在本研究的完成过程中，我获得了诸多帮助和支持。王亚华教授领导的清华大学中国农村研究院在我需要调研时，提供大力支持。感谢舒全峰、胡振通、刘志鹏老师提供田野资源，北京大学中国社会科学调查中心提供家庭追踪调查数据资源，北京大学杨文辉老师提供数据支持，清华大学陈济冬教授和赵静教授多次提出指导意见。感谢所有接受我调研访谈的国内外学者、中国扶贫基金会专家、基层干部、农牧民群众、社会工作者、《人民日报》记者，他们的贡献为这项学术研究奠定了基石。

感谢长期以来指导、关心、支持我的吕维霞教授。本书前期工作曾得到美国佐治亚大学韩荣斌教授的点评指导，也曾与美国佛罗里达州立大学易洪涛教授多次深入讨论，向三位教授真诚致谢。

我亦感谢彭宗超、杨宏山、梅赐琪、聂辉华、于安、戴亦欣、蒙克、周绍杰、张鹏龙、刘生龙、张芳、钱文荣、易承志、许汉泽、叶志鹏、凌争、李朔严、董浩、史东波、何明帅、王红帅、王瑜、付帅泽、白浩然等学者在不同研究阶段提供的宝贵建议，陈静、邵立、刘冬舒、徐驭尧、颜廷进等学者在研究过程中给予的指导和鼓励。

孟溦教授、吴建南教授、邓国胜教授、徐秀丽教授、刘军强教授、张毅教授、高宇宁教授等专家们在我博士学位论文外审和答辩中提出很多建设性意见，在此表示衷心感谢。

感谢华东师范大学公共管理学院高恩新、郝宇青、黄忠华等师长以及各位同事在本书成稿阶段的帮助。对于吴雅倩、王烽合、蒋勇杰、王可伊、李子妍等历年来参与本项研究的研究助理们，我同样充满感激。

感谢社会科学文献出版社和史晓琳、郭晓彬编辑对本书出版所给予的大力帮助。

最后，感谢我的父母和家人对我的支持和陪伴。

本书的研究有其局限性，恳请读者批评指正。

图书在版编目（CIP）数据

公共政策绩效的社会效应：以脱贫攻坚为例 / 杜娟著. --北京：社会科学文献出版社，2024.10（2025.9 重印）
（公共政策前沿论丛）
ISBN 978-7-5228-3639-3

Ⅰ. ①公… Ⅱ. ①杜… Ⅲ. ①公共政策-研究-中国
Ⅳ. ①D601

中国国家版本馆 CIP 数据核字（2024）第 092164 号

公共政策前沿论丛
公共政策绩效的社会效应：以脱贫攻坚为例

著　　者 / 杜　娟

出 版 人 / 冀祥德
责任编辑 / 史晓琳
文稿编辑 / 郭晓彬
责任印制 / 岳　阳

出　　版 / 社会科学文献出版社 · 经济与管理分社（010）59367226
地址：北京市北三环中路甲 29 号院华龙大厦　邮编：100029
网址：www.ssap.com.cn
发　　行 / 社会科学文献出版社（010）59367028
印　　装 / 唐山玺诚印务有限公司

规　　格 / 开　本：787mm×1092mm　1/16
印　张：18　字　数：260 千字
版　　次 / 2024 年 10 月第 1 版　2025 年 9 月第 2 次印刷
书　　号 / ISBN 978-7-5228-3639-3
定　　价 / 128.00 元

读者服务电话：4008918866

版权所有 翻印必究